吴玉敏 ◎ 著

ZHONGGUO CHUANTONG XIANGCUN
ZHILI WENHUA YU XIANDAI ZHUANHUA

中国传统乡村治理文化与现代转化

河北出版传媒集团
河北人民出版社
石家庄

图书在版编目（CIP）数据

中国传统乡村治理文化与现代转化 / 吴玉敏著. ——石家庄：河北人民出版社，2023.8
ISBN 978-7-202-16472-3

Ⅰ.①中… Ⅱ.①吴… ①乡村—社会管理—研究—中国 Ⅳ.①D638

中国版本图书馆CIP数据核字(2023)第160637号

书　　名	中国传统乡村治理文化与现代转化
著　　者	吴玉敏
责任编辑	王云弟　刘大伟　张紫薇
美术编辑	于艳红
责任校对	付敬华
出版发行	河北出版传媒集团　河北人民出版社 （石家庄市友谊北大街330号）
印　　刷	湖南裕丰印刷有限公司
开　　本	710毫米×1000毫米　1/16
印　　张	16
字　　数	201 000
版　　次	2023年8月第1版　2023年8月第1次印刷
书　　号	ISBN 978-7-202-16472-3
定　　价	68.00元

版权所有　翻印必究

目 录

绪 论 1
  一、关于"传统"的阐释性分析 1
  二、文化治理与中国传统社会治理文化 7
  三、中国传统乡村社会治理文化是现代乡村振兴的重要根脉
     10

第一章 影响乡村社会治理之中国传统主要政治文化 14
  第一节 中国传统德治文化及其现代价值 14
  第二节 中国传统"大一统"文化及现代适应性转化 30
  第三节 中国传统"德礼一体"文化及现代转化 47
  第四节 中国传统崇贤尚能文化与现代政治伦理建构 67

第二章 中国传统农耕文明中的乡村文化及现代价值 84
  第一节 作为传统文化宝库的乡村 84
  第二节 乡村文化的载体 90
  第三节 尊重乡村特点 推进乡村治理 97
  第四节 乡村文化建设案例简览 106

第三章 中国传统孝道文化及现代适应性转化 115
  第一节 作为儒家伦理思想原点的"孝" 115
  第二节 传统"孝"文化历史传承中的嬗变与困境 122
  第三节 改造并转化传统孝文化以适应现代中国社会 130

第四章　中国传统耕读家风文化及现代重塑 137
第一节　作为中国传统治家文化内核的"耕读传家" 137
第二节　现代社会情境下对"耕读传家"的全面审视 146
第三节　中国传统耕读家风文化之现代重塑 152

第五章　中国传统乡规民约文化及现代转化 159
第一节　中国传统乡规民约的实质与特征 160
第二节　中国传统乡规民约的传承与衰微 165
第三节　现代社会治理下传统乡规民约的实践改造与转化 171

第六章　中国传统乡村空间居住文化及现代价值 178
第一节　村落空间结构与乡村秩序的氛围和环境 179
第二节　村落社会结构与乡村秩序的形成和作用 184
第三节　村落文化结构与乡村秩序的理念和功能 190

第七章　中国传统乡村社会乡贤文化与现代转化 196
第一节　由尚贤而乡贤的内在文化逻辑与自身功能 196
第二节　传统中国乡贤的近现代衰微与现代审视 202
第三节　现代中国乡村振兴中乡贤的发现与再造 207

结语 214

附录　巩固脱贫攻坚成果与乡村振兴有效衔接的河北隆化启示 215

参考文献 246

后记 250

绪　　论

作为有着五千年历史且唯一没有中断的文明，中华文明博大精深、浩若烟海、灿烂辉煌的文化内容，不仅构成中国人引以为傲的文明底蕴，而且其内涵丰富、绵延长续的生产生活、思想政治、文学艺术、道德礼制等相互糅合所塑造的国家社会运行的传统规范与秩序，更成为中国社会保持长时间稳定发展的内在根源。其中作为基础性存在的传统乡村社会秩序文化因在长期的社会历史演变中所呈现的极强的稳定性和传承性，构成现代乡村社会治理的基本底色，是中国特色社会主义现代化发展，尤其是当代农村发展中不可抛弃或抹去的历史记忆，更为当代中国的乡村振兴储备了丰富的文化理念资源。但传统的、过去的东西毕竟是当时的历史条件下的产物，在有着历史合理性的同时存在着不容回避的历史局限性，今天的吸收并不是全盘的、不加区别的全部接受，必定是合理地汲取与合理地抛弃的辩证统一过程，于此，也就有了对中国传统乡村社会秩序文化从理念内涵到实践表现进行全面分析及对现代转化进行全面深入研讨的必要。

一、关于"传统"的阐释性分析

当我们不断深入历史传统的纵深，挖掘、整理历史传统中的丰富资源时，几乎是以一种理所当然的逻辑对"传统"进行吸纳和解析，但传统之于现代究竟具有怎样的意义，可能是在讨论具体问题前首先需要澄清和辨析的一个前提，有必要对"传统"之于人类生存与发展的意义作更为深入的揭示和解释。"传"具有流传、传承、传播等多个用法,时间特征非常明显;"统"则具有鲜明的空间色彩,即总括、总起来,如统一、统率、统帅、统摄或统辖、统考、统筹,等等。"传"与"统"合在一起,就是将已经形成的各种东西总括起来流传下去,呈现时空的统一。但是,为什么要这样?根由何在?诸如此类的问题还需择要进行阐释。

1. 什么是传统?为什么需要传统?

从根本的特点看,"传统"从人类进化至社会文明的曙光初露就逐步以"与生俱来"的方式与人类的历史演进纠缠在一起,并以文化的状态既构成人类社会当下存在和演变的一个重要内容,又影响或塑造着人类社会的未来走向。而且传统之于每一个民族、国家而言,都具有不可选择和不可摆脱的内在特征,所以,"传统"是"历史上流传下来的思想、文化、道德、风俗、艺术、制度以及行为方式等。对人们的社会行为有无形的影响和控制作用"[①]。美国著名社会学家、作家爱德华·希尔斯认为:传统即"任何从过去延传至今或相传至今的东西"[②]。"所有的信仰和思维泛型、已形成的社会关系泛型,所有的技术惯例以及所有的物质制品,或自然物质在延传过程中,都可以成为延传的对象,即为传统。"[③]

作为中国典籍中的一个古老词语,"传统"最有名的表述源自《后汉书·东夷传·倭》所云:"自武帝灭朝鲜,使驿通于汉者三十许国,国皆称王,世世传统。"指的是王朝帝业的代代相传。后人进一步延伸扩展至思想学说、文学艺术、风俗习惯、道德伦理、制度规范,乃至人们衣食住行、日常生活方式等各方面,持续不断和世代相传。"传统是围绕人类的不同活动领域而形成的代代相传的行为方式,是一种

[①]《辞海》,上海辞书出版社2009年版,第321页。
[②]〔美〕爱德华·希尔斯:《论传统》,傅铿、吕乐译,上海人民出版社2014年版,第12页。
[③] 转引自宋宝珍、张悦:《反思"新""旧"之争——兼谈中国话剧的民族化进程》,《中国艺术报》2017年7月12日。

对社会行为具有规范作用和道德感召力的文化力量，同时也是人类在历史长河中创造性的想象的沉淀。"①它是"从过去延传到现在的事物"。实际上，传统在某种意义上蕴含着一个民族内在文化基因的生成与流传，意味其某种内在文化品性的成型与稳定。而且从历史演化看，传统不是僵化的文化遗存，更不是无生命的静态，而是以其特有方式渗透进每一代人的实际生活场景中，影响甚至塑造着这个民族的独特文化性格。这就如爱德华·希尔斯所提出的思想，所有人都不可能撇开传统而生活，都不可能跳出"过去的掌心"。

其一，传统对于国家民族的历史沿革和文化延续具有本体论的意义。"一个社会是一个由数不胜数的行为、观点和思想组成的自我复制过程。……一个社会不只是一个存在于特定时刻的共时现象。如果没有持续性，社会就不成其为社会；复制的机制赋予社会以持续性；这一持续性是社会之所以被定义为社会的条件。"②传统的基本含义是指从过去（至少流传三代）延传下来的人类生产生活具体方式的成果总和，涵盖了物质生活、精神生活、制度生活及其所呈现出的有形和无形状态的各个方面和各种表现。所以，在本体论意义上，一方面，"传统"意味着一个民族已然形成的生产生活性格和文化精神基因；另一方面，"传统"又会在社会的变迁过程中根据新的时代要求出现自我的一定改变或更新，构成一条代代相传的变体链，所以，真正的传统既是过去的延续，又是新东西的生成。

其二，传统也是一个国家、民族展现自身特性、创造民族文化的根本动源。历史传统与现代创新不是截然对抗而是相互连接。无论经验还是逻辑，其实都一再证明或强调一个基本道理，那就是任何一个国家、民族的人（群）都不可能脱离自己的传统而存在于世。任何社会新的规范和原则的形成都是基于旧传统的改造、转换和创新。尤其对现代社会的发展来说，传统呈现的是一个国家民族在自身的文明演

---

① 〔美〕·爱德华·希尔斯：《论传统》，李家永译，上海人民出版社1991年版，第36页。
② 〔美〕爱德华·希尔斯：《论传统》，傅铿、吕乐译，上海人民出版社2014年版，第180页。

进过程中所形成的行事方式的世代相传,是对社会中的人们发挥独特道德价值感召和行为规范作用的文化力量的长期沉淀,所以,任何一个社会都不可能在将其传统完全破除之后再建设一种崭新的传统,而任何带有创造性的改造都是立足于旧传统的。"传统的延续跟现代化的改革不一定是矛盾的,它是可以整合在同一个过程中,相反,破坏自己的传统,并不必然地就走向现代化,取得现代化的成功,却可能导致价值结构的解体和文化认同的失落。"[①] 对当下的中国社会来说,在一个由经济的来往越来越密切、信息的交流越来越频繁的全球化大势中赓续自己的优秀文化传统,重塑中华文明新的时代魅力,已成为既紧迫又十分艰巨的课题。

2. 理解并实现传统与现代的对接与融合

其实,伴随着中国现代化发展的强劲势头,国人对传统的关注和关怀变得前所未有的强烈。也就是说,在中国现代化进程的加快且不断走向深入的当下,面对人们精神上和社会上出现的种种问题时,中国传统文化之于现代社会进步的价值和意义益发凸显出来,反映的是现时代中国社会对于重拾有价值传统的呼唤。

自近代以来,传统和现代的纠缠不休是困扰众多中国知识分子的突出问题。曾几何时,一些极端崇尚"西化"的知识分子把传统与现代完全对立起来,只看到传统的落后和过时,完全否定传统之于今天或现代的价值和意义。这种观点既不是历史主义的,更不是辩证唯物的。殊不知,任何国家与民族都不可能彻底拒绝自己的历史和传统而实现自身的发展。现代中国需要在"活着的传统"中寻找和发现自己的未来之路;要依照现代化的要求,识别和发掘旧传统中那些一以贯之的优良的历史传统,以及许多看似落后但包含内在合理性的元素,进而实现一种创造性的改造和转换。

再转换一个角度,任何国家、民族对外来的文化理解往往也是基

---

① 陈来:守望传统价值,清华大学"人文清华"讲坛第二场,2016年3月27日。

于自己的历史传统,并赋予其自身文化的特色。如近代著名学者许寿裳对蔡元培的认识。在许寿裳看来,蔡元培"虽然也和当时的名人一样,醉心于法国革命时代的三个口号'自由、平等、博爱',可是他解释这三个口号时,是从克己方面出发的。博爱是什么?他说博爱就是孔子之所谓仁,'己欲立而立人,己欲达而达人'。平等是什么?就是孔子之所谓恕,'己所不欲,勿施于人'。自由是什么?自由就是义,孟子所谓'富贵不能淫,贫贱不能移,威武不能屈,此之谓大丈夫'。蔡先生就以这仁、义、恕三个字做着日常道德生活的标准"[①]。这就展现了在清末积贫积弱的状态下,兼具传统知识分子情怀和现代知识分子取向的中国新式知识人的情怀与认知,即一方面是以一种回归的态度重新诠释传统的人文价值理想,另一方面又以中国传统的方式理解并诠释西方的价值观念和理想追求。传统不是凝固不变的,只有在吸收了新的成分之后,旧传统才能成为真正的传统。人类的传统文化如同一个生命有机体,只有与人建立了共生的紧密关系才能不断真正实现自己的进化与进步。传统只有在不断地发展中才能成为有生命力的传统。这就需要以传承和创新作为传统的最佳流传方式,作为传统的动力。由是观之,当现代人不断强调创新的时候,最根本的任务,一定是在深入研究传统而不是颠覆传统的基本前提下,充分发现、发掘传统中那些具有普遍意义,或仍具时代价值的种种因素,以改进、改善、改良的方式使之融入新的时代需求中,焕发新的时代活力。中国的现代化就是要在保留传统的过程中得以实现。

3. 让传统在合理有效的载体应用中实现转换和延续

中国的发展正在不断迈向一个又一个更高的层次,现代化的水平也呈不断增高态势。同时,中国社会也从未像今天这般关心自己的文化传统、关注其未来命运。对此,更为鲜明的思路就是要看到,传统的留存与弘扬不能只靠认识的明确和语言的述说,而是要有具体的载

[①] 转引自唐小兵:《面对古今中西之争:五四知识人的家国天下情怀》,《南风窗》2017年第6期。

体和行动来承担。现今的以乡村振兴为目标的基层社会建设就为中国大量优秀传统的延续提供了极好的机会，也让许多有价值的载体和机制显露出来，其中以传承中国优秀传统文化，构建符合现代中国社会的治理格局等最为典型。

中国传统文化本质上是以农耕文明为基础的乡土文化，表现为尊卑秩序、乡间村落、民间习俗、节日仪式、村内舆论等文化形态。这些东西整合在一起，或以有形的物质方式，或以无形的精神形态塑造着乡土中国人的生活态度、价值判断和行为方式。其中的一些重要的物质和精神形式仍然对今天的文化生活和社会关系起着独特作用。这里可以举两个实例，一是乡间村落，二是节日仪式。

长久以来，以农耕生产生活为根基的农村居民形成了满足自己需要、体现人居自然环境和谐的宅院布局，这尤其体现在大量遍布全国各地的古村落中。所以，"古村落的保护不仅涉及有形的物质层面的外在保护，集中反映在古村落建筑形态的保护上，这是古村落'硬实力'的体现，还涉及无形的文化层面的内在保护，集中反映在古村落传统文化'基因'的保护上，这是古村落'软实力'的体现。如果把物质形态的外在保护比喻为是对人的'躯体'的保护，那么文化形态的内在保护就是对人的'灵魂'的保护"[①]。乡村振兴不是消灭农村，不是把农村变得和城市一样；乡村治理也不是要脱离中国乡村的优良传统本色、斩断其中深远的文化联系，而是要借助有形无形的有价值形态的载体，比如古村落，将传统的合理元素融进现代乡村社会的治理实践中，以新的转换焕发新的活力。

中国传统的节日民俗主要存在、传承于中国广大的乡村社会，而每一种节日都有特定的内涵和表现方式。比如，作为中国传统最重要节日的春节，人们用杀猪宰羊、包饺子、穿新衣等方式，展现一年劳作的成果和欣慰；用贴对联、燃放烟花鞭炮等形式驱邪避恶，迎接新

---

① 陈旭峰：《古村落传统文化"基因"如何延续》，《学习时报》2017年4月10日。

的一年到来。到了4月清明，当万物复苏、严寒渐退之时，人们一方面要到家族墓地，虔诚祭扫，缅怀先祖，慎终追远；另一方面则要到野外踏青，呼吸自然复苏、万物生长的清新气息……一个个的节日习俗，在让人们充分感受自然生命价值的同时，也让生活的意义变得更加充实和丰满。正是借助这些充满仪式感的节日习俗，人们可以更加用心对待生产生活中的平常琐事，乡民能够彼此之间在同理同心的生活体验中变得更加亲近，进而构成一种和谐安宁的生活图景，达成社会治理和谐的目标。

二、文化治理与中国传统社会治理文化

中国传统文化中蕴含着丰富的治国理政之道、社会运行之道、为人处世之道。习近平总书记在十九届中央政治局第十八次集体学习时的讲话中指出：一个国家的历史文化传统会深深影响着社会的治理体系和治理能力。只有在中国大地上寻找属于自己的道路才能有针对性地解决中国问题。对于中国传统治理文化就需要进入中国传统文化的深处，从其独特表现上予以认识和重视。

其一，文化治理与治理文化。当柔性力量在社会秩序的规范过程中发挥的作用愈来愈被人们重视的时候，文化的治理功能就不断地提及并得到高度重视，也就有了文化治理、治理文化的提出和热议。在语义上，文化治理与治理文化是一种既有区别而又相通的关系。文化治理可简单概括为"经由文化的治理"。在福柯看来，对民众的治理过程，并非胁迫民众做治理中所希望的事情，而是一种治理者对他者宰制的技艺与民众自我宰制的技艺相互作用后达成的均衡过程。在本尼特的思想中，文化不再仅仅是一种生活方式，而且还是一种连接权力技艺与自我技艺的"作用界面"，是一种作用社会关系之上的治理机制。治理文化仅从字面上即可理解为可以实现治理功能的文化，即文化包含了价值观、思想观念、思维方式等内容，以教化、塑造、规范、引领等方式对社会领域的治理产生影响，从而体现出文化的工具属性。

但是文化治理的工具理性只有与其价值理性实现深刻融合时才能更加具有治理实效性，治理功能才能更有效地发挥[①]。从时间维度上说，文化治理概念和理论基本形成于现代，是西方学者对于社会治理方式的一种发现和随之而做的阐释与研究，其中当然以福柯和本尼特为最主要的代表。但是，以文化的理念和方式实现对国家、社会的管理或治理并不是今人独有的发明创造，而是久存于人类社会的历史发展中，以一种无意为之的状态存在于中外众多的国家、社会的管理或治理之中。故而，不管是文化治理还是治理文化，其实都是将文化这个看似无形的人类生产生活成果转化为国家社会秩序、规范的重要方式，达成井然有序、稳定和谐的目标。这就有学者所明确的虽然文化治理具有政治、经济、社会三张面孔，但其实质都是透过文化和以文化为场域达致治理的目的，不管是"透过文化"还是"以文化为场域"，都是以文化为工具施加治理[②]。

"观乎人文，以化成天下"[③]是中国传统最为古老也最具代表性的关于文化的解释。窃以为，这个表述最大的特点是从功能意义上揭示并指明了文化的功能，特别是"治理"的功能。即文化是通过以文教化、以理服人、润物无声的方式，发挥着陶冶情操、净化心灵的功能，从而达到规范并引领人们思想行为的目的。具体来说，文化所发挥的治理功效主要体现在价值观塑造、社会凝聚、社会规范与调控等方面，其中文化的价值观整合塑造是其基础性作用。文化治理是借助以文教化的力量将已然形成的价值理念与观念态度渗透并影响到社会的每个人，让大家形成共同的信仰、信念，进而凝聚成一个共同体，让共同的文化价值观呈现强大的凝聚力和感召力。也正是有了共同的价值认同和理念信仰，人们也就更容易接受、遵守相应的规范秩序和道德要求。不管是经由文化的治理还是让文化发挥治理的功能，既然是古今中外

[①] 胡惠林：《国家文化治理：中国文化产业发展战略论》，上海人民出版社2012年版，第3页。
[②] 吴理财：《文化治理的三张面孔》，《华中师范大学学报》2014年第1期。
[③] 《易经·贲卦·象传》。

人类历史上早已存在的现象,那么今天要做的一项重要工作就是对具体国家历史上发挥重要影响的文化形式做比较深入的细致分析,并探讨在现代社会如何实现其新的、有价值的作用。

其二,中国传统治理文化的主要表现和作用方式。中国传统文化中有着悠久而深厚的重视文化教化功能的传统,而中国历史悠久的"文功武治"更是文化治理作用的简洁概括。尤其是儒家在文化的教化实践中成为主要提倡者和行动者,儒家思想成为统治者的主流思想意识后,中国传统社会的文化治理不管是"自上而下"还是"自下而上",大都是儒家学者在其中起着桥梁沟通作用。换句话说,如果对中国传统社会治理的方式与效果做粗略归类的话,便会发现,将文化作为治理工具,通过文化进行治理,强调"以文化人"的软治理功能,反过来通过文化方式来推动政治、经济和社会等领域的协调发展[①]是表现最突出也最典型的方式。

实际上,在中国几千年的传统社会运行中,文化治理的方式往往是通过"自上而下"和"自下而上"的相向而行方式发挥作用的。一方面,为了使体现国家意志的主流意识形态能够渗透到广大社会生活而产生控制的作用,皇权统治者必然要借助知识者等各种权力的力量来进行文化思想与价值的传播普及,从而构成自上而下的国家文化意志的供给路径。另一方面,在中国广大的乡村社会,我们会发现,农民自发组织的文化活动,诸如地方民俗、宗族仪式以及在日常生活实践中所积淀的传统民间艺术是实现文化治理的主要手段,是与农民生产生活相适应的内生性文化实践,其通过传统的力量维护乡村秩序。而且在不同民族和不同地区,"百里不同风,千里不同俗"是中国传统乡村社会文化民俗的重要特征,反映出不同地区的人们正是基于自身的生产生活实践形成的极具地方特色的地方民俗和文化习惯,从而形成了自下而上既满足自身文化需求又发挥文化治理功效的治理通道。因此,

---

① 刘忱:《国家治理与文化治理的关系》,《中国党政干部论坛》2014年第10期。

对中国传统文化在社会治理中的独特表现与作用做深入研究，有助于其在现代转化中实现新的价值和作用。

三、中国传统乡村社会治理文化是现代乡村振兴的重要根脉

党的二十大报告特别强调了马克思主义与中国优秀传统文化相结合的重要思想，明确指出："只有植根本国、本民族历史文化沃土，马克思主义真理之树才能根深叶茂。中华优秀传统文化源远流长、博大精深，是中华文明的智慧结晶……我们必须坚定历史自信、文化自信，坚持古为今用、推陈出新，把马克思主义思想精髓同中华优秀传统文化精华贯通起来、同人民群众日用而不觉的共同价值观念融通起来，不断赋予科学理论鲜明的中国特色，不断夯实马克思主义中国化时代化的历史基础和群众基础，让马克思主义在中国牢牢扎根。"

习近平总书记2014年10月13日在中共中央政治局第十八次集体学习时指出："治理国家和社会，今天遇到的很多事情都可以在历史上找到影子，历史上发生过的很多事情也都可以作为今天的镜鉴。中国的今天是从中国的昨天和前天发展而来的。要治理好今天的中国，需要对我国历史和传统文化有深入了解，也需要对我国古代治国理政的探索和智慧进行积极总结。"在2018年8月21日至22日的全国宣传思想工作会议上，习近平总书记又特别强调："中华优秀传统文化是中华民族的文化根脉，其蕴含的思想观念、人文精神、道德规范，不仅是我们中国人思想和精神的内核，对解决人类问题也有重要价值。"对当下中国的现实实践而言，当乡村振兴已成为中国建设社会主义现代化国家的重要内容和任务的时候，以中国悠久的优秀文化为根脉和土壤，在继承的基础上实现其转化和创新，让传统乡村的山山水水、田园牧歌并不只出现在记忆中，而是成为一种日益提升品质的日常生活的重要内容，传统文化的创新和发展就成为一个很有意义的实践课题。

乡村振兴从内容上讲应该是全方位的，"产业兴旺、生态宜居、乡

风文明、治理有效、生活富裕"涵盖了生产生活生态以及治理文明等各个方面。其中的"治理有效"更是指出了乡村振兴过程中法治、德治、自治共同发力所达成的目标,归结起来就是促使振兴中的乡村社会能够形成具有相应效果的秩序规范和文化理念。而"三治"的建构与作用都需要从中国深厚的传统文化特别是乡村社会治理文化中汲取营养,在批判和继承过程中赋予中国传统乡村社会的秩序文化具有新的价值与作用。

文化对人具有潜移默化和深远持久的影响已是人们公认的事实。一个民族的传统文化对人们的生活方式和交往方式有着深远的影响,故古人就有"移风易俗,莫善于乐;安上治民,莫善于礼"[①]的想法与做法,说明了传统文化的影响作用。众所周知,现代社会的安定和谐不仅需要法律的严格要求,而且还需要人与人之间伦理道德的约束。而道德约束的起源与流传,以及约束的方式和效果往往与其传统文化关联度很高,甚至对个人品质和行为的塑造起着非常重要的影响。

马克思指出:"历史不是作为'源于精神的精神'消融在'自我意识'中而告终的,历史的每一阶段都遇到一定的物质结果,一定的生产力总和,人对自然以及个人之间历史地形成的关系,都遇到前一代传给后一代的大量生产力、资金和环境,尽管一方面这些生产力、资金和环境为新的一代所改变,但另一方面,它们也预先规定新的一代本身的生活条件,使它得到一定的发展和具有特殊的性质。"[②]由此揭示任何国家民族的历史都是在一定的生产力基础上所产生的一定的生产关系与社会关系为本质规定并得以形成和传承延续的。而以此为基础形成的文化形态和思想信念在具有自身特有的地位与功能作用的同时,也因其适应性而得到继承和发扬。在渊源上,作为具有鲜明的中国传统文化特色的乡村社会秩序文化对于长达几千年的封建社会的维系与稳定具有基础性的作用,更是塑造乡村社会人伦规范、聚拢人心并保

---

① 《孝经·广要道章第十二》。
② 《马克思恩格斯文集》第1卷,人民出版社2009年版,第544—545页。

持淳朴民风的根本存在。比如，在中国传统主流儒家文化中，无论对于国家还是对于社会，最看重且作用成效最显著的是德和礼，而不是法。这其中的缘由就如同有学者在制度建设讨论中所持的一个观点："如果把制度比作冰山的话，人心和社会风气则好比汪洋大海，它们深刻地决定、影响着制度的运作。"① 这就给出了国家社会保持文明和谐的刚性规制与柔性文化相互作用的可行性思路，或者说秩序作用的有形表现与无形要求相互统一，又恰恰在中国传统乡村社会特有的秩序文化中呈现为丰富而多样的形态。

深刻认识并理解中国几千年乡村社会秩序文化的续存缘由与现代困境，是实现其现代创造性转化的基本前提。随着现代化发展中的问题不断出现，运用传统智慧认识并解决问题已成共识，即中西方文化智慧的相互碰撞以及所暴露出的西方文化的局限性，就使得中国传统文化在经历了一段时间的波折之后，自身的价值逐渐又凸显出来，对现代中国社会各方面建设的启示意义非常突出。同时，以共时性和历时性相结合的视角看待中国传统治理文化体系，是守护中国人的精神家园，延续中华文明血脉的内在要求。尤其要根据现代中国社会的现实要求创造性地汲取传统治理文化的合理内核，自觉追求法治、德治、自治的有机统一，进而加快推进基层社会治理体系与能力的现代化。

当下中国正在推进的治理体系与能力现代化和乡村振兴战略方略，对于深入挖掘、重振优秀传统文化资源有着明确的要求，需要从传统优秀文化中深入挖掘类似于"德治"等合理内容，在现实实践中切实实现"法治"与"德治"内在的互补效应。如果说法治或"齐之以法"是现代治理的根本的话，那么"晓之以理"则是推进并达成目标的必要助力。"理"可以是法律所规定的规则尺度，但更多则是道德原则、人之常理，是人们内在认同并遵守的规范约束，也即"德治"要求。

---

① 方朝晖：《反腐败从正人心做起》，《中国青年报》2012 年 12 月 31 日。

探索"将传统文化嵌入现代治理架构"①中,真正建构起法治、德治、自治有机统一且合理有效的现代中国社会治理体系,就需要从理论到实践进行全面而深入的研究。

---

① 任路:《文化相连:村民自治有效实现形式的文化基础》,《华中师范大学学报》(人文社会科学版)2014年第4期。

第一章
影响乡村社会治理之中国传统主要政治文化

中国的农耕文明无论是诞生的时间起点，还是历史延续在整个世界范围，都是最早和最长的。广袤而丰富的乡土乡村则是悠久而深厚的中国传统文化的酝酿和发源地。至今的中国乡村社会依旧保留着很多文化理念和习俗，其实都是中国传统文化在乡村社会执着存在的具体呈现。同时，博大精深而内容丰富的中国传统文化在形成与发展的过程中，又在有意和无意地影响并作用于从国家到社会的各个层面，且表现为自上而下和自下而上的独特影响方式、影响范围和影响效果，对国人的文化性格形成具有重要的内在塑造作用。尽管中国传统乡村社会具有自身相对独立和稳定的秩序维护文化，但从根本上和渊源上却深受中国最早自西周以来逐步完善并不断定型的思想文化理念的影响，其中又以传统儒家文化的影响为最甚。因此，在对中国传统乡村社会秩序文化的主要表现和现代价值进行比较详细的讨论之前，有必要对中国传统文化尤其是政治文化中的一些具有基础性功能的重点内容进行一定程度的总结和分析，从而为理解中国传统乡村社会的秩序规范提供应有的宏观文化背景支持。

第一节　中国传统德治文化及其现代价值

崇道尚德是中国传统文化几千年流传中始终不变且居于核心位置

的重要思想和价值追求。上到敬天尊地、中到治国理政、下到社会秩序，无不以对道德的尊崇和践履作为主要的行为准则与根本要求。纵观几千年中国传统政治统治的理念与方式，"德治"占据的地位和发挥的作用是有目共睹的，成为中国传统政治设计与实践的主体思想。尽管经历了几千年的风云变幻，"德治"因其自身的缺陷以及与现代社会政治治理思路的巨大差异而受到人们的质疑甚至否定。但一个不能否认的事实却是，"法治"尽管是现代社会政治治理的基本形式，然而其本身在具体实践中出现的不足却需要高度重视并设法进行有效的补足和矫正，这种情况下，"德治"因价值和功能便成为自然的选择对象，从而使得"法治"与"德治"相互补充的功能和作用凸现出来。在当下中国大力推进国家治理体系和治理能力现代化的实践探索中，对悠久传统中的治理文化进行深入的挖掘和整理已成为一项不容忽视的重要工作，尤其是最能体现中国传统治理内在特质的"德治"就成为亟须深入研究并对重大价值和内在缺陷进行概括分析的重点内容。本书在此仅做初步的梳理和总结，以为随后的不断深入研究做铺垫。

一、中国传统"德"之蕴意以及"德治"的内涵要义

《易·乾卦》曰："君子进德修业。"唐代孔颖达对之注曰："德，谓德行；业，谓功业。"说明"德"最早的含义就包括"操守"和"品行"。在甲骨文中，"德"字的左边是"彳"（chì）形符号，其古意是表示道路和行动；而右边则是一只眼睛，眼睛上边是一条垂直线，有目光直射之意。于此，"德"之本意即为直视"所行之路"的方向，遵循本性。金文的字形与甲骨文基本相似，只是在右边的眼睛下加了"一颗心"，这就给"德"又加了一条准则，即不仅要"行正、目正"，而且还要"心正"，从而使"德"的蕴意更加丰富。荀子说："不知则问，不能则学，虽能必让，然后为德。"[1] 孟子则明确认为："德何如则可以王矣？"[2]

---

[1]《荀子·非十二子》。
[2]《孟子·梁惠王上》。

在所含内容上,早在商代,"德"就有了"知、仁、圣、义、忠、和"的"六德"说法。老子在《道德经·第五十四章》中提出:"修之于身,其德乃真;修之于家,其德乃余;修之于乡,其德乃长;修之于邦,其德乃丰;修之于天下,其德乃普。"孔子的道德规范要求体现为"仁""孝""悌""忠""信"等主要方面,而后形成了儒家特有的"温、良、恭、俭、让"的修身五德。兵家则以"智、信、仁、勇、严"作为将帅之五德。管子在《牧民》中强调了"礼义廉耻,国之四维"的政治伦理规范。到了战国时期,孟子在继承孔子的基础上提出了"仁""义""礼""智"四德,并进一步明确了"父子有亲、君臣有义、夫妇有别、长幼有序、朋友有信"的伦理原则。汉代的董仲舒则依据孔子的"君君,臣臣,父父,子子"确立了"三纲"——君为臣纲,父为子纲,夫为妻纲和仁、义、礼、智、信的"五常"。自宋元起,人们又将管子的"礼义廉耻"与"孝悌忠信"相配合,正式形成了"孝悌忠信、礼义廉耻"的八德。这样一个简略的历史脉络,较为明晰地呈现出中国政治和思想精英们关于"德"的认知、蕴意以及价值实现的形成与演变脉络。

中国传统文化中悠久的关于"德"的阐释和要求与关于"德治"的思想和实施构成了基本重合的历史进程。早在殷商时期,关于"德"的思想就包含着政治意义。从商王盘庚提出"施实德于民""不敢动用非德"[①]的主张,到西周时明确的"以德配天""明德慎刑"的政治统治或治理追求,再到春秋战国孔子的"为国以礼,为政以德"、孟子的"修仁德,复善性。君有善性仁德,则一国大治;臣有善性仁德,则一方大治;民有善性仁德,则一家兴旺"等,显示了早期"德治"思想的形成过程。《左传》明确提出的"德,国家之基也"理念,则正式开启了中国社会特有的"德主刑辅"、崇尚"德治"的历史传统,特别是在经历了两汉魏晋南北朝的法律儒家化运动后,礼法合流已成主流。《唐律》确定的"德礼为政教之本,刑罚为政教之用"德治方略,成为以后大多

---

① 《尚书·盘庚》。

数朝代基本的治国理念。归结起来，中国传统德治的最本质特点是将道德的自我修炼与国家的政治治理统摄在一起，将个人的道德追求由内向外推及君主统治的方略中，孟子思想就非常具有典型性。

孟子"德治"是以其"性本善"为基础，体现为"以德治君→以德治政→以德治民"这样一个自上而下、逐步展开的思路。人性善，即"恻隐之心，仁之端也；羞恶之心，义之端也；辞让之心，礼之端也；是非之心，智之端也"，故而"先王有不忍人之心，斯有不忍人之政矣。以不忍人之心，行不忍人之政，治天下可运之掌上"[①]。民为本。孟子明确地认为："天下之本在国，国之本在家，家之本在身"[②]，并且"民为贵，社稷次之，君为轻"[③]。君有德。君王如何行德政呢？只有"如其道，则舜受尧之天下，不以为泰"[④]。而对于无德之君，"贼仁者谓之'贼'，贼义者谓之'残'，残贼之人，谓之'一夫'。闻诛一夫纣矣，未闻弑君也"[⑤]。教化民。"善政，民畏之；善教，民爱之；善政得民财，善教得民心。"[⑥] 而且孟子所强调的民之教化绝不是空洞的说教，而是以牢靠的生活根基为前提，"是故明君制民之产，必使仰足以事父母，俯足以蓄妻子，乐岁终身饱，凶年免于死亡，然后驱而之善"[⑦]。仅从上述四方面的关联来看，其逻辑是成立的。但问题的关键就出在人性本善这个前提下，无论从经验还是从理论而言，都存在太多的漏洞，致使"德治"的思想逻辑从一开始就先天不足。

从认识的正式形成并发挥影响力来说，西汉初年陆贾对刘邦的告诫可谓"德治"进入政治统治的前奏。在陆贾看来，夺天下与守天下是存在巨大差异的两条路径，马上得天下却不能仍以马上方式治天下。

---

① 《孟子·公孙丑上》。
② 《孟子·离娄上》。
③ 《孟子·尽心下》。
④ 《孟子·滕文公下》。
⑤ 《孟子·梁惠王下》。
⑥ 《孟子·尽心上》。
⑦ 《孟子·梁惠王上》。

"汤武逆取而以顺守之，文武并用，长久之术也"①，所以"治以道德为上"②。汉武帝时期的著名儒学家董仲舒就提出："天地之数，不能独以寒暑成岁，必有春夏秋冬；圣人之道，不能独以威势成政，必有教化。"③"故以德为国者，甘于饴蜜，固于胶漆，是以圣贤勉而崇本而不敢失也。"至此，"德治"就逐步进入统治者的治国方略中，构成中国几千年封建专制统治的基本框架。从"德治"的历史影响看，传统中形成的"德治"不仅是中国历朝历代政治统治的基本方式，而且还深刻地塑造了传统中国"家国一体"的社会环境。

二、中国传统"德治"实行的环境条件与进一步分析

从中外关于道德的功能作用的讨论和强调中，可以概括地认为，所谓"德治"就是以道德作用的发挥实现对社会的调节和控制，进而达到理想社会的状态。中国几千年历史演变所形成的以德治为主要统治方式的传统，离不开中国社会独特的生产生活方式和社会环境等提供的条件和土壤，但是，在与西方现代化的全面撞击过程中其缺陷又彻底暴露。

1. 中国传统社会是一个以血缘为纽带、以家庭为单位的宗法社会，这是推行"德治"不可缺少的重要条件

中国特有的宗法社会结构使"孝亲"的宗法伦理与"忠君"的国家伦理融合起来，使道德与法律的一体化成为可能。家国一体、家国同构，国是家的放大，君权是父权的放大。中国"德治"传统的形成与家国同构的格局密不可分，王国维研究认为："欲观周之所以定天下，必自其制度始矣。周人制度之大异于商者：一曰立子立嫡之制。由是而生宗法及丧服之制，并由是而有封建子弟之制，君天子臣诸侯之制。二曰庙数之制。三曰同姓不婚之制。此数者皆周之所以纲纪天下，

---

① 《史记·陆贾列传》。
② 《新语·本行》。
③ 《春秋繁露·为人者天》。

其旨则在纳上下于道德，而合天子诸侯卿大夫士庶民以成一道德之团体。"①

"孔门论学，最重人道。政治，人道中之大者……孔门论政主德化，因政治亦人事之一端，人事一本于人心。德者，心之最真实，最可凭，而又不可掩。故虽蕴于一心，而实为一切人事之枢机。"②从孔子开始，历代儒家的重要代表人物都有着以德为本的思想传承。一方面，他们主张作为国家统治者的君王、大小官员和社会精英等各个人群，首先要把修身立德作为做人做事之根本，以修身正己的态度和行为做出表率；另一方面，还要用德教化和感召广大民众，令普罗大众也能够自觉培养、形成道德意识并予以践行，从而建立等级分明、人伦有序的和谐社会关系。因此，注重道德教化问题，一直是中国传统政治生活中的重要问题，其指向的最终目标是治国平天下的政治思想。中国古代独特的伦理政治型文化决定了道德教化在国家政治生活中的重要地位③。在很多儒家思想者看来，内化于心、外化于行是人们道德修养过程中的两个基本要求，既是人们向善向上的内在情感表达，又是人们践履道德的理性自觉选择。为此，儒家主张依靠"礼"，维护有差别的等级制度。孔子非常推崇"礼治"，认为"安上治民，莫善于礼"，"礼乐不兴，则刑罚不中"④。董仲舒所述义为"义之法在正我，不在正人""我不自正，虽能正人，弗予为义"⑤。

当然，在一些儒家思想家那里同样也有对"法治"重视的点滴。比如，孔子就有"宽以济猛，猛以济宽，政是以和"⑥的说法。孟子也说："徒善不足以为政，徒法不能以自行。"⑦荀子主张德法并施，提出了"治

---

① 《王国维文集》第4卷，中国文史出版社1997年版，第43页。
② 钱穆：《论语新解》，三联书店2005年版，第24页。
③ 罗国杰、夏伟东：《以德治国论》，中国人民大学出版社2004年版，第77页。
④ 《论语·子路》。
⑤ 《春秋繁露·仁义法》。
⑥ 《左传·昭公二十年》。
⑦ 《孟子·离娄上》。

之经，礼与刑，君子以修百姓宁。明德慎罚，国家既治四海平"①。但从几千年的中国传统的沿袭看，"德治"的思维以及由此而呈现的"人治"特征仍是主流。

2. 传统"德治"可能导向"人治"的思想准备和实践条件

在儒家一贯的"德治"思想中，将道德追求与政治治理统摄在一起——政治道德化、道德政治化——是其最重要的特征表现，其结果之一便是赋予了统治者特别是君主政治统治和道德控制的双重权力，令其集政治掌控和道德评判于一体，进一步将家国同构、天下一体的理念与实践固定化、稳定化。再做分析时会发现，在这种以道德思维为基本方式的统治过程中，因为过于强调道德修为的作用，法治的理念与实施更多只有辅助的意义，为人治提供了土壤根基，让人治的推行有了合理性依据。

追溯中国传统，"德治"之所以能够稳固地成为中国特有的政治治理方式，是与当时的文化特点和社会心理相契合的。中国悠久的宗法社会传统形成了特有的家国一体的社会结构，人们正是在这样的氛围和环境下形成了相应的社会心理。这不仅有利于宗法社会的稳定延续，而且也有利于专制统治的稳固实施，进而构成传统中国社会最基本的治国方式。但中国传统的"德治"是以个人的自我训练为基础，一方面对个人道德状况缺乏刚性的和可操作的评价约束，极易流于形式而产生"伪君子"人格；另一方面也没有延伸形成社会的规范性伦理，而是更多停留于个人的私德训练，没有形成为公共的社会伦理道德规范。

从根本上说，自儒家的创始者孔子开始，道德始终就是一件个人自我修炼的事情，而"德治"的实施自然与个体德行的发挥形成了直接的关联，也即"德治"的推进与效用，需要上到皇帝君王、中到各级官吏、下到庶民百姓每一个个体都以道德要求来规范自己做人行事。"德治"的理想实现便依赖于全体社会成员的自律自觉。而现实中这

---

① 《荀子·成相》。

种想法和做法都存在着极大的不确定性。当不同的个人因各种因素不可能完全做到按道德要求为人处世时，甚至有不同程度的种种违反道德行为发生时，不仅"德治"的功效大打折扣，而且衍生出一个中国文化的负产品——伪君子。

众所周知，任何社会都需要一整套强制性的社会制度来对社会成员进行硬性约束，具有刚性的明确特征。传统儒家对道德的推行和实践的主要方式是"礼"，其中尽管包含着政治制度的意蕴，但相关礼仪和规范的"制度"更多是为了维护皇权专制和宗法结构，因之而形成的社会制度当然就缺少了现代社会所要求的公共意义。

儒家为推行德治而崇尚的依礼而行、以礼而治的实施方式，也逐步演变成控制人、压抑人的"利器"。所谓"礼治"也以压抑人的个性和欲望为重要目的。"礼起于何也？曰：人生而有欲，欲而不得，则不能无求。求而无度量分界，则不能不争；争则乱，乱则穷。先王恶其乱也，故制礼义以分之，以养人之欲，给人之求，使欲必不穷于物，物必不屈于欲。两者相持而长，是礼之所起也。"①

这种政治道德化和道德政治化的糅合使传统儒家不仅将道德修养和教化作为个人立身和社会和顺的基本内容，而且也作为政治实践的主要方式；将道德伦常推崇为国家社会政治行为的最高准则，但对君主只强调其道德修为而忽略对其权力约束。这就使传统中国道德与政治互相渗透的特征甚为突出，促使君主的权力在道德的招牌下走向至上，亦为君主权力的绝对化提供了理论支撑。这就是说，"深受儒家影响的中国政治哲学，总是把调门提得非常高，要求政治上的领袖人物是大圣大贤，由'内圣'而至'外王'，并且相信道德力量本身具有'奇理斯玛的'（charismatic）功能，只要居高位的能成圣成贤，下面的百姓自然景从，所谓'君子之德风，小人之德草，草上之风必偃'。因此，基本上，政治的问题被认为是道德的问题……所有的社会成员，在政

---

① 《荀子·礼论》。

治领袖美好的道德意图感召之下被认为自然能够产生美好的道德意图，于是便以为政治秩序会自然地形成了"[①]。但在中国几千年的皇权政治历程中，这种期望从未在现实中有过发生，而由"人治"造成的政治缺陷问题却总找不到有效的克服路径。

3. 中国传统道德中的某些冲突困境与众多道德问题的发生

客观而言，尽管以儒家为代表的传统道德文化在中国几千年的历史传承和社会实践中逐步形成了一套或隐或现的作用机制，但其内在含义和外在执行过程中必然产生的矛盾屡屡遭人诟病。比较典型的表现首先就是性善论。实际上人性中必然含有永远也除去不了的恶的一面，不完美乃人性的应有之义。然而在现实利益的争斗中，不完美的人性极易被冠冕的道德说教所掩盖，这种掩盖恰恰也是道德虚伪性的来源。虚伪的道德当然也就极易塑造虚伪的人。千百年来，传统中国社会大众的权益、幸福被皇家权贵等少数人所掌握，他们往往打着道德的旗号以牺牲大多数人的利益来谋取自身利益最大化。

首先，传统道德中蕴含的功利性是道德困境产生的潜在威胁。必须看到，传统道德的非功利性价值取向与现实人行为的功利化选择之间的冲突引发的道德困境问题。由于历史上长期奉行道德至上原则，一直倡导以德治国，因此，无论是在朝为官，还是为人处世，德行都是首要考察的内容，甚至有着将任何社会问题都归结为道德根源的惯性，忽略了人们追逐利益的本性。而这种对道德功能过于拔高的想法与做法，不仅使道德工具化，被封建统治者充分利用，也使人们把道德行为作为出仕的招牌手段，进而让道德中蕴含了直接和太多的功利性，致使道德产生了明显的异化，目的与手段严重背离，其工具价值远高于原有的意义价值。

其次，过于看重道德而引发的"道德伪善"问题。当代美国社会心理学家丹尼尔·巴特森把态度和行为相背离的现象称为"道德伪善"。

[①] 林毓生：《中国传统的创造性转化》，三联书店1988年版，第125页。

它是指人在态度或姿态上显得很有道德水准，但在行为上却不会有任何行动，更不愿付出任何代价的表现。孟子以"四端"说为人性善确立依据，从人的情感本性上说不是毫无道理。但是在现实生活中，人人皆有"四端"的共情却未必必然产生相应的善行。当面对具体的触动人性的事件时，受到各种内外在因素的共同作用，人们的行为选择是很复杂的，甚至是出人意料的。《圣经》里有一个故事：一个旅行者在朝圣的路上遇到了强盗，被抢劫，遭毒打，躺在路上奄奄一息。此时令人惊诧的现象出现了，从远处走来的、平日里口口声声说着奉献与爱的祭司和信徒假装没有看到，从另一边绕了过去。一个平日被大家唾弃的人，却急忙走过去，替旅行者包扎伤口，搀扶着旅行者去了客栈。这个现象让人不由自主联想到中国社会儒家道德文化影响下的伪君子问题。在本源上，"不完美乃人的德性中的应有之义。然而在现实利益的争斗中，不完美的人性极易被冠冕堂皇的道德说教所掩盖，这种掩盖恰也是道德虚伪性的来源。虚伪的道德当然也就极易塑造虚伪的人"①。所以，伪君子频出就成为中国社会长久以来始终不衰的独特现象。

从历史的观点看，任何思想意识和道德观念都不会凭空产生并发挥作用，都受一定社会发展阶段生产方式的制约和影响。道德的发展与生产力之间的关系往往呈现为同步、超前、落后三种情况。当道德同步或超前于社会生产力时也会在一定程度上发挥积极的作用，但当道德落后于生产力时，就会出现与生产不协调、与社会发展存在矛盾的情形，极易导致道德要求与社会发展诉求发生冲突，继而出现道德困境问题，如中国传统道德的非功利性目的与现实人们的具体利益的紧张关系所产生的悖论。

---

① 吴玉敏：《中西"德治"释义及其现代价值转换》，《攀登》2017 年第 6 期。

三、传统"德治"的现代价值及适用性转化

因为古希腊罗马文明特别是政治文明的深刻影响，再加上近两千多年的基督教的全面传播，法治和宗教在西方社会治理中占有各自的地位与作用。以《圣经》为标志的宗教约束在人们的精神或道德选择中发挥着基本的作用，而法律规则对人们行为的规范作用亦是社会常态。"法律与道德代表着不同的规范性命令，其控制范围在部分上是重叠的。道德中有些领域是位于法律管辖范围之外的，而法律中也有些部门几乎是不受道德判断影响的。但是，存在着一个具有实质性的法律规范制度，其目的是保证和加强对道德规范的遵守，而这些道德规则乃是一个社会的健全所必不可少的。"[①] 同时，人们一般在讨论德治时很容易与人治画等号，皆以为德治即为人治。其实，若能够对传统儒家经典思想进行细致梳理，定能发现这个判断并不严谨，似存在很大漏洞，也很容易进入认识误区。窃以为，尽管在德治的倡导中有着滑向人治的可能性通道，但德治与人治并不构成必然的等同关系。而现代社会又为德治发挥作用留有了充分的空间。

进入现代社会以后，我国的传统道德遇到了许多新挑战。许多现代社会应有的价值观，比如"平等""自由""人权"等，需要纳入道德建设的范畴，从而迟到的内容更能与现代社会状况相适应。对当下中国的道德建设来讲，迫切需要将现代社会的道德要求与传统道德精华和外来合理道德元素融合，实现再创造，尤其需要将中国传统道德的仁、义、礼、智、信等合理内容融入现代道德教育和道德构建中。

1. 理清并把握法治与"德治"的辩证关系

依法治国和以德治国之间实质上是法律与道德、法治与德治的关系。法治与德治作为治国理政的方式方法是存在显而易见的区别的。从治理的主体来看，法治是针对所有社会成员而确立的准则，而德治

[①]〔美〕E.博登海默：《法理学－法哲学及其方法》，邓正来、姬敬武译，华夏出版社1987年版，第368页。

则往往呈现为少数人的精英之治；从治理的过程来看，法治注重的是程序，而德治则偏重于人情；从治理的动力来说，法治更重视外在的强制，而德治则关注内在的自我约束；从治理的准则而言，法治往往是社会底线规范之治，而德治则是高层次的楷模要求；从治理的方式来说，法治一般来源于国家的强制，而德治更看重社会的教化；如此等等，显示出法律与道德、法治与德治之间相互区别又相互补充的重要特点，由此也展现了依法治国与以德治国相互补充、相互作用、有机统一的辩证关系。

从发生学的意义上说，法治更多源于西方，而德治则在中国源远流长。实际上，单纯的法治或德治都是既有优点，又存在缺陷和不足，而两者的结合却是现代社会秩序存在、维系的基本方式和发展目标。"徒善不足以为政，徒法不能以自行"讲的就是这个问题。法律的规定一般总是尽量少地涉及良心问题，只偏重于对人的行为和态度的考虑；道德则对动机意图思考甚多。于法律而言，"所有未禁止的都是允许的"。从惩罚的实行和力度来说，法律的强制性远大于道德。然而这也暴露出法律的缺陷或局限，即法律的抽象性、稳定性与现实生活的矛盾会时常出现；法律有时所要适用的事实存在确定性的难度等。同时，还有一个不容忽视的重要方面，那就是广大社会成员对法律法规遵从遵守的认可与自觉状况，是法律效应发挥的重要支撑和条件。而这在很大程度上又有赖于广大社会成员在道德意识上的自律，即道德上对违法行为的排斥与抗拒，否则，法治的有效实施必然会大打折扣。尤其要看到，如果社会成员缺乏基本的道德信念和自我约束，在日常社会行为经常出现与社会道德相悖却又游走于法律边缘的状况，那对社会健康有序发展的影响就可想而知。更重要的是，道德的约束不是件孤立和单纯的事情，无论是具体的经济、政治、行政活动，还是现实的文化、教育实践，抑或是传统习惯、各类舆论的作用，都需要有相应的道德理念和准则为支撑和指引。在现实环境中，无论是各项制度规定还是具体的法律条文，都需要相应的人去执行和操作。对这些人的专业水平有较严格的要求的同时，对其职业操守的道德水准也同样要求很高，否则，如何降低法治执行过程中的道德风险呢，又如何能保证法律得到有效实施呢。因此，法治和德治在现代社会治理活动中的内在交融性也就不容置疑。

2. 全面认识中国传统"德治"之现代合理意蕴

当下，切实深化对中国传统之"德性"思维进行现代理性反思已是道德重建的重要内容。"未经反思的'诚'要么是幼稚的，要么是伪善。"[①] 从原初的意义上说，中国的"德治"是要对社会成员进行良好的道德行为规范和道德教化，在增强社会成员自觉性之同时达到自我治理的目的。以孔子为代表的儒家"德治"思想都比较反对用暴力和严苛的方式进行政治统治。"仁者爱人"是其核心的思想主张。为此，儒家对个人的尊严和价值有着明显的尊重，进而主张用道德的理念、合"礼"的方式进行政治治理，尽力减少暴力和纷争。更为重要的是，孔子在刑法与道德的作用高下上观点明确："道之以政，齐之以刑，民免而无耻；道之以德，齐之以礼，有耻且格。"[②] 这就是说，在孔子看来，严苛律法能够对人们的不法行为实现最严厉的惩处，但不能使人形成对法律的自觉意识和尊崇。相反，如果进行道德教化，以礼的方式帮助人们从内心崇德向善，人们就会从心底产生并形成违法可耻之念。西汉时期提出的"夫礼禁未然之前，法施已然之后。法之所为用者易见，而礼之所为禁者难知"[③] 的观点颇具深意。这就是说，对人们的违法行为应该注重通过道德和礼法从而发挥"禁于前"的预防作用，而"已然之后"的严苛刑法仅只是实现了惩戒的功能，只是制裁了犯罪，却对防止犯罪没有作用。后来桓宽在《盐铁论·申韩》中提出的"法能刑人而不能使人廉，能杀人而不能使人仁"的观点，对主张严刑苛

---

① 邓晓芒：《中国传统道德的底线》，华中科技大学人类讲座，https://v.youku.com/v_show/id_XNjI1OTYxMzc2.html。
② 《论语·为政》。
③ 《史记·太史公自序》。

法提出了严厉的批判。而《淮南子·泰族训》中"民无廉耻,不可治也""民不知礼义,法弗能正也"的思想主张,更是延续了之前对重法轻德加以批判的基本观点。这些思想对今人的最大启示就是,在重视加强法治的基础作用的同时,也要让"德治"的功效彰显出来,调动并激发人的善良德行,使其对人的言语行为发挥应有的自我约束作用。

随着新的治理理念在现代社会的兴起,多元主体参与的社会治理促使创新社会管理向更加合理、有效的方向发展。其中,伴随着社会分化的加剧,除了作为传统重点主体的政府之外,企业、公民、社会组织都成为社会治理的重要组成部分。在众多治理理论中,倡导多中心治理的一些人就主张"多中心的社会秩序"。所谓"自发的或者多中心的秩序是这样一种秩序,在其中许多因素的行为相互独立,但能够作相互调适,以在一般的规则体系中归置其相互关系"[1]。与此相关联的传统意义上的"德"和"治"与今天的"德"和"治"比较,在各个层面都有了深刻的变化。简单地说,现代社会对"德"的素养和要求已不仅限于社会的精英人群,而是社会中的所有人,即每一个社会成员都应有道德的基本素养和行为规范。所谓"治"也不再局限于过去严明的等级划分,而是扩展为对每一个个体的基本要求。德治作为治理的多元事实或社会控制的多元格局的一种治理力量和存在形态,它在事实上是一种社会人文价值观的历史积淀,是一种战略性的管理,而不仅仅是一种一事一治、一时一管的战术性管理[2]。

3. 在公共意识增强中促使传统私德与公德的现代转化

传统儒家重视的道德体系本质上是以私人、家庭之间关系为核心。按其思想逻辑,无论是"己欲立而立人,己欲达而达人"[3],还是"格物、致知、诚意、正心""修身、齐家、治国、平天下"八条目的关系,

---

[1] 迈克尔·麦金尼斯:《多中心体制与地方公共经济》,毛寿龙译,上海三联书店2000年版,第76页。
[2] 李兰芬:《当代中国的德治研究》,人民出版社2008年版,第14页。
[3] 《论语·雍也》。

反映的都是儒家由内而外的道德修炼过程，但是对于内外如何转化，儒家却没有相应内在驱动方式的进一步说明，即儒家缺乏由私德到公德向外推进实践操作环节的设计，没有说清楚以何种"及人"的有效方式实现私德向公德的转化。相反，"'束身寡过'之士更可能是放弃社会责任的'蟊贼'"①。因此，传统儒家很难由私德"外推"而培育人们的公德。其延续传承几千年却未能使国人养成遵守公共道德规范的习惯与传统。人们在日常生活过程中公私不分、漠视公共利益以及公共交往私人化的现象比比皆是，公德缺失或几无公德成为国人行为规范的重要缺陷。为此，新思想的大力倡导者梁启超专门就公德与私德的含义及培养等问题进行专门论述。在《论公德》中，梁启超认为："人人相善其群者谓之公德。"②而后在其《论私德》中又说："夫所谓公德云者，就其本体言之，谓一团体中人公共之德性也；就其构成此本体之作用言之，谓个人对于本团体公共观念所发之德性也。"③"相善其群""团体中人公共之德性"是梁启超对公德的撮要概括，也符合公德之要义。

其实细究起来，传统儒家道德立身思想中并不缺少作为公德思想的应有要义，其中的公德理念随处可见。从孔子的"己所不欲，勿施于人"④、"言而有信"⑤、"群而不党"⑥，到孟子的"取诸人以为善，是与人为善者也。故君子莫大乎与人为善"⑦，再到张载的"民吾同胞，物吾与也。……凡天下疲癃残疾、茕独鳏寡，皆吾兄弟之颠连而无告者也"⑧，等等，无不是如何与他人相处、促社会和谐的具体公德心阐释。可以说传统儒家为现代社会每个公民的道德伦理、公民责任的培

---

① 吴宁宁：《梁启超由"公德"到"私德"的思想矛盾困境解读》，《东南大学学报》（哲学社会科学版）2011年第2期。
② 冯契主编：《哲学大辞典》上，上海辞书出版社2001年版，第442页。
③ 梁启超：《新民说》，商务印书馆2016年版，第25页。
④ 《论语·卫灵公》。
⑤ 《论语·学而》。
⑥ 《论语·卫灵公》。
⑦ 《孟子·公孙丑上》。
⑧ 《张载集·正蒙·乾称》。

育提供了丰富的思想资源。问题的关键就是在中国社会深刻转型、现代公共性不断扩展并增长的环境下，如何以合理有效的机制促使良好的公德愿望与要求转化成人们的自觉行为。其中的重点应是在不断培育人的公共意识的同时，将儒家一系列经典合理的公共道德理念推行到具体的行为规范实践中，而且传统儒家倡导的"教化"对于今天公德心的培养依然有操作价值。伽达默尔认为，科学意识乃是一种已教化过的意识[1]，是一切精神科学养成的基础。社会公德的培育养成又何尝不是如此呢？社会公德的教化应该贯穿渗透于一切公共场域。同时还应转化并树立一个认识，即在现代社会，"公德最核心的内涵就是，公民在日常生活中应该避免损害公众的集体利益以及其他个别社会成员的权益，公德是一种不作为性、消极性、有所守的行为，它要求人们不要为自己的利益或方便而伤害陌生人与社会"[2]。这种"有所守"的消极公德要求普通人的公德意识的培育更具现实操作性。

现代社会是一个日趋开放的社会，公共性特征突出，最重要的特点在于人群的流动、社会的开放、价值的多元。而道德已从封闭环境下比较纯粹的个人修养变成为一种有着强烈社会需求的公共行为或"公共资源"，自然而然对每一个个体培养公共环境下的公共道德提出了具体而紧迫的现实要求。应该看到，人的内在精神具有丰富和多样的特点，再加上知识层次和职业差别，人们的生活方式和信仰内容也是多种多样的，对道德的追求和遵循不可能整齐划一，在基本的方面达成共识可能就是对人们道德行为的普遍性要求。比如在中国的传统道德观中一直有着"白天不做亏心事，半夜不怕鬼叫门"的朴素信仰。这对于今天个体道德观的塑造依然具有现实价值。如果每一个个体都能坚持不做亏心事而保心理平安的简单准则，那么就能为社会公德的构建奠定基本的条件。所以，既然现代中国社会公共道德的构建已成为道德建设的重点，就应该注重每个人道德遵循的社会意义和公共价值。

---

[1] 〔德〕伽达默尔：《真理与方法》，洪汉鼎译，上海译文出版社2004年版，第18页。
[2] 陈弱水：《公共意识与中国文化》，新星出版社2006年版，第32页。

作为现代社会所强调的公共道德，本质上体现为对公共精神的追求和遵从，以及对现代人格完善的自觉追求。相较于传统的个人私德，现代的公共道德无论是对公共生活的调节，还是为广大社会成员行为提供普遍的约束准则，都具有毋庸置疑的重要地位和作用，是现代社会治理实现的重要基础和支撑。如果说传统上的个人道德修养是追求一种达则兼济天下、穷则独善其身的人生境界的话，那么现代的公共道德则是给人们的公共生活确立了基本的行为守则，将人们的道德修养和道德遵循上升到更为普遍的公共生活层面，促使每个人在日常生活中都能将助人为乐、遵纪守法、友爱诚信、爱护公物、保护自然等作为自己的本分和职责，变道德的原有私人意义为今天的公共意义和普遍价值。

　　与此同时，现代社会在弘扬以义务为基本取向的中国传统道德观的同时，还应注重对个人权利的尊重和维护。做到努力承担对他人的义务、履行自己肩负的责任。每个人都应有基本的道德意识，遵循基本的道德操守，做好、完成好自己的任务。作为掌握最大公权力的政府部门，在履行好自己职能的同时还要明确权力行使的边界，既要为社会成员提供充分的公共服务保障，还要在法治的框架下使用自己的权力，绝不能随意侵犯公民的个人利益。社会健康发展的一个重要指标，应该是各个主体在权利与义务上的并重。

第二节　中国传统"大一统"文化及现代适应性转化

　　关注中国治理现代化离不开脚下的这片坚实大地和绵延几千年而不绝的文化传统。既需要对外国尤其是西方众多的现代治理思想与经验进行学习和借鉴，更需要从中国政治文化传统中汲取更有价值的知识思想资源和智慧认识。而"王者欲一乎天下，以天下为一家"[①]的"大

[①]《礼记·王制》。

一统"政治观,其功能之于今天中国推进治理现代化的作用不能小觑。在几千年的历史延续中,大一统理念早已深植于中华民族的文化血脉,成为历代中国人思考家国命运的一个着眼点和追求目标。因此,"大一统"既可视为中国传统政治文化的一个重要取向,亦可看作中国传统政治文明的一个重要特征。从现实意义上讲,今天的中国之所以仍能保持多民族国家的统一,仍能在中华民族共同体、中华文化共同体等方面具有社会共识,正是因为植根牢固、深入骨髓的"大一统"观所发挥的重要思想引领作用。所以,加快推进国家治理体系和治理能力的现代化,始终坚守国家疆土的统一、保持"求同存异"的思想环境,从"大一统"中吸收有益思想资源并作适应性转换的创造性研究就显得很有必要,也很有价值。

一、中国传统特有"大一统"文化的缘起、内涵与功能

有些人在质疑"中国特色"时,总以为人类的所谓"普世价值"都是超验的且凌驾于各个国家之上,殊不知再"普遍"的东西一旦被各具特点的文化所影响的个人使用时都会产生改变,都会呈现出新的形式和样态,不可能是原封不动的粘贴、复制。实际情况出现的变化往往会令人猝不及防,如同清王朝灭亡后,起而代之的是走马灯般更换的政府、民主变异所导致的国家更加混乱和民不聊生。自20世纪初以后,中国社会的一个景观颇具意味,那就是主张"全盘西化"或照抄照搬外国的以知识分子为主的人群,与主张走中国之独立革命与发展道路人群的对垒。尽管事实上是后者在实践中取得的成功和成效为最大,但前者也并未销声言败,而是时不时地到话语的前端指责中国不按"普世价值"行事,甚至将中国的历史和文化传统批驳得一无是处,似乎唯有如此方能使中国走入所谓的现代化发展正道。其实,这种论调的最大问题或毛病是缺乏一种"在地者"或主体意识思考本国的历史演变之道。其中很具经典的问题之一就是:为什么中国自秦以后,虽经无数战乱、分裂乃至异族统治,但都以追求统一和实现统一

为目标？为什么历史上的大多数君主都害怕因丧失领土或出现分裂而成为"千古罪人"？为什么"大一统"会成为中国社会上至君主官僚、下至庶民百姓都刻在心头的理念且直至今日？对比世界上其他文明的兴衰成败，中华文明经千年延续而不衰的内在理由可以从"大一统"理念的深远影响角度做必要解释。这就需要对"大一统"的形成因素、思想内涵与功能作用做深入分析。

1. "大一统"文化理念的历史形成与影响因素

在西方的叙事谱系中，中华帝国是秦以后至清灭亡几千年间的基本状态。之所以被称为"帝国"，就是因为尽管不同统治王朝的分合离散频繁发生，但"大一统"始终是传统中国上下共求的理念和目标。自尧舜禹、夏商周、春秋战国，再到秦汉，直至明清，在传统中国的国家形态与结构变化过程中，基本形成了三种"大一统"观：一个是上古尧舜禹时代的各个部族松散联盟的"天下一统"观；二是夏商周时期形成的具有复合制王朝国家特点的早期"大一统"观；三是秦汉以后以书同文、车同轨等各方面真正统一而呈现的中央集权"大一统"观。这反映出"大一统"并不是传统中国的偶发选项，而是其一系列重要环境条件促成的历史必然。因此，作为真正"大一统"的中国国家形成于秦朝，而巅峰状态则是清乾隆时期。

第一，独特的地理环境所孕育的农耕生产方式为"大一统"提供了基本条件。一般所讲的地理环境，是指一个地方人群在地球上所处地理位置的地形地貌、气候气象等各种自然条件的总和。这些因素综合在一起直接影响到具体地域人们的生产生活方式的选择与形成。可以说在很早的时候中国就依照自身的地理状况造就了以黄河、长江两大河流流域为主要区域的农耕文明，其中尤以黄河流域为早期农耕发达的典型。作为中华文化重要发祥地的黄河流域，涵盖了包括华北、关中、河套等诸多适合农业耕种的广阔平原地区，且土地肥沃、物产丰饶。这为中华民族延续数千年的农耕文明提供了优越的自然地理条件，并同样对人口数量的规模与增长产生了影响并提出了要求，形成了保证人们生存发展的闭合链条，即大片适宜的土地需要足够多的人口进行耕种以产出大量粮食，进而养活更多的人口。在这里，适合农作物生长的土地就占据中心，构成为上至首领君主下至庶民百姓极为关注的资源，而"大一统"从一开始就以疆土的拓展、维护以致统一作为追求目标。

第二，农耕生产条件下共同协作是抵御洪水等自然灾害的现实必然需求。无论是滚滚而下的黄河水患，还是淮河流域夏季的洪水蔓延，都需要各个部落的人们齐心协力进行治理。根据传说，虞舜后期先民生存的中原大地上发生了大规模的洪水灾害。几大江河洪水滔天、肆虐大地，无论是庄稼作物还是居民性命都遭受极大损害。而抵御这样的灾难不可能是一家一户或一两个部落所能办到的，需要所有部族部落的相互合作与联合行动。当年的夏禹就是接受舜的指派带领着当时中原大地的众多部落部族，一起实地了解水患，一起开展河道疏浚。而夏禹本人也因完全投身治理洪水而三过家门不入，成为长久流传的佳话。同时，也为禹划"九区"、制"九鼎"、一统华夏奠定了基础。在传统农业生产环境下，尽管生产单元可以是一家一户，但兴修水利设施、抵御灾害、维护共同利益却需要统一的行动和意志。农耕文明源远流长的传统中国，无论是谋求更好的生存还是有效抵御各种灾难都有着对"统一"的领导乃至协调的必然选择，也就在中国人的心中逐步建构起"大一统"的政治与文化心理。

第三，谋求统一很早就成为历代王朝更迭转变的共同目标。从远古时期禹的后代对统一后的部落部族联盟实行"世袭制"统治，以统一方式进行调集军队、组织生产、抗灾救灾等活动，这就使原本冲突不断的各个部落组成为一个利益共同体，逐渐有了"四海一家"的国家概念，从而有了大一统的最初形态和思想意识。东周末春秋战国时群雄并起，竞相争霸，其实所求的就是"大一统"。当年（前651）齐桓公在葵丘召集各国国君以及周王的代表进行的一场声势浩大的会盟，不仅提出"尊周室，攘夷狄，禁篡弑，抑兼并"的口号，还特别要求各国，第一在建设水利设施时不能只管自己而妨害他国，第二各国在发生天灾时不能阻碍粮食的跨国流通。而秦朝灭六国后全面推行的"郡县制"和"一法度衡石丈尺，车同轨，书同文字"①等举措，更是将中央集权统一予以实施，推进了整个社会从政治到文化的各方面融合，也内在地使"一统天下"成为后来历代统治君王建功立业、奋斗追求的终极目标。自此以后，任何时期因各种矛盾导致分裂的国家几乎都能在大一统思想的引领下由一位时代英雄重新引向统一，而且只要中央王权有足够强大的力量，不但各种企图分裂割据的言行都会受到最严厉的惩处，而且时任统治者也会因此受到更广泛的支持。

2. "大一统"的内涵蕴意与思想形成

根据中国"大一统"的最初缘起和后来的演变，可以将其内涵简要概括为：以追求疆土统一为基础，以实现政治集中为根本，以连接文化一体为纽带，以获得民心天下为关键。但在根本意义上，传统"大一统"思想并不是在朝夕之间或一段时间形成的，而是经历了一个漫长却连续不断的过程，呈现出由应对灾祸到政治一体再到思想一致的演变集成。

如果说自夏商周至先秦逐步形成的一统要求反映的是早期在特有自然环境等客观因素综合影响下的自发选择的话，那么之后形成的关于"大一统"的成系统的政治设置和思想主张则是将此推向全面的自觉。这其中涵盖了天下一体、"奉正朔"、"定于一"及其"独尊儒术"等众多思想。从《尚书·立政篇》的"方行天下，至于海表，罔有不服"，到《诗经·小雅·北山》的"溥天之下，莫非王土。率土之滨，莫非王臣。大夫不均，我从事独贤"，再到《礼记》"天下为公""天下一家"的理念形成，所表现出的就是从上古时期直至秦朝统一国家的演变过程，"大一统"要么因现实所需，要么以理想追求，始终不曾中断地存续下来，进而与偏好先王传统的中国传统文化性格契合起来，延伸至国土、政治、

---

① 《史记·秦始皇本纪》。

文化等方面，构成"大一统"的复杂体系。

按传统认识，《春秋公羊传》的"王者孰谓？谓文王也。曷为先言王而后言正月？王正月也。何言乎王正月？大一统也"的叙述被看作是中国"大一统"概念的正式提出，而《汉书·王吉传》所说的"《春秋》所以大一统者，六合同风，九州共贯也"也是对"大一统"的精要解释。但从本源上讲，"奉正朔"应被视为中国"大一统"理念的最初形式，也就是前文的"王正月也"。所谓"正"指一年之始，"朔"指一月之始。这两个"始"不是随意定的，而是由当时拥有最高政治权力者所决定的，而早期"正朔"依次呈现为夏历（亦称农历，以寅月为正月）、商历（以丑月为正月）及周历（以子月为正月）。故而"奉正朔"是自夏商周以来所形成的对各路诸侯国中央最高权威的要求，"天子谨于承天，诸侯凛于从王，皆莫大乎正朔"①。所以，"正朔"既是国家政治生活开始的象征，也是呈现国家统一意志的标识。

倡导"大一统"思想并做系统阐述的当属儒家。孔子所提出的"天下有道，则礼乐征伐自天子出；天下无道，则礼乐征伐自诸侯出"②，可视为对政治统一及合法性的清晰说明。后来《孟子见梁襄王》有一段著名对话：孟子见梁襄王。出，语人曰："望之不似人君，就之而不见所畏焉。卒然问曰：'天下恶乎定？'吾对曰：'定于一。''孰能一之？'对曰：'不嗜杀人者能一之。'……"在这里，孟子的"定于一"在对孔子"仁治"政治做出价值设定的同时，又给予"大一统"一种理想定位。随后荀子做出阐释："一则多力，多力则强，强则胜物。"③这是将"一"的蕴意做了由大至强的扩展，从而有了儒家"大一统"最初的思想内核。此外，作为春秋百家的重要一员，墨子的"上之所是，必亦是之。上之所非，必亦非之"④的"尚同"思想同样具有崇尚统一的意味，说

---

① [清]张英：《书经衷论》卷二《甘誓》，景印文渊阁《四库全书》。
② 《论语·季氏》。
③ 《荀子·王制》。
④ 《墨子·尚同中》。

明早在春秋时期，偏好"大一统"在当时的政治理想中已经是较为普遍的选择。

西汉董仲舒所进行的思想统一阐述，不仅突出了统一思想的关键地位，而且将"大一统"推向更高的意义和要求。作为秦以后首位也是最重要的一位儒家思想的传承者和创新者，董仲舒以融汇各派的方式，将天人合一、阴阳五行、墨家、法家、道家等各类学说汇集到儒家思想体系中，形成了独具特点且系统的大一统政治思想。具体而言，董仲舒以"天人感应"为依据，论证了"天人合一""君权神授"的合理性，进而提出"罢黜百家，独尊儒术"的思想统一主张。在董仲舒看来，"《春秋》大一统者，天地之常经，古今之通谊也。今师异道，人异论，百家殊方，指意不同，是以上亡以持一统；法制数变，下不知所守。臣愚以为诸不在六艺之科、孔子之术者，皆绝其道，勿使并进，邪辟之说灭息，然后统纪可一而法度可明，民知所从矣"①。同时，董仲舒又以"仁者所以爱人类也"② 生发出"王者爱及四夷"③、"王者无外"④ 的天下大一统理想。由此，董仲舒既为"大一统"政治提供了思想论证和充分依据，又使"大一统"超越了地理疆域层次，再加上对民众生活秩序的确定，从而具有了文化认同和文化一体的全面含义。当时的汉武帝接受了董仲舒的"大一统"主张，加上正值西汉鼎盛、皇室深得民心，致使"大一统"渐次上升为中国百姓和历代王朝的普遍政治向往与传统中国政治文化的核心价值。

二、中国传统"大一统"文化的进一步分析

纵观中国历史沿革，"大一统"不仅成为国家延续几千年的内在政治主张和思想理念，而且也成为相应的文化观念和治理方式。如果说

---

① 《汉书·董仲舒传》。
② 《春秋繁露·必仁且智》。
③ 《春秋繁露·仁义法》。
④ 《公羊传·僖公二十四年》。

秦朝的建立让长久愿望变为现实而增进了人们统一信心的话，那么秦王朝的倏忽灭亡更让长久维护一统天下的政治需要陡然上升，而随后西汉王朝所发生的政治事件，则需要从正反两方面进行经验教训的总结分析。作为西汉儒家重要代表的董仲舒，不仅高度重视国家疆土的高度统一，而且也力求从思想和精神层面上建构一种文化意义的"大一统"观。由此便可解释自秦朝建立大一统后，中国两千多年来的疆域面积呈现出扩大和缩小交替的现象，而反反复复的分裂和统一又形成了中国王朝特有的"历史周期率"。当"多民族国家"的基本轮廓在清乾隆时期基本形成时，也就奠定了现代中国的基本疆域格局。由此而形成的中国传统特有的政治理性思维与治理方式，既有许多之于今天中国政治建构与发展的合理资源，亦有需要正视并加以剔除的缺陷糟粕。

1. 传统"大一统"文化的价值意义和功能作用

自秦始皇统一六国之后，以往只限于理想意义上的"大一统"真正成为传统中国的政治现实。尽管两千多年分分合合、战乱不断，但几乎各个王朝都以自身的正统传承沿袭着"大一统"的内在要求，在历史作用上表现出很多积极合理的功能。

首先，"大一统"为传统中央治理提供了政治合法性。

按照美国政治社会学家S.M.李普塞特的观点，所谓"合法性是指政治系统使人们产生和坚持现存政治制度是社会的最适宜制度之信仰的能力"[①]。这一点应该是古今中外各种政治统治者都不得不看重、追求并想达成的目标。德国社会学家马克斯·韦伯则把合法性统治归纳为三种类型：一是合理的性质：建立在相信统治者的章程所规定的制度和指令权力的合法性之上，他们是合法授命进行统治的（合法型的统治）；二是传统的性质：建立在一般的相信历来适用的传统的神圣性和由传统授命实施权威的统治者的合法性之上（传统型的统治）；三是魅力的性

---

① 〔美〕S.M.李普塞特：《政治人——政治的社会基础》，张绍宗译，上海人民出版社1997年版，第55页。

质：建立在非凡的献身于一个人以及由他所默示和创立的制度的神圣性，或者英雄气概，或者楷模样板之上（魅力型的统治）[①]。

如果对比于西方政治合法性的理论总结，传统中国的政治合法性更是出于一种经验主义范式，只不过这些经验更多来自传统的已然形成和约定俗成。其特点是在借助已有传统的基础上，再"把自己的想象力集中在当下的社会政治生活中，他们关注的是实际存在的实事，追问'事实'是什么"[②]。综观西方政治学的知识体系，实际上，所谓的政治合法性是集法律性、有效性、人民性、正义性于一体的概念。中国文化中尽管没有类似于西方文化的理论框架，但中国的历代统治者都因其顾忌和忌惮的东西而进行自身独具特点的合法性阐释，具有中国文化特有的正义性、人民性、有效性等综合特征。

尽管秦朝以降，大大小小的王朝历代更迭构成为中国历史延续的一个独特景观，但无论是汉族人主导的王朝，还是一些少数民族建立的朝代，几乎都以自己承继了正宗的"道统"——思想传承的正统性和"治统"——而自居。作为少数民族入主中原统一天下的王朝，不管是短暂的元朝还是延续二百多年的清朝，其治理国家的典章遵循和思想文化的主流要求，都以长久以来的中华正统为根本，以此而显示并强化自己统治的合法性。清朝自顺治正式定都北京直至乾隆，不仅有着对前朝制度和文化的继承路线，而且还逐步建立了"多民族共同体"的疆域格局，形成了创新"大一统"政治架构的明显特征。也就是说，清朝以自己强大的开疆拓土能力不仅把众多民族纳入中华版图，而且也形成了一套特有的调整族群关系的方略和相应的治理技术。所以，在比较的视角下，清朝看起来更像一个殖民帝国，其形态与早期现代世界上其他的海洋或大陆帝国有关联。民族主义者却否认中国类似其他帝国，因为在"多民族国家"的支持下，他们把中国各民族视为"统

---

① 〔德〕马克斯·韦伯：《经济与社会》上卷，林荣远译，商务印书馆1997年版，第241页。
② 葛荃：《传统中国的政治合法性思维析论——兼及恩宠政治文化性格》，《文史哲》2009年第6期。

一的",而不是被征服的①。

其次,"大一统"是国家社会解决纷争、由乱到治的秩序遵循。

如果对两千多年来的中国皇权政治进行梳理和总结的话会发现,"大一统"之所以成为中国的政治文化传统,除了有历代皇帝的执着,更主要还是因为这种制度能够对内维持国家社会的稳定、对外增加相互交换的筹码,由此而使国家的实力和稳定性得以极大提高,这可视为中国古代版的"地缘政治"。远古时期就有的治理黄河水患的现实紧迫性,需要有一个超越了单个地方的大一统政权来居中协调。而大禹治水其实就是对这种统一诉求的客观塑造。春秋战国时期,在各国之间协调水利设施建设工程、促进粮食流通、对抗外患等重大事项,要求中原必须有一个超越各诸侯国的力量来进行统筹。这是最早促成大一统的力量。各诸侯国之间对土地和人口的争夺,也不断呼唤一个大一统政权的形成,以消除众多纷争。

同时,"大一统"不仅是中国传统政治的文化观念,而且在实施过程中逐步形成了与之匹配的一些具体而复杂的治理技术。比如清朝的开疆扩土不仅建立起了一个统一的多民族帝国,而且经过几代清帝的努力,以因地制宜、因势利导的方式,创造性地形成了一套包括金瓶掣签、设置驻藏大臣、常态化满蒙联姻、回疆伯克制、改土归流、邀请各王爷进行木兰行围、内外札萨克等各项政策在内的少数民族治理方式。

最后,"大一统"为近代以来中国维护民族国家的统一性确定了理念根基。

在中国漫长的历史演变中,"大一统"实际上作为主要意识形态影响着国人的思想和心理。不但从上到下逐渐塑造了中国人追求政治稳定的认同心理,而且尤其为抵抗近代西方列强的侵入提供了最可依赖的民族主义政治文化资源。当年朱元璋以"驱逐胡虏,恢复中华"为

---

① 司徒琳主编:《世界时间与东亚时间中的明清变迁》下卷,赵世瑜等译,三联书店2009年版,第102页。

推翻元王朝的口号，但称帝之后又立即昭告天下："朕既为天下主，华夷无间，姓氏虽异，抚字如一。"因此，大一统思想又有了维护民族团结的新的重要使命。当年清朝，集全国精英编纂《四库全书》、乾隆帝亲自撰写《御批通鉴纲目》里的历史评语、各地方志的纂修等等，都是这场清算运动的若干步骤，我们不妨把它们看成是与地理疆域行政治理相配合的一套文化疆域规划设计，《四库全书》的编纂难道不可以看作是一种文化地图的别样构思吗？如此鲜活的行动地图构成了"大一统"历史观的基本支架，同时也是其区别于以往朝代的最明显的意识形态风格，说明"大一统"对舆论的收编历程从清初即已开始而且获得了空前的成功。

"大一统"要求国家统一，中国现代"民族观"带有传统中国的这种明显印记，强调共性而非差异，强调融合而非独立。在大一统思想的指导下，"中华民族"这个概念很早就被提出。从此，各民族间的团结就变得有理有据。"大一统"是天经地义的观念和思想，一经提出，便得到统治者的强烈认同，同时逐步灌输给人民，成为中华民族维护国家统一与民族团结的神圣不可侵犯的理想和信念。"中国之一统始于秦，塞外之一统始于元，而极盛于我朝。自古中外一家，幅员极广，未有如我朝者也。"[①] 以君主专制为核心的中央集权政体，是国家统一最重要的推动者、组织者，而国家统一的完成，又加强了中央集权的权威。近代以后，在殖民势力汹涌东来的国际环境下，完成国家统一，奠定近代中国疆域版图，对维护中国的独立与主权至关重要，也是清朝对中华民族的一大贡献，也是"大一统"政治传统的极致发展。

2. 传统"大一统"文化的缺陷和不足

在承认"大一统"在中国传统政治活动中的合理与价值的同时，还需要特别看到其中必然包含的缺陷与不足。

首先，"大一统"对传统皇权专制的加剧与固化作用。"以'大一统'

[①]《清世宗实录》卷八十三。

传统来说，君主专制是其最重要的本质特征，它一方面在形成中央集权、防止地方割据中，发挥着十分重要的作用；另一方面，又是政治腐败、动荡的重要根源，并在实践中越来越严重地束缚着人性的自由和社会的进步。正如伏尔泰所说：'国家的繁荣昌盛仅仅系于一个人的性格，这就是君主国的命运。'"①

秦汉以后，皇权集中成为中国政治的一大趋势。明代，"'国家罢除丞相，设府、部、院、寺分理庶务，事权归于朝廷'，皇帝实现了对国家重要政治权力的垄断"。②到清代，皇权更达到了登峰造极的程度，君主独裁成为清朝的"祖制""家法"，神圣不可侵犯，即所谓"天下大事，皆朕一人独任"③。乾隆皇帝称："乾纲独断，乃本朝家法。自皇祖皇考以来，一切用人听言，大权从未旁假。即左右亲信大臣，亦未有能荣辱人、生死人者。盖与其权移于下而作威作福，肆行无忌，何若操之自上，而当宽而宽，当严而严。此朕所恪守前规，不敢稍懈者。"（王先谦：《乾隆朝东华录》卷二八）④这就是说，中国传统社会逐步形成的"大一统"统治所产生的大权独揽、刚愎自用和严刑峻法，不仅是官员权力的相互制约特别是对皇权的限制几无可能，而且促使入仕为官、卖官鬻爵、揽权滥权等"官本位""权本位"现象不断加剧，成为社会腐败、止步不前的一大根源。

其次，"大一统"引发的思想禁锢问题。如果对长期流行的"大一统"的最大缺陷和消极影响进行梳理总结的话，应该是由此而长期形成的皇权专制所导致的对人的思想禁锢。这一点董仲舒"罢黜百家，独尊儒术"的影响最为关键。统治者将儒学确定为正统思想，不仅使春秋以来的百家学派的光芒走向黯淡，而且久而久之也使百家学派中一些很有特色的思维方式渐渐退隐失传，不但大大压缩了中国人的哲学思

---

① 高翔：《中国古代政治的三大传统》，《光明日报》2012 年 4 月 5 日。
② 傅恒等编：《御批历代通鉴辑览》卷一〇〇。
③ 康熙帝语，《清圣祖实录》卷一四四。
④ 转引自高翔：《中国古代政治的三大传统》，《光明日报》2012 年 4 月 5 日。

维空间，也使思维取向变得单一，创造力趋于枯萎。而独尊儒术则使国人中的大部分智者将精力投注于弘扬儒学，导致中国文化走向精光凝聚的现象。最终，儒学是越来越精致，但其衍生的条条框框的束缚也越来越多，进而走向了极端保守顽固，堕落到如闻一多先生所言的"简直就是一潭死水"的境地。

传统中国曾出现的"文字狱"现象可视为君主专制王朝推动"大一统"文化构建中的必然行为。清朝时期的许多皇帝不知是出于对自身非华夏正统的不自信，还是为了让"大一统"走向顶峰，他们所推行的"文字狱"则是将思想语言的禁锢推向极端。保守估计清代的"文字狱"事件有200余起。如果一些文人学士在文字中稍微有对清朝不满或者疑似讥讪清朝的内容，就会受到惩处被送进大狱，而且经常株连九族甚至更广。史上著名的康熙明史案除了主犯庄廷鑨被枭首外，其他冤死者高达70多人。除了极少数事出有因外，绝大多数是捕风捉影的冤案。神经过敏的乾隆皇帝就把写了一句"一把心肠论浊清"的胡中藻砍了脑袋，甚至在编纂《四库全书》时把所有不利于清朝统治的内容通通删除或篡改。

三、传统"大一统"文化在现代中国的适应性改造与转化

对比中西方传统政治治理，可能最主要的差别在于"政道思维"与"政体思维"，即发源于古希腊的西方政治追求政体决定论，尤其注重政治的形式，而中国传统政治则关注"道"的根基，历来主张"道"为本，"体"为用。中国推进国家治理体系和治理能力现代化的过程证明，作为数千年早已沉淀为中国国家政治基因的"大一统"也成为华夏民众的固有理念，是中华民族历经磨难也不曾放弃的家国执念。当今中国的现代化治理思想建构也应有对"大一统"思维的继承与适应性改造，使其成为现代国家治理体系的重要元素。

1. 重视"大一统"，为现代国家地位与功能的提升和强化提供有益内容

长久以来，欧美国家奉行所谓"小政府""大社会"的理念，认为政府对社会的干预越少越好，以为这是保证民众充分自由的重要条件。但与之形成悖论的是随着现代社会的风险愈来愈多、愈来愈广，以个人、社区或社会组织应对破坏力越来越强的传统风险和非传统风险，几乎是非常软弱而无力的。正如2020年初以来暴发的突如其来、猝不及防的新冠肺炎疫情，尤其对国家的应对能力提出了特别高的要求。面对因世界各国的不同表现而产生的不同效果，美国学者弗朗西斯·福山总结出如下观点："成功应对大流行病的要素是国家能力、社会信任和领导力。拥有这三者的国家：一套胜任的国家机制、一个为公民信任和接受的政府、一群高效的领导人，表现得令人印象深刻，并控制了他们所遭受的损失。"①

当民众对国家和政府支持与帮助的需求不断增强的时候，高水平的国家能力就显得尤为关键，特别需要国家具有强制、监管、汲取、供给等诸多能力。这时候便会发现，在需要国家具备的合理有效的制度供给和强大的社会组织动员能力之时，民众的积极配合和自觉支持也是国家能力切实实现的保证，同样显得特别紧迫和重要。如何使两者在现代民主政治的框架下形成一种正向的相互依存和促进的关系便成为重要问题之一。

对中国社会的现代治理来说，悠久深远的"大一统"政治理念在凝聚多元一体力量、形成各民族最大共识方面独具重要价值。其中的重点就是在承认民族差别的同时还要超越民族差别，以自古就有的中华各民族的"大一统"为共识，共同聚集于国家的统一意志，集合力以应对各种风险，推动整个国家民族的发展与繁荣。

2. 重塑"大一统"，构建适应现代中国治理的协商民主政治框架

政治民主是现代社会的一大特征，概念上是指普通民众参与国事或对国事自由发表意见的权利。在实际生活中，民主权利的行使是很

---

① 〔美〕弗朗西斯·福山：《新冠疫情后，法西斯回归还是民主重生？》，史庆译，《外交事务》2020年6月。

复杂的，尤其在制约因素众多的情形下，民主更需要有合理恰当的实现方式。在中国这样一个人数、民族、地域、文化、经济等存在差异的环境下，人们更看重的是实质诉求能否及时得到回应和满足，而非单纯的一人一票的选举民主。"台湾大学朱云汉教授负责的亚洲民主观动态调查（Asian Barometer Survey）项目，为中国人的民主观提供了被学术界广泛应用的数据。据此而得出的结论是，中国人固然想要民主，但中国老百姓想要的民主，实际上更符合孔孟的民本思想，而不是西方意义上的选举民主，中国老百姓更多是用'民主'这个词来表达'民生'诉求或者形容他们的理想；人民是以多元化标准在评价政府，而这种评价并非简单的选举就可以满足。"[①]

自鸦片战争至今，中国社会的现代化政治理念在不断形成的同时也塑造出中国人的特有的民主政治取向。再加上 21 世纪以来世界政治的风云变幻，使得中国人更注重治理效果和满足民众诉求的新型民主观，尤其是中国社会正在形成的协商民主与"大一统"历史上的协商政治产生了特别的契合。中国固有的协商政治传统，在大众民主时代很容易转化为协商民主的共识，并在实践中成为"可治理民主"的模式。即面对政治参与形式多样且力量不均的现实，"需要具有相对自主性的国家去选择性回应参与诉求并主动汲取民意，在官民互动中最终达成一种负责任的有效治理。其中，官民互动的主要方式是基于协商而达成的共识，堪称'协商共识型民主'，它体现在各个层次的政治决策过程之中"[②]。

3. 吸收"大一统"，构建上下互动与水平延展相配合的现代治理框架

现代治理讲求的是构建主体集中与多元参与相结合的运行模式。它一方面可以规避因主体模糊而发生的责任不明问题，另一方面可以限制主导力量过大而弱化其他参与力量作用发挥的弊端。"大一统"所

---

① 杨光斌：《以中国为方法的政治学》，《中国社会科学》2019 年第 10 期。
② 杨光斌：《以中国为方法的政治学》，《中国社会科学》2019 年第 10 期。

呈现的中央主导力量和作用就可以得到重视。经过多年的努力，中国正在形成与西方治理理论和实践很多不一样的要件与特点：一是党和政府是国家治理的顶层设计者，既是治理活动中举足轻重的角色和重要功能的承担者，成为更集中而关键的治理主体；二是当下中国的治理范围包括经济、政治、社会、文化、生态、政党等多个领域，以及基层、地方、全国、区域乃至全球等多个层次的治理体系和治理能力，其广泛性与全面性都是少有的；三是现代中国的治理更注重顶层设计、相互协同和上下互动，在治理向度上更加垂直，这恰是遵循了中国社会长久依靠的"大一统"特征。因为，"政治参与是为了实现自己的利益而指向政府决策的活动，但参与者的力量分布是不均衡的，弱势群体无力通过政治参与实现自己的利益，'逆向参与'则弥补了这一制度安排上的不足。代表型民主之说是人民民主的政治学理论表达，把人民民主理论向前推进了一大步，但代表型民主理论需要进一步重视人民的政治参与感"[①]。现代中国的共产党领导下的人民代表大会制度与政治协商、民族自治、基层群众自治就是其合理的制度设计，其更好的治理效应提升还应有"大一统"实践合理成分的汲取和适应性转化，即不仅要鼓励调动个体、社会组织、各类企业、宗教机构参与社会治理，尤其要发挥"大一统"所注重的中央主体的集中领导和资源配置的作用。

4. 拓展"大一统"，营造主导思想协调和睦的社会环境

任何一个社会总是需要有一个占据主导地位的思想价值来规范，从而避免和防止思想的混乱与社会的不稳定。在这一点上，"大一统"在中国历史上对王朝国家的稳定作用不可小觑。但这种"大一统"也是传统中国思想禁锢、创新不足的重要根源。为此，在思想主导与多元思维的关系上，一方面要彻底摒弃"一统"思想中的单一、唯一、独尊等糟粕，另一方面还要防止因忽略主导思想而引发的认识混乱对执政党地位的动摇。

---

① 杨光斌：《以中国为方法的政治学》，《中国社会科学》2019 年第 10 期。

首先，要承认并坚持统一思想的合理合法性。因为其本质是要形成最大的社会共识，而缺少了共识的社会必然导向混乱。这个带有统一色彩的共识涵盖了道德理念、主流价值、是非观念、国家意志、理想追求等内容。在一个多民族的现代中国社会，"大一统"思想恰恰是维护各民族人民团结的有效"工具"。历史上的"大一统"思想促进了中华民族概念的提出并成为中国人的思想共识和心理结构，对防止国家分裂、追求统一发挥了重要作用，成为中华民族历史上的一块瑰宝。无论是过去还是现在乃至将来，"大一统"及合理转化都会对国家统一、民族团结发挥潜移默化、不可替代的作用。

其次，强调主导思想也不是简单地排斥其他思想。当代中国正在经历一场深刻的社会转型，其中最显著、最具有影响力的莫过于由过去封闭型社会向现代开放型社会的转变。其中，思想价值多元化是与现代社会市场经济发展相适应的一种社会文化现象，而思想和价值观的多元化是开放型社会的一个重要标志，是文明社会的一种表现，对社会发展也具有重要意义。一元主导思想主要是强调其意识形态重要地位的不可取代，而非完全排斥其他思想存在的必要性与合理性。就如卢梭所强调的，只有将统治变为权利，将服从变为义务，人们才会自觉服从政治权威，政治权力才能得到国民的认同，政治秩序才能合法。

从实际看，在中国"大一统"的传承史上，绝对的一统思想从未有过，多民族的丰富思想文化构成为中华传统的重要内容，"多元一体格局"才是其基本底色。即使儒家思想占主导也影响最大，但也因兼收并蓄、接纳包容，从而有佛道等其他思想的广泛传播。因此，在现代开放环境下，中国社会强调一元主导思想的同时也不能完全排除其他思想。"一个无限多元，没有底线共识的社会，必将成为一盘散沙；同样，一个处处追求百分之百共识的社会则必定是一个令人窒息的社会。真正和谐、健康的社会应该在两极之间求得一个平衡。"[①]

[①] 朱玲琳、欧阳康：《一元与多元之间的共识问题——引入"共识度"概念的考察》，《学习与实践》2013年第11期。

第三节 中国传统"德礼一体"文化及现代转化

在中国两千年的皇权统治过程中，儒家思想在绝大部分时间里都是作为统治者的思想基础和依据而占据特殊的地位并发挥其作用的。如孔子所曰："入其国，其教可知也。其为人也，温柔敦厚，《诗》教也。疏通知远，《书》教也。广博易良，《乐》教也。洁静精微，《易》教也。恭俭庄敬，《礼》教也。属辞比事，《春秋》教也。故《诗》之失，愚；《书》之失，诬；《乐》之失，奢；《易》之失，贼；《礼》之失，烦；《春秋》之失，乱。其为人也，温柔敦厚而不愚，则深于《诗》者也。疏通知远而不诬，则深于《书》者也。广博易良而不奢，则深于《乐》者也。洁静精微而不贼，则深于《易》者也。恭俭庄敬而不烦，则深于《礼》者也。属辞比事而不乱，则深于《春秋》者也。"[①] 在中国漫长而不间断的历史进程中，儒家的"德""礼"一体思想不仅发挥了安顿人心、整齐风尚的教化功能，而且同样在上到安邦治国下到基层社会治理过程中发挥着重要而独特的作用，进而构成了中华民族生生不息、传承数千年的政治治理特色。而其中的合理与缺陷都非常鲜明，也是近代以来是非曲直争论不休的根源。需要站在现代与国情的立场上，以思想本身和历史演化相结合的思维，对传统儒家之"德""礼"一体治理思想以及存在的缺陷局限等问题，做深入的清理和研析。

一、传统儒家德礼一体的思想脉络

关于传统中国几千年的治理方式，人们基本认同"礼法合治、德主刑辅"的总体概括，其中的关键在于"德"和"礼"，又与传统儒家的基本思想完全契合。朱熹说过："德礼则所以出治之本，而德又礼之本也。……德礼之效，则有以使民日迁善而不自知。故治民者不

[①] 阮元校刻：《十三经注疏·礼记正义》，中华书局1980年版，第1609页。

可徒恃其末，又当深探其本也。"① 儒家对"德""礼"等思想的阐释也是经历了相应的过程。自汉武帝时确立董仲舒的"罢黜百家，独尊儒术"之后，儒学就作为中国传统的显学和正统思想成为传统文化的核心要素。但是，在儒家两千多年的发展演变中，其思想本身的转化所呈现的阶段性特征非常鲜明。"可以将中国古代儒学发展过程简缩为三个基本发展阶段：礼（周公）—仁（孔子）—理（朱熹）。周公完成的礼乐文明是中国儒家文明的基础，孔子创建的仁学是儒家哲学的早期形态，而朱熹以理释仁则是儒家哲学的成熟形态。"② 传统中国的治理思想及方式，其实也就是在此过程中逐步成型、定型的。

1. 从西周礼治到儒家德礼一体的思想传承与嬗变

在中国传统中，礼的作用在于"经国家，定社稷，序民人，利后嗣"③，是"天之经也，地之义也，民之行也"④。荀子更是认为："人无礼则不生，事无礼则不成，国家无礼则不宁。"⑤ 中国历史上比较完善规范的礼制形成于西周。"陈来认为，'儒家思想的真正缔造者，是西周礼乐文化'。"⑥ 孔子说："殷因于夏礼，所损益可知也；周因于殷礼，所损益可知也。其或继周者，虽百世，可知也。"⑦ 西周之前的华夏中国已经有了夏、商等文明积累，周公以此为基础结合自身的需要，在继承改造的同时，创造性地建构起包括崇德贵民的政治文化、孝悌和亲的伦理文化、文质彬彬的礼乐文化、天民合一的存在信仰和远神近人的人本取向⑧ 等内容的一套文化体系。所以谈"礼"首先就是指周礼，也就是周人在历史演变过程中逐步形成的典章、制度、仪节、习俗等，包含了周人的习惯法和道德律。从在后世所产生的影响来看，周礼不

---

① [南宋]朱熹：《四书章句集注·论语集注》卷一。
② 朱汉民：《"礼—仁—理"的历史衍化与哲学建构》，《中国社会科学报》2018年11月6日。
③ 李学勤主编：《十三经注疏·春秋左传正义》，北京大学出版社1999年版，第126页。
④ 李学勤主编：《十三经注疏·春秋左传正义》，北京大学出版社1999年版，第1447页。
⑤ 《荀子·修身》。
⑥ 陈华文：《感受中华文明的核心价值》，《学习时报》2015年9月10日。
⑦ 《论语·为政》。
⑧ 陈来：《周文化与儒家思想的根源》，《现代哲学》2019年第3期。

仅仅只是周朝的礼仪，而是西周以降中国传统社会逐步定型的宗法等级制度的总称。由此而言，西周大体成型的礼治，以及由此而形成的从家族到村落的各层社会组织，都深刻影响了中国历代王朝的政治组织和治理方式。

《礼记·乐记》载："先王之制礼乐也，非以极口腹耳目之欲也，将以教民平好恶而反人道之正也。"武王伐纣，曾经力量强大的殷商就此湮灭。作为"天下共主"的周，为了对不断扩大的区域——黄河和淮河流域进行有效统治，当时的周公做了史称为"制礼作乐"的重大变革并广泛推广，促使中国社会由此发生重大变化。正如王国维评价的："周人制度之大异于商者，一曰立子立嫡之制，由是而生宗法及丧服之制，并由是而有封建子弟之制，君天下臣诸侯之制；二曰庙数之制；三曰同姓不婚之制。此数者皆周之所以纲纪天下，其旨则在纳上下于道德，而合天子、诸侯、卿、大夫、士、庶民以成一道德之团体。"[①]这里最为关键的是，改造后的周礼不仅适用于上层贵族统治阶级，而且扩展到广大庶人平民，使原来的"礼不下庶人"准则有了极大松动，从而为后来孔子的"有教无类"创造了环境。

作为儒家思想的真正创始人的孔子生活于东周末年"礼崩乐坏"的大变革时代。孟子对当时社会状况以及孔子做过这样的描述和评价："世道衰微，邪说暴行有作。臣弑其君者有之，子弑其父者有之。孔子惧，作《春秋》。《春秋》天子之事也，是故孔子曰：'知我者其惟《春秋》乎！罪我者其惟《春秋》乎！'"[②]

孔子的一生都在致力于恢复周礼，"周监于二代，郁郁乎文哉！吾从周"[③]。但从实际成果看，他做的工作却不是简单的复归，而是一种创新建构。其中最根本的一点，在于孔子对周礼进行了将"仁"融入其中，也即"援仁入礼"的重大改造。匡亚明先生说："从孔子的伦

---

① 王国维：《观堂集林》，中华书局1959年版，第453页。
② 《孟子·滕文公下》。
③ 《论语·八佾》。

理学角度去看，礼是人们的行为准则，体现了社会对人的外在约束；仁则是人的本质，是修己、爱人的内在自觉性……因此外与内，礼与仁必须统一起来。以礼的准则行仁（修己爱人），以仁的自觉复礼（贵贱有序，亲疏有等）。"①

在孔子思想中，"礼"其实是人由内在之"仁"而必然生发的外在呈现，是"仁"落实于现实社会生活中的具体形式，"仁"是支撑"礼"的内核。何谓"仁"？"仁者人也，亲亲为大；义者宜也，尊贤为大。亲亲之杀，尊贤之等，礼所生也。"②所谓"亲亲为大"是指"孝弟（悌）也者，其为仁之本与？"③所谓"义者宜也"是谓外在的合理性原则，即是仁的外在要求与遵循。孔子的"仁"包括了"恭宽信敏惠""智勇""不佞""己所不欲，勿施于人"④等高尚品格的丰富内涵，呈现为"志士仁人，无求生以害仁，有杀身以成仁"⑤的君子风范，让"仁者爱人"的本质清晰可见。但是，孔子又更进一步地认为，仅有"仁"心是不够的，"恭而无礼则劳，慎而无礼则葸，勇而无礼则乱，直而无礼则绞"⑥，所以，孔子"仁"的践行即为"礼"，"克己复礼为仁。一日克己复礼，天下归仁焉"⑦。"人而不仁，如礼何？人而不仁，如乐何？"⑧"礼云礼云，玉帛云乎哉？乐云乐云，钟鼓云乎哉？"⑨由此可见，孔子认为"仁"与"礼"是辩证统一的。礼须以仁为内在根基，仁须以礼为实现途径。具体而言，"礼"应该是"仁"之主体内在心性情感的真实自然流露和展示，是推己及人的自律与他律的实践落实。

孟子、荀子等重要儒家代表人物就是在孔子仁礼一体治理思想的

---

① 匡亚明：《孔子评传》，齐鲁出版社1985年版，第195页。
② 《中庸》。
③ 《论语·学而》。
④ 《论语·颜渊》。
⑤ 《论语·卫灵公》。
⑥ 《论语·泰伯》。
⑦ 《论语·颜渊》。
⑧ 《论语·八佾》。
⑨ 《论语·阳货》。

基础上做了更进一步的阐发与拓展。孟子思想的一大特点就是将孔子的"仁"从性善论的本源意义上做了论证。"仁义礼智，非由外铄我也，我固有之也，弗思耳矣。故曰：'求则得之，舍则失之。'"①进一步确立了著名的"四端"说："恻隐之心，仁之端也；羞恶之心，义之端也；辞让之心，礼之端也；是非之心，智之端也。"②在孟子的思想中，一方面"四端"都是根于人心的东西，能够发乎情、成于德，然后流行于天下。所以孟子坚信人人可以为尧舜；另一方面，孟子更是指出，还要促使这些心性变成为人们的道德自觉，即"四端"只是强调了人之为人（人异于禽兽）的本性，也即是说这些潜存于心的道德意识既为个人的道德提升，亦为统治者的施行仁政提供了可能性，但要真正变成现实风尚还需经过道德实践、道德修炼，进而成就道德贤人和仁政统治。荀子思想的一个重要特点在于其一反孟子的"四端"性善论而提出"性恶论"，并以此为前提提出了具体的道德养成路径。基于"性恶论"，荀子认为："凡礼义者，是生于圣人之伪，非故生于人之性也。"③故而，第一，"隆礼"。上到国家统治，下到社稷安宁，无不以"礼"而贯穿。"礼者，治辨之极也，强国之本也，威行之道也，功名之总也。王公由之，所以得天下也；不由，所以陨社稷也。"第二，注重"修身"。"善在身，介然必以自好也；不善在身，菑然必以自恶也。"④唯如此方才达成"积善成德"的目标。第三，以知"礼"而实现对"礼"之践行。因为，"礼者，法之大分，类之纲纪也。故学至乎礼而止矣。夫是之谓道德之极"⑤，所以，"今人之性，固无礼义，故强学而求有之也；性不知礼义，故思虑而求知之也"⑥。由此演化，而使周礼经过孔子的继承创新，再通过孟子、荀子的丰富与完善，儒家道德礼制的社会治理思想基本成型。

---

① 《孟子·告子上》。
② 《孟子·公孙丑上》。
③ 《荀子·性恶》。
④ 《荀子·修身》。
⑤ 《荀子·劝学》。
⑥ 《荀子·性恶》。

2. 传统儒家以德为"核",礼法共治的文化理念

在中国几千年的文明传承过程中,道德养成及其礼法规范始终是上到君王统治者下到普通士大夫共同看重并聚力推行的治理思想。孔子云:"道之以政,齐之以刑,民免而无耻;道之以德,齐之以礼,有耻且格。"① 这一论断应该是这种治理思想的明确论证和解答。孔子的这一思想之所以成为数千年中国传统国家社会治理的主流思想,一方面在于从东周末年的"礼崩乐坏"到秦王朝的倏忽灭亡的历史为其最终确立提供了现实明证,也即当群雄并起、东周统治岌岌可危之时,也是周礼开始衰亡,传统礼治走向崩塌之时。而以严苛峻法著称的法家正是在这个天下大乱之际为秦国的崛起和一统天下发挥了根本性的作用,却也同时将法家的统治弊端充分暴露。另一方面,此时各个君主国的恣意妄为和不断争霸造成的社会动荡,亦为各式各样政治思想、统治方式的竞争提供了难得的机会和平台,"百家争鸣"的一项重要内容便是治国思想的争鸣。儒家、法家、墨家等不过是各种治国思想的具体代表,都处在不同国君那里争得赏识的平等环境下。尽管法家在秦统一诸国的过程中发挥了根本性作用,但其弊端也充分展现,让人难免议论,如西汉贾谊所言:"夫并兼者高诈力,安危者贵顺权。推此言之,取与攻守,不同术也。秦虽离战国而王天下,其道不易,其政不改,是其所以取之也,孤独而有之,故其亡可立而待也。"②

修身齐家治国平天下是儒家独有的对人从修养到人生理想的设定和追求。家国一体是其治理思想的前提基础。具体而言,儒家的治理思维和实施逻辑都是以家庭的道德伦理、礼仪法则为基础推而放之于国家社会的管理或治理层面的。在儒家的家庭道德建构中,"孝"居于核心,已经成为传承几千年和维系中国社会家庭关系的根本道德准则。《孝经》明确提出:"夫孝,天之经也,地之义也,人之行也。"重视孝道也是中华传统文化最重要的内容,"父严母慈子孝"早已是中国传统

---

① 《论语·为政》。
② [西汉]贾谊《新书·过秦中》。

家庭的基本追求模式，而"亲亲""尊尊"则成为基本准则。孟子明确做出了"五伦"区分——君臣、父子、夫妇、兄弟、朋友。由此，儒家的道德伦理架构就建立在贵贱有别、尊卑有异、长幼有序的基础上，"礼制"正是以贵贱、尊卑、长幼、亲疏的不同与差别而确定的行为规范。国家的治理方式与成败效果都与等级秩序的遵守状况和实施状态关联。所以，在儒家思想中，礼是国家政治和普通百姓日常生活必须遵循的准则和行为方式，其合理性、权威性、重要性都因其内在的"道德至上性"和"差异性"变得神圣而不得随意更改。当年，"'相维辟公，天子穆穆'，奚取于三家之堂？"[①]孔子对于这种违礼行为的愤慨反应正是"礼"之地位的充分显示。

无论是从对周礼的继承，还是对孔子"仁礼一体"思想的发扬，"礼"在儒家理念中绝不仅是一种简单的日常行为规范，从其价值与作用上，"礼"其实也是"法"的一种形式，是维护家国一体、宗法等级治理的基本方式，违反了"礼"的规范，同样要受到"刑"的惩处，也即儒家对"礼"的重视是其德政思维的一个重要方面，其关键就是认为好的国家治理和社会治理绝不是仅靠"严刑峻法"的威慑和恐吓就能达到的。儒家认为，"仁义礼智信"的"五常"道德教化和差别有序的礼仪规范更能唤醒百姓内在道德和羞耻心，进而自我约束取得社会和谐的效果，所以"礼"也是法的一种形式，违反了"礼"同样会受到"刑"的惩罚。同时，在中国传统政治治理活动中"法"的地位和作用很具独特性，也即"礼法共治""德主刑辅"。一方面，"礼"是"法"的主要方式，是体现"法"的重要途径，守礼和守法具有高度的一致性；另一方面，在"德"与"法"之间当以德为重、为先。《孔子家语·刑政第三十一》曰："太上以德教民，而以礼齐之。其次以政焉导民，以刑禁之，刑不刑也。"儒家认为，德源自人的良善本性，是践行道德规范的内在自觉；刑则是一种事后惩罚，虽具警示效应但

[①]《论语·八佾》。

毕竟不能防患于未然，所以预防犯罪比惩处罪犯对社会良序更重要。但"刑"的作用也不可小觑，面对当年郑国多盗的情形，孔子就提出"政宽则民慢，慢则纠之以猛。猛则民残，残则施之以宽。宽以济猛，猛以济宽，政是以和"①的主张，但不管怎样，"法治"始终未成为传统中国政治和社会治理的主流。

3. 传统儒家德礼一体思想的基本内容与作用机制

传统儒家社会治理思想呈现为道德引导、礼乐约束、刑法惩处的综合统一。作为儒家创始人的孔子的道德哲学呈现为以"仁"为核心的特征。必须看到，孔子的"仁"心并不是生而有之，而是通过后天"德性"的养成，也即一方面需要修身立德的自我修炼、自我训练才能拥有，另一方面还要通过为政以德的实施和广泛"教化"才能普及，并为庶民百姓所接受。也就是说，儒家是基于人的"仁心""四端"之内在本心，确立了一种从修身养性到践行礼制再到教化百姓、施政以德这样由内到外的治理理想和思路。

第一，修身立德是治理最为基础的要件。"格物致知，诚意正心，修身齐家治国平天下"是儒家思想的基本秩序。修身为基础，不仅于个人，于国家社会亦是如此。就个人而言，修身之要义或关键在于立德。自省、敬畏、慎独、存心养性则是修身之基本要件。所谓自省，《论语》中相关论述随处可见："吾日三省吾身：为人谋而不忠乎？与朋友交而不信乎？传不习乎？"②"躬自厚而薄责于人，则远怨矣。"③"见贤思齐焉，见不贤而内自省也。"④"君子求诸己，小人求诸人。"⑤这种自我反省、修正心身的目的"苟日新，日日新，又日新"⑥以及"修己以安百姓"，进而产生影响他人、影响环境、稳定社会的效果。所

---

① 《左传·昭公二十年》。
② 《论语·学而》。
③ 《论语·卫灵公》。
④ 《论语·里仁》。
⑤ 《论语·卫灵公》。
⑥ 《大学》。

谓敬畏，"子路问君子，子曰：'修己以敬。'曰：'如斯而已乎？'曰：'修己以安人。'曰：'如斯而已乎？'曰：'修己以安百姓。修己以安百姓，尧、舜其犹病诸！'"①孔子很明确地说过："君子有三畏：畏天命，畏大人，畏圣人之言。小人不知天命而不畏也。狎大人，侮圣人之言。"②以孔子为代表的儒家敬畏理念之根本，在于因惧怕而生发的由里而外的敬重。所谓"慎独"表达的是儒家非常注重的个人修为。"道也者，不可须臾离也，可离非道也。是故君子戒慎乎其所不睹，恐惧乎其所不闻。莫见乎隐，莫显乎微，故君子慎其独也。"③荀子更是认为："君子至德，嘿然而喻，未施而亲，不怒而威，夫此顺命，以慎其独者也。"④简言之，"慎独"的内在要求为"勿自欺"，其实践作为的重点在于"戒慎"和"择善固执"。所谓存心养性，"存其心，养其性，所以事天也"⑤。而且孟子提出的观点实为儒家相关思想之主要内容，也即孟子以其"四端"说为基础，强调要居于仁，立于礼，行于义，以"不失赤子之心""养浩然正气"为关键，促使存心养性有实功。

第二，践行"礼制"是成就道德、推行治理的基本方式。"不学礼，无以立。"⑥"故学至乎礼而止矣，夫是之谓道德之极。"⑦在儒家眼中，道德是在人与人交往的具体行为中实现的，"礼"则是呈现道德行为的共同方式与准则。"先君周公制《周礼》曰：'则以观德，德以处事，事以度功，功以食民。'"⑧"圣人作，为礼以教人，使人以有礼，知自别于禽兽。"⑨自孔子仁礼一体思想之后，孟子等人进一步阐发，儒家之礼就成为以社会各个阶层的差别为依据而建立的等级秩序，从

---

① 《论语·宪问》。
② 《论语·季氏》。
③ 《中庸》。
④ 《荀子·不苟》。
⑤ 《孟子·尽心上》。
⑥ 《论语·季氏》。
⑦ 《荀子·劝学》。
⑧ 《左传·文公十八年》。
⑨ 《礼记·曲礼上》。

而使身处不同层级的每个个体都有了不同的角色和社会定位，并因之确立了相应的责任要求，进而有了相应的行为规矩，使人们的言行举止都要依从一定的规范。由当初的"礼制"延展为"礼治"，进而为礼法共治打下根基。从本源意义上讲，遵礼守礼、依礼行事，是孔子、孟子、荀子等先秦儒家存仁心、修仁德的外在基本准则，是"为仁由己"①，为"自己立法"的典型传统含义。在"礼"的具体内容上礼治的方式主要为礼制、礼仪、礼器与礼辞等方面，在基本关系上主要体现为对"五伦"——君臣、父子、夫妇、兄弟、朋友——的自觉遵守，强调"亲亲""尊尊"。这都是人伦道德化的体现和实践内容。

第三，注重"教化"以使道德教养普及于广大百姓。儒家非常主张借助道德的力量来维持社会使其安宁和顺，而道德教化则是达成此目的的基本手段。"而德教加于百姓，刑于四海"②则指出了教化百姓之于国家社会的重要作用。《大学》有曰："大学之道，在明明德，在亲民，在止于至善。"宋代理学家朱熹在批注时则将"亲民"改为"新民"。在其《大学章句序》中，朱子提出，从本源上，仁义礼智是每个人从一开始皆有之德性，但只有圣人能够因其异质禀赋而领悟、理解并把握，而普通人却因或天生愚钝或资质平庸而不能自己掌握，这就需要圣人"治而教之，以复其性"。所以，朱子认为《大学》的本意，一是要求君子能够尽其天资本性把握道德深意，达成"明明德"；二是要求君子在成就自身道德的同时而对民众施以教化，让更多的人能够回归本心，领悟道德。由此看来，朱子将《大学》的关键思想确定为"能尽其性者"的道德圣人，再以广泛教化让天下之人皆"复其性"，为儒家注重道德教化作用的思想寻找到了更充分的依据。《大学》中对"絜矩之道"所做的"所恶于上，毋以使下；所恶于下，毋以事上"解释，根本上就是要求君子以个人之德行达成"上老老而民兴孝，上长长而

---

① 《论语·颜渊》。
② 《孝经·天子》。

民兴弟，上恤孤而民不倍"①的良好社会风貌。由此可见，儒家所注重的教化绝不是只对别人提要求的简单说教，而是以个人君子德行的养成和力行而生发的感染连锁效应。这种教化方式，源自对人的心理改造，可以促发人的内心良善，知羞耻而无奸邪之心。

第四，施以"德政"是推动国家社会保持和谐稳定的政治保证。为政以德是儒家政治治理思想之核心要义。由孔子而形成的先秦儒家始终把道德建设作为从个人修身到国家治理的基本要求，并把个人修身立德与国家德政推行统摄在一起，形成立身之本为道德，立国之基为政德，两者须臾不可分的治理原则。国家治理的基础尤以每个人的修身为要，"行有不得者皆反求诸己，其身正而天下归之"②。为政者应行君子之道，做到"修身养性""修己以安人"，始终践行求仁之道，做到严于律己、以身作则、做出示范。由此就可达到孔子所期望的"为政以德，譬如北辰，居其所而众星共之"③的德治目标。自先秦儒家就基本形成的国家治理的明确构想，就是追求德治与王道并重，以德政与王道的充分实施，真正实现国家稳定的理想状态或终极目标。

二、传统儒家德礼一体思想的进一步分析

儒家在中国几千年的政治治理实践中始终是保有显著地位而发挥作用的。但是，无论是政治治理思想本身还是几千年的实践，传统儒家治理思想的缺陷也是非常鲜明的，尤其是其中的矛盾冲突更成为遭受诟病甚至被人否弃的重要理由，所以，通过与西方治理之合力思想对比，深入分析传统儒家以德礼一体为特征的治理思想的内在矛盾自然是题中之义。

1. 以儒家为代表的中国传统统治思维与西方思想的重要区别

回顾先秦时期的历史便会发现，当东周衰落，群雄争霸兴起之时，

---

① 《大学》。
② 《孟子·离娄上》。
③ 《论语·为政》。

也是各种国家社会政治治理思想竞相涌现、竞争使用的时期。概括起来，以法家为代表的依靠强力、谋求霸道的政治向往，与以儒家为代表的注重德礼、追求王道的政治理想构成了两种比较典型的尖锐冲突的思想。法家似乎最终以秦的强大武力实现了灭亡六国、一统天下的国家目标而占据显要地位，但根本上却不尽然。当年的秦帝国过于追求国家强力，沉迷严刑峻法，政治恐怖，同时对儒家的道德文化嗤之以鼻，蔑视民意诉求，导致统一中国后的秦王朝又倏忽崩塌，其本质上不过是秦朝对王道严重忽视引发政治治理结构严重失衡的必然后果。到汉武帝时"罢黜百家，独尊儒术"的格局能够兴起并逐步兴盛，其实与此有着很大关系。从儒家仁德修身、礼法共治的思想中可以看出，注重群体关系、讲求家国一体构成其国家社会治理的基本框架。而且儒家承袭了古已有之的"民惟邦本，本固邦宁"[1]的国家治理思想，并做了进一步的"民为贵，社稷次之，君为轻"[2]"天之生民，非为君也；天之立君，以为民也"[3]的深层发挥，从而关照了国家政治治理中顺应和表达"民意"的基本准则。与此同时，儒家修身齐家治国平天下的道德理想与安邦治国相结合的王道思想，又转化为上至君王显贵下至文人士子必须追求的理想人格与道德实践，成为儒家追求"惇信明义，崇德报功，垂拱而天下治"[4]理想状态的政治目标。概括起来，儒家的政治思想表现为，一是在国家统治层面上，注重的是以君主自身的崇德修身、爱民如子的礼法共治所达成的统治方式；二是在社会关系层面上，儒家重视的亲亲尊尊下的礼制规则，构建起个人对他人、家庭、国家的义务框架，并进而以个人修身践行而形成维持社会稳定的基本秩序。

但不能忽略的是，自汉以后中国延续近两千年的皇权政治统治并

---

[1]《尚书·五子之歌》。
[2]《孟子·尽心下》。
[3]《荀子·大略》。
[4]《尚书·武成》。

未完全舍弃法家思想，而是以儒显法隐的方式延续并发扬着法家思想。传统中的法家政治思想总括起来呈现为势、术、法相统一的政治理论，与今人的"法治"思想有本质区别。其中，"势"强调的是君王、君主的权力和威势。"君执柄以处势，故令行禁止。柄者，杀生之制也；势者，胜众之资也。"[①] 这种对"势"的偏重应是后来中国传统政治追求君主专制的主要渊薮。"术"则侧重于权谋、权术。在《韩非子·外储说右下》中，韩非子对君王的统治做了"操术以御下"的论述，特别强调君主掌握操纵、控制臣子手段和方式的重要性。"法"就是法规、律令。法家始终强调严刑峻法是君主体现统治权威、实现统治效果的根本保证。由是观之，法家从本质上说就是一种"君为本"的权力政治文化。它为君主在国家治理中追求富国强兵、军事权谋、争权夺利、快速取胜等提供较大的帮助。所以，法家这套政治文化并未因儒家的政治得势而消亡，反而作为中国历代皇权政治治理的重要补充发挥着更为隐蔽的重要作用。由此，儒家与法家的互补、王道与霸道的共存构成中国传统政治治理的基本方式，这就与西方政治治理文化形成重大区别。

以西欧为代表的西方政治治理同样也有从古代向现代转变的历史过程。因为古希腊政治思想文明传统的影响，加上基督教文化的深刻塑造，再结合冲破中世纪枷锁的现代价值诉求，西方社会现代政治治理形成一个崇尚个人自由、平等、人权，以法治为根本，注重权力制约的基本模式。同时西方国家在现代化的过程中，其政治治理在不同时期有不同思想代表（早期的马基雅弗利式、启蒙思想家的民主治理设计、现代官僚型等），亦有不同国家治理结构和方式（英、法、美等）。尽管如此，个人本位价值取向下对民主、法治的信仰，对个人自由平等权利的看重，则是西方政治治理的基本内核。尽管从古（柏拉图、亚里士多德）至今，西方从不缺少对政治活动中个人道德素养高度重视的思想家和观点，但道德问题从不占据西方政治治理探讨的

---

① 《韩非子·八经》。

主流，更不会成为政治治理的主要方式。这就与儒家政治治理文化国家、集体本位，注重道德修养，追求礼法共治的思想追求形成极大差别。

2. 传统儒家德礼一体蕴含的"道德至上"悖论

自先秦儒家之后，道德立身、为政以德、礼法共治就构成了传统儒家政治治理的基本方式。道德修养成为上到君主大臣下至文人士子、庶民百姓共同要求的自我训练内容。当然君主、官员的立德修身远高于普通百姓，可因其道德示范和感化而达到民众"有耻且格"的自觉遵守社会规范的效果。这种理想化设想在具体实践中却并不理想，实际发生的矛盾和伪善问题反倒是儒家政治治理始终为人诟病之所在。

最为典型的就是由重视内在德性轻视外在规则引发的秩序缺陷问题。众所周知，现代社会对法治和规则的要求是根本的、基础的。它们是维护社会发展的底线，也是约束、确保人们"不作恶"的重要力量。在法律规则面前人人平等，无人可以例外。规则是用来维护社会健康运行的一道基础防线，违反以法律为主要内容的各种规则必然受到惩处。儒家传统思想是期望人们通过道德修养实现自身人格完善，进而达到社会道德的完善，认为只要人人关注自身德性，社会就可安宁和谐。却不知生活在社会中的人既可能有"恻隐之心"，也可能有"逐利之心"，两者并非完全不相容。关键是当人性中的诸多弱点被逐利之心所掌控之时，仅靠道德力量是不能控制约束的，也是改变不了的。人类历史经验已充分证明道德力量的作用是有限的，社会秩序仅靠道德维系也是很危险的。

3. 传统儒家德礼一体的亲尊准则与现代公正的必然冲突

因为奉行道德立身、礼法一体的治理思想，儒家"德治"在根本上就是君主统治的一个手段。皇帝君主是治理的主体，是治者，民众是"德治"的客体，是被治者。同时，中国历代统治者都是以个人所颁布的政策和说教进行灌输来实现其所谓的"德治"的，当然存在着极明显的不稳定性。更为关键的是这种"德治"主体与客体的严重不平等使统治者的道德说教在骨子里就是对人不对己的。尽管在理论上儒家对君主同样要求其修身立德、为政以德，但在实践上却没有一套行之有效的制约，使其道德修为存在巨大的不确定性，令其"德政"实施具有很大风险。

推行礼制既是儒家道德修身的基本方式，亦是进行社会治理的实践方式。"凡治人之道，莫急于礼"①。"君子义以为质，礼以行之，孙以出之，信以成之。君子哉！"②将"礼"作为君子有"义"、有"诚"的实践准则是孔子等人的主要思想倾向。在继承基础上形成的儒家礼治内容极其庞杂，简单概括，礼治是以宗法观念为核心精神，以吉礼、凶礼、宾礼、军礼、嘉礼为外在主要形式的复杂统一体。儒家礼治的重点是宗法观念下的"亲亲""尊尊"原则。所谓"亲亲"就是对亲人——父母、兄弟——的本然之爱，即父慈子孝、兄友弟恭。"弟子入则孝，出则弟""事父母能竭其力"③。正是因为"亲亲"原则也就有了"亲亲相隐"的行为要求。"父为子隐，子为父隐，直在其中矣"④。由此而延伸，在儒家看来，亲人、家族的利益是至上的。当亲人犯了法时，为其隐瞒、遮盖，不去检举是正当合理的。这种说法和做法与现代法治社会的正义公正原则是绝对相冲突的，与"不坑害人、尊重人权"的正义原则是相违背的。因血缘亲情而帮助逃脱或故意隐匿的行为同样属于"犯罪行为"，它突破了社会正义的底线。而且在根本上，这种行为与孔子强调的"仁"思想也是相违背的。对父亲不义行为的隐瞒和包庇本身是对义的损害，必然导致不义的后果，与"苟志于仁"⑤的思想相互矛盾。同时，"亲亲"原则在政治活动中与任人唯亲紧密相关。为了确保自身家族业已获取的政治地位和既得利益，让"贵者恒贵"的愿望变为现实，让血族亲缘接替统治就成为国家政治选人用人的一个重要法则，把国家政治生活与家族生活搅在一起，缺乏边界，

---

① 《礼记·祭统》。
② 《论语·卫灵公》。
③ 《论语·学而》。
④ 《论语·子路》。
⑤ 《论语·里仁》。

进而丧失了国家治理应有的清明与公正。

所谓"尊尊"是"亲亲"的逻辑必然，其实质就是认为人是有差别、有等级的。传统儒家"礼治"的根本含义在于强调人与人之间的等级有异，即贵贱、尊卑、长幼等不能混同。每个层级各有其相应的行为规范。贵贱、尊卑、长幼、亲疏只有各行其"礼"，自觉保持低贱者对尊贵者的尊崇，社会才能井然有序。孔子提出"事君尽礼"[1]，"事君，能致其身"[2]，所以，尊尊首先是尊君。儒家认为国家的治乱取决于是否实现君臣、父子、兄弟、夫妇、朋友"五伦"所要求的等级秩序稳定。传统儒家的"尊尊"体现为"君为臣纲""父为子纲""夫为妻纲"的本质要求。"尊尊"以其严格的等级尊卑准则压抑了人的自我意识、人格独立、个体自由、人人平等观念的形成发展，又以囿于血族宗亲的私德观念对现代社会公德意识的形成发展构成阻碍，更以亲疏有别、"父为子隐、子为父隐"的家庭伦常对现代民主法治的产生发展构成阻力。这种将人的个体性和普遍群体性进行压抑与否定，长时间内有效维护了中国传统的宗法血亲关系和中央集权。

三、传统儒家德礼一体文化的现代实践转化

2014年9月24日，习近平同志在纪念孔子2565周年诞辰国际学术研讨会暨国际儒学联合会第五届会员大会开幕会上的讲话中指出："包括儒家思想在内的中国优秀传统文化中蕴藏着解决当代人类面临的难题的重要启示，比如，关于道法自然、天人合一的思想，关于天下为公、大同世界的思想，关于自强不息、厚德载物的思想，关于以民为本、安民富民乐民的思想，关于为政以德、政者正也的思想，关于苟日新日日新又日新、革故鼎新、与时俱进的思想，关于脚踏实地、实事求是的思想，关于经世致用、知行合一、躬行实践的思想，关于集思广益、博施众利、群策群力的思想，关于仁者爱人、以德立人的

---

[1]《论语·八佾》。
[2]《论语·学而》。

思想，关于以诚待人、讲信修睦的思想，关于清廉从政、勤勉奉公的思想，关于俭约自守、力戒奢华的思想，关于中和、泰和、求同存异、和而不同、和谐相处的思想，关于安不忘危、存不忘亡、治不忘乱、居安思危的思想，等等。中国优秀传统文化的丰富哲学思想、人文精神、教化思想、道德理念等，可以为人们认识和改造世界提供有益启迪，可以为治国理政提供有益启示，也可以为道德建设提供有益启发。"这个论述同样也是认识分析"德礼一体"的合理成分并实现现代转化的根本指导。

1. 以儒家传统道德价值的彰显重建现代社会治理体系

当今世界极快的发展变化以及由此带来的从国家政治到社会治理各方面的问题和困惑几乎在各个国家都同时存在。美国哲学家麦金太尔在其《追寻美德》一书中的一个重要思想就是对西方现代以来建立的普遍理性主义伦理规范的批判，并进而提出要在回归古典、回归传统中发现并重现传统道德的价值。这一点对当下中国国家社会治理思想的建设具有重要启发意义，对回顾中国传统社会治理思想的合理成分具有借鉴作用。抛开一些过时陈旧的纲常观念，在理论上、在精神上，中国传统儒家重视道德立身，强调人内心的道德自觉对国家政治清明、社会秩序稳定、人际关系良善具有有益价值。现代社会必须依靠法治作为国家和社会治理的基础与根本，但也绝不能忽略和轻视道德的功能与价值，更不能将所有问题都归结到法律的解决框架中。当下，"我们的很多道德事务被有意无意地转换成政治事务和法律事务，道德及其解决方式的简单化又在不断降低或减弱道德的社会文化功能和效应，社会道德水平的下降，导致道德伦理的地位和作用不断减弱，其文化身份变得越来越模糊不清，甚至微不足道"[①]。

荀子说过："法不能独立，类不能自行，得其人则存，失其人则亡。

---

① 万俊人：《传统美德伦理的当代境遇与意义》，《南京大学学报》（哲学·人文科学·社会科学）2017年第3期。

法者，治之端也，君子者，法之原也。"①在《慎子》佚文中也有过同样表达："法者，非从天下，非从地出，发乎人间，合乎人心而已。"这些思想其实从根本上提出了人与法、人与规则之间的相互依存和内在张力问题。也即人是法律规则的制定者、执行者、履行者，人也是法律规则的无视者、破坏者、践踏者。尽管现代社会是将法治作为社会安宁有序的基础和根本，但在本质上法治的良好实现仍有赖于人的道德品行和知识能力。人的自身修为和道德水准对法治社会的建构具有内在性和基础性的效应。孔子在《论语·为政》中的名言："道之以政，齐之以刑，民免而无耻；道之以德，齐之以礼，有耻且格。"对今天社会良序的建设仍具有启迪作用。在这里，孔子将"齐之以刑"对应于"道之以政"，将"齐之以礼"对应于"道之以德"。如若"道之以政，齐之以刑"，则是"民免而无耻"；若是"道之以德，齐之以礼"则是"有耻且格"。在这里，孔子"道之以德，齐之以礼"观点中所显示的对"德""礼"的强调对于认识和解决当今社会底线伦理的混乱问题极具借鉴作用，也是德治在现代社会治理中具有价值的重要缘由。

注重发挥并适当改造传统道德伦理中一些基础道德观念的作用，比如儒家特别强调的"孝道"。家庭在中国传统社会和文化谱系中是有着特殊重要的地位的，儒家的"孝"就是以家庭为根基。"孝"亦是仁义之本，因而构成儒家道德伦理思想的基点，故而"百善孝为先"。当下中国社会中曾经引以为傲的以家庭为本位而讲究"孝"道伦理的框架却在慢慢垮塌。其实无论中西方，家庭之于国家、社会的基础意义都是不言而喻的。当下欧美世界在经历了从20世纪60年代末的反传统、性开放的喧嚣之后，重新以严肃认真的态度对待婚姻家庭的取向正在成为主流。西方人越来越浓厚的家庭观念就是这一趋势的例证。当下中国道德建设应把家庭伦理作为基础。家庭作为"社会细胞"不仅在于它是社会组织的开端，而且在于它是人进行教养、培育德行乃

---

① 《荀子·君道》。

至传承文化的"第一驿站"。孟子认为:"天下之本在国,国之本在家,家之本在身。"①家庭道德培养的重点为"孝"。《说文解字》所说"孝,善事父母者。从老省,从子。子承老也",其关键是儒家对孝的深层解读:"子游问孝。子曰:'今之孝者,是谓能养。至于犬马,皆能有养。不敬,何以别乎?'"②由此显示出儒家是以敬为孝之根本的。从实际效应看,孝在规范家庭伦理的同时也在规范社会行为,在维护家庭稳定之时也在调节人际关系,进而具有凝聚社会的功能与作用。

2. 深入剔除传统中的糟粕而重新弘扬礼治的现代价值

传统儒家的道德修身与实践是以"礼"的方式铺展开来的。发源于西周之前的礼制规范,经先秦儒家改进之后成为贯穿于中国几千年传统社会治理的重要方式,"礼治"在中国社会治理的历史中占据显赫地位。《礼记·经解》中说:"夫礼,禁乱之所由生,犹坊止水之所自来也。故以旧坊为无所用而坏之者,必有水败;以旧礼而无所用而去之者,必有乱患。"礼治的范围与作用是宽广和基础性的。"孔子遂言曰:'内以治宗庙之礼,足以配天地之神明;出以治直言之礼,足以立上下之敬。物耻,足以振之;国耻,足以兴之。为政先礼。礼,其政之本与!'"③教人律己修身、遵守伦理规范、构建和谐关系是礼治发挥作用的内在要求。所以礼在中国传统社会中发挥着治理国家、管理社会的重要功能,是维护社会有序稳定的主要手段。更为重要的是,礼的本质在于敬,是人与人之间相互责任和尊重的表达呈现方式,也是人们相互交往中的礼仪规范和行为规则。如孟子名言:"君子所以异于人者,以其存心也。君子以仁存心,以礼存心。仁者爱人,有礼者敬人。爱人者,人恒爱之;敬人者,人恒敬之。"④"礼"不仅对于人的日常行为,而且对于国家政治治理都具有指导意义。其他诸如"礼

---

① 《孟子·离娄上》。
② 《论语·为政》。
③ 《礼记·哀公问》。
④ 《孟子·离娄下》。

尚往来""来而不往，非礼也"都是礼的本意要求。西汉贾谊说过："夫礼者禁于将然之前，而法者禁于已然之后。""礼云礼云者，贵绝恶于未萌，而起教于微眇，使民日迁善远罪而不自知也。"① 应该说，德与礼在传统儒家那里就如一物之内外不可分离。德性修为可以使人性中美好的一面被激发并表现出来，礼制规范则可促使人们以彬彬有礼、恪守规矩的行为方式参与社会生活。因此，儒家之"'礼'根据一个人在特定关系中所处的位置，制定出不同的标准以规定得体的行为。这样一来，个体就会熟悉在人际关系中的不同义务和情感。在理想状态下，不断依礼而行，就会越来越体会到人际关系的价值"②。

在现代社会不断推进的现实下，无论是国家社会治理改进之要求，还是全球治理创新之展望，重新发现并发挥传统儒家之"礼"的效用都是值得重视的课题。如若对传统儒家礼治固有的尊卑有异、上下有别、差等有序等严格等级差别进行深刻的审视和批判，彻底剔除其不平等性、歧视性、压制人性等弊端，重新建构与现代社会价值取向相一致的新礼制，儒家的德礼思想则会生发新的生命与价值。从个人修养提升到社会秩序道德建设，被深刻改造后的现代礼制规范可以发挥其独特作用。从历史上看，礼的规范使个人在践行的过程中逐步接受、适应并养成习惯，进而在潜移默化中又形成守规矩、明名分的风俗习惯，体现礼治的作用。在根本上以"敬"为本质的礼，就是要求人们在认识和处理人与人、群体与群体、民族与民族、国家与国家的相互关系时能切实体现尊重的内核。所以，今天社会对"礼"的重新倡导应是对传统儒家"礼治"的政治化和不平等原则的彻底否弃，代之以现代社会自由人权平等基础上的规范约束。其实，礼应该是一个人的内在修养呈现于外的美好状态。梁漱溟就曾说过："抽象的道理远不如具体的礼乐。具体的礼乐，直接作用于身体，作用于血气；人的心

---

① [西汉]贾谊：《治安策》。
② 〔新加坡〕赖蕴慧：《剑桥中国哲学导论》，刘梁剑译，世界图书出版公司2013年版，第25页。

理情致随之顿然变化于不觉，而理性乃油然现前，其效最大最神。"①传统儒家是将人的仁心德性、道德修为作为礼的内在根基。"人而无礼，焉以为德"②，"身有礼则身修"（清·颜元）。而"行于礼""让于礼"则是人们处事、交往的准则，是人之德性的外在表现。"礼"是人之德性的运行载体。所以，当下之道德建设（无论公德私德）不妨以现代改造的"礼仪"规范为操作形式，以解决国人现实中的"行为失据"问题为着眼点，使其成为改善、调控社会的一种方式，不断促进社会走向安定有序，从而促使道德建设可行化。再进一步看，礼的功用还可以扩展至国际关系的建构和全球治理领域。实际上，"好礼"本身就是尊重他国与人民的一种态度和行为。在当今这个"王道"与"霸道"激烈竞争的世界，"理""礼"共用、"礼尚往来"不失为一种国与国相互关系的法则和思路。

第四节　中国传统崇贤尚能文化与现代政治伦理建构

古希腊哲学家柏拉图曾就选举政治提出过一个发人深省且至今仍有现实意义的问题：如果患了病，是想到广场上召集民众为你治病，还是去找一个医术精湛的大夫呢？不容置疑你肯定是要去找医术精湛的大夫！由此而向治理一个国家——难度、责任都远超治疗身体疾病——推演，该作如何选择呢？柏拉图的问题其实在中国悠久的政治文化中已有了明确的答案——崇贤尚能。最高的统治者应该具有贤能特质，具体的从政人员更应以贤能为挑选准则。实际上，"选贤任能""政治统一"是中国传统政治文化中深入人心的理念。从春秋战国百家争鸣以后，中国的绝大多数思想家都把甄选并提拔德才兼备的人才作为

---

① 梁漱溟：《中国文化要义》，商务印书馆2021年版，第118页。
② ［汉代］扬雄《法言·问道》。

好政治的目标，尚贤政治构成传统中国政治文化的一个重要特征，成为中国传统政治伦理的基本内核，显示出中国传统政治从一开始就与道德串联在一起，与现代政治伦理所涉及的社会政治生活中的道德关系和道德规范等构成了某种独特的关联性。如何对中国传统贤能政治文化作全面客观的研判，如何对接现代政治伦理，便成为值得深究的问题。

一、 中国传统尚贤政治文化的形成与流变

尚贤二字的"尚"表示的是尊崇、看重，作为动词来使用；"贤"在传统意义上主要包含两层意思：一曰优秀品德，二曰卓越才能。两者合而为一便是贤人。所谓"尚贤"，其最简单的含义就是崇尚贤人，也就是喜好、尊崇品德高尚、才能突出的人。"治国之道，务在举贤"[①]，"为政之要，惟在得人，用非其才，必难致治"[②]的广泛流传反映的是中国政治文化中的一种深层次的心理结构，表明尚贤是中国最悠久的政治思想传统之一。传说中的上古部落推贤制，而后由尧到舜的"禅让制"，再到夏、商、周时期的"敬天保民"，可视为早期尚贤的萌发与初步产生。到了春秋战国时期，群雄争霸的情势客观上为尚贤政治的兴盛创造了机会和条件，促进了尚贤政治的正式形成，进而成为中国几千年政治文化的一个重要内容。

1. 最集中体现尚贤政治的墨家思想

在中国漫长的演变历程中，尚贤不仅作为一种政治理想被人念念不忘，而且作为传统政治文化中的一个重要思想或原则而被先秦时期各派思想家集中阐释，使内容变得更加丰富深入；亦有思想家将其与德政结合在一起，构成儒家政治理想的重要组成部分，比如孔子、孟子等；当然也有"不尚贤，使民不争""绝圣弃智，民利百倍"的道家主张；墨家则以提出并较为完备论述的一套尚贤思想而成为几千年

---

① 《诸葛亮文集·便宜十六策·举措》。
② 《贞观政要·崇儒学》。

影响广泛的重要一派。

墨子的尚贤思想包含重贤、选贤、用贤等一系列相互关联的主张与观点，其思想内容可概括为这样几个方面：

第一，墨子用现实明证和托古论今等方式力证尚贤之于国家政治强大的重要意义。在现实性上，墨子用晋文公重耳回国出任国君之后重用贤才、治国有方而成为诸侯盟主，齐桓公再次即位后重用管仲等贤才使齐国强大等事例证明，举贤才往往是一个国家政治成功的关键因素，并且"故古者尧举舜于服泽之阳，授之政，天下平；禹举益于阴方之中，授之政，九州成；汤举伊尹于庖厨之中，授之政，其谋得；文王举闳夭泰颠于罝罔之中，授之政，西土服"①。"尚欲祖述尧舜禹汤之道，将不可以不尚贤。夫尚贤者，政之本也"②。

第二，墨家的尚贤主张中有着较为鲜明突出的平等理念。在墨家的心目中，没有永恒的贵人或贱民，人们从事职业等的差别皆取决于每个人的德与才。"古者圣王之为政，列德而尚贤，虽在农与工肆之人，有能则举之，高予之爵，重予之禄，任之以事，断予之令。……故官无常贵，而民无终贱，有能则举之，无能则下之。"③ 这不仅为社会底层人群的向上流动辨明了理由，而且直指当时贵族世袭制的不合理性。

第三，墨家以"厚乎德行""辩乎言谈""博乎道术"等可操作方式实施选贤用能。何谓贤士？"况又有贤良之士厚乎德行，辩乎言谈，博乎道术者乎！此固国家之珍，而社稷之佐也。"④ 用今天的话说，就是具备品德、能力、学识，同时又贡献于社会的人。这就需要从德行、言谈和能力等方面综合起来加以选择。如何做呢？一要"不党父兄，不偏贵富，不嬖颜色。贤者举而上之"；二要"富而贵之，以为官长。不肖者抑而废之，贫而贱之，以为徒役"⑤。这种人才观念的历史合理

---

① 《墨子·尚贤上》。
② 《墨子·尚贤上》。
③ 《墨子·尚贤上》。
④ 《墨子·尚贤上》。
⑤ 《墨子·尚贤中》。

性不言而喻。

2. 以"仁政"为内核的先秦儒家尚贤思想

无论从系统性还是连续性上看,儒家的尚贤思想在逻辑架构和思想传承上都是影响最大、最广的。先秦儒家认为:"文武之政,布在方策。其人存,则其政举;其人亡,则其政息……故为政在人,取人以身,修身以道,修道以仁。"①孔子的"举贤才"、孟子的"尊贤使能"、荀子的"敬贤者存"等构成连贯的先秦儒家的尚贤思想体系。尽管三人的侧重点各有差异,但儒家尚贤政治的核心思想与主要观点正是由他们三人确立并阐明的。

先秦儒家的尚贤主张是由"仁"而"仁政"的必然选择。孔子是在群雄并起、礼崩乐坏的时代环境下,继承、改造殷周以来"敬德保民"的传统,提出并确立了以"仁"为核心的儒家思想的。就个人而言,"子张问仁于孔子。孔子曰:'能行五者于天下,为仁矣。'请问之。曰:'恭、宽、信、敏、惠。'"②在政治理想上,孔子则以"克己复礼为仁。一日克己复礼,天下归仁焉"③为目标,故而"为政以仁""为政以德""政在选臣"便是其政治准则。如何实现呢?"仲弓为季氏宰,问政。子曰:'先有司,赦小过,举贤才。'曰:'焉知贤才而举之?'曰:'举尔所知。尔所不知,人其舍诸?'"④"君子尊贤而容众,嘉善而矜不能。"⑤故而,"举贤才"是其政治治理的基本思路。

孟子和荀子正是在孔子的思想基础上进一步阐发了尚贤政治理想。孟子思想的一大特点是将孔子的"仁"进一步延伸为"仁政",并形成丰富的尚贤观点。"尊贤使能,俊杰在位"⑥,"尊贤育才、以彰有

---

① 《中庸》。
② 《论语·阳货》。
③ 《论语·颜渊》。
④ 《论语·子路》。
⑤ 《论语·子张》。
⑥ 《孟子·公孙丑上》。

德"①。"虞不用百里奚而亡，秦穆公用之而霸。不用贤则亡，削何可得与？"②"仁者宜在高位。不仁而在高位，是播其恶于众也。……国之所存者幸也。"③"莫如贵德而尊士，贤者在位，能者在职……虽大国，必畏之矣。"④

荀子在举贤方面，更是态度明晰："贤能不待次而举，罢不能不待须而废。"⑤"尚贤使能"是君子从政三大节之一，隆盛的政治气象表现在"论德而定次，量能而授官"方面，"尚贤推德天下治"⑥，"故尊圣者王，贵贤者霸，敬贤者存，慢贤者亡，古今一也"⑦。

3. 中国传统尚贤文化的传承流变

中国在西周之前就已经萌发的尚贤理念，经由先秦时期儒墨思想家的集中阐释而基本成型后，就成为传统政治文化的重要部分，以不同的方式在两千多年的政治治理实践中产生自己的特有作用并发生一些独特的变化，从而对上层政治统治和下层社会治理发挥它的影响。在具体的历史演变中，尚贤文化或是以理论观点的方式在众多思想家尤其是儒家思想家那里得到更进一步的拓展和发挥，或是以不同的举贤制度得以影响现实。

在思想理论上，西汉之后陆贾在总结秦亡根源时提出的无为为道、不费有为、治以仁德的政治主张，可视为先秦时期尚贤政治思想的继承与转换，其要点是将孔子的仁政和礼治思想做了新的发挥。对于"仁政"，贾谊重点发挥的是爱人、敬慎、尊贤三个方面。南宋大儒朱熹在对孟子举贤思想作注时说过："贤，有德者，使之在位，则足以正君而善俗；能，有才者，使之在职，则足以修政而立事。"⑧

---

① 《孟子·告子下》。
② 《孟子·告子下》。
③ 《孟子·离娄上》。
④ 《孟子·公孙丑上》。
⑤ 《荀子·王制》。
⑥ 《荀子·王制》。
⑦ 《荀子·君子》。
⑧ 《孟子集注·卷三》。

从历代实践看，中国传统尚贤政治所向往的实施路径大致分三个层次：基层官员考试、中层官员选拔和最高层执政者的推举禅让。由于贵族政治在周朝占主导地位，故而世卿世禄之法就是其稳定的选官手段。但从先秦开始，选贤任能就逐步形成了低级官吏主要采用"乡举里选"、世官制选拔则用于大夫以上高级官员的特有方式。尽管法家主张"尚法而不尚贤"，但其对"农战之士""智术之士""能法之士"的看重和选用，也不妨作为另一种讲求"能力"的做法。两汉时期形成的察举制的重点是通过举荐和策问，并主要根据被选人的"德行"特别是"孝廉"授以相应官职。自隋文帝实施科举考试以"分科举人"始，延续一千多年的科举制正式形成。这种通过科举考试进行人才选拔的制度的形成，反映出传统的尚贤思想经长期发展后形成制度，亦可看作是人才选拔长时间实践经验的总结。宋明两代则采用的是考核和推举相结合的制度，即中层官员的选拔采用初举考试后的"磨勘"形式，而更为重要的职位则由皇帝根据朝廷重臣的推荐决定任用。这些用人方式至少从形式上体现人才选拔上的公平与公正，特别是科举制让处于社会基层的人们有了改变自身命运的机会，也在一定程度上增进了官员人群的社会流动。但存在的问题也是很突出的，即将尚贤思想与尚贤制度真正对接起来而加以有效实践的情况却从未真正实现。更多时候尚贤要么仅限于理论理想，要么沦为一己私利的堂皇借口。

二、中国传统尚贤政治文化的现代审视

尚贤政治是中国传统政治文化的一个重要特色。在几千年政治沿革中，尚贤既可看作是中国传统政治文化的一个重要理念，也可作为传统官员选拔的一个重要机制（察举制、科举制）。从某种意义上，贤能构成中国传统政治的基本思想，尤其是自秦以降的历代统治者，无论其内心如何思考，但都不能不把德挂在嘴上，"为政以德"便是中国传统政治必须坚持的准则，但若与现代政治做比较则会有别样的认识凸显出来。

1. 中国传统尚贤道德政治与西方近现代"非道德"主流政治的对冲

中国传统文化的核心内涵是以儒家为代表的伦理道德贯穿于从政治到社会、家庭、个人的方方面面，因而中国尚贤政治传统的内核自然是将道德作为选人用人的主要依据。这就与西方主流政治学的"非道德"思想形成巨大差异，也使中国传统的政治思维、政治运行与西方政治出现很大的差别。近代以后，中国的衰落衰败和饱受欺凌使中外众多思想研究者对传统政治持完全否定的态度。一些中国政治学者对自己传统政治全盘排斥，西方世界更是无视中国的传统政治思想，其中之一重点，便是政治活动或现代政治是否需要道德抑或道德可否有作用的问题。

西方政治学的非道德传统是在马基雅弗利的政治思想提出之后才明确的。马基雅弗利对"政治脏手"所做的有力辩护就是向当权者和人民提出要有拒绝或超脱道德的思维，即让政治权力游戏免于道德伦理的干扰。在现代社会的政治活动中确有着类似现象经常发生："政治家有时不可避免要把手弄脏，从而陷入了一种'不管怎样做都是错的'两难困境，即要么为保持双手干净而退出政坛的同时，放弃维护国家利益与公共善的目标；要么用邪恶的手段实现公共目的的同时，侵害某些无辜者的权益。"[①] 具体来说，西方现代主流政治学要么以马克斯·韦伯的"意念伦理"和"责任伦理"的区分为依据，将私人道德和公共道德区别开来而强调不同的生活领域需用不同的道德准则，或认为公共领域的道德合理性未必适用于私人领域；或认为政治与道德相比有自己的独立性，即现实中的政治行为尤其在国际关系领域并不必然受道德的约束，政治与道德之间必须保持距离，不能混在一起，即"政治的归政治，道德的归道德"。

但是，现实国家和国际的政治关系中却经常有大量的道德诘问被提出来，使政治中的道德问题变得如影相随却不能随意加以摆脱。而

---

① 引自谢惠媛：《政治哲学视阈中的"脏手"问题研究述评》，《哲学动态》2012年第4期。

且政治中的道德问题存在于政治理念、政治主体、政治制度、政治秩序、政治运行、政治关系等很多方面。站在政治哲学的角度，既需要有关于政治行为是否必然包含"善"或道德的形而上思考，还要有对政治活动是否要有"道德"约束的形而下的实践考量。

道德性与秩序性是政治伦理的基本范畴，严格地说，二者作为不可分割的整体存在于政治伦理中。想当初有人问荀子儒家有何价值时，他给出的回答是："在本朝则美政，在下位则美俗。"[①]所以，荀子主张"尚贤使能，等贵贱，分亲疏，序长幼，此先王之道也"[②]，其运作则是"贤能不待次而举，罢不能不待须而废，元恶不待教而诛，中庸不待政而化。分未定也则昭缪。虽王公士大夫之子孙，不能属于礼义，则归之庶人。虽庶人之子孙也，积文学，正身行，能属于礼义，则归之卿相士大夫。故奸言、奸说、奸事、奸能、遁逃反侧之民，职而教之，须而待之，勉之以庆赏，惩之以刑罚。安职则畜，不安职则弃。五疾，上收而养之，材而事之，官施而衣食之，兼覆无遗。才行反时者死无赦。夫是之谓天德，是王者之政也"[③]。从上述所言可知，中国传统尚贤政治的道德合理性也就凸显出来。

2. 传统中国尚贤政治的理念与实践的一些错位

中国古代政治是由以道德约束为核心、以等级差别为原则所体现的中央集权架构。几千年来，选贤任能的政治诉求过于夸大了道德之于政治的意义，将道德伦理贯穿于中国传统政治从君王到臣民、从治国到治家、从庙堂到江湖的各个方面。古之所谓国家者，非徒政治之枢机，亦道德之枢机也。使天子、诸侯、大夫、士各奉其制度典礼，以亲亲、尊尊、贤贤，明男女之别于上，而民风化于下，此之谓"治"；反是，则谓之"乱"。是故天子、诸侯、卿、大夫、士者，民之表也；

---

① 《荀子·儒效》。
② 《荀子·君子》。
③ 《荀子·王制》。

制度典礼者，道德之器也。周人为政之精髓实存于经①。道德的地位在于"全部之社会及政治生活，自孔子视之，实为表现仁行之场地。仁者先培养其主观之仁心，复按其能力所逮由近及远以推广其客观之仁行。始于在家之孝弟，终于博施济众，天下归仁。《大学》所谓'身修而后家齐，家齐而后国治，国治而后天下平'者，正足以说明仁心仁行发展扩充之程序。故就修养言，仁为私人道德。就实践言，仁又为社会伦理与政治原则。孔子言仁，实已冶道德、人伦、政治于一炉，致人、己、家、国于一贯"②。由此，尚贤政治实际沦为尚德政治，而使尚贤内容片面化。

另外，中国传统尚贤政治在实践中存在着一些突出的制度性弊端，使其效果大打折扣，最突出的莫过于对"贤"缺乏合理有效的实践评价标准和方式，更缺乏全面性和平等性，比如在中国盛行一千多年的科举制其实主要是在选"能"而非选贤，且"能"也仅限于文章八股。此外，不能有效解决国家高层权力来源的合法性问题，也即如何自洽、完满地解答尚贤政治之于最高君主产生的理论逻辑和实践逻辑。实践错位也就成为中国千年政治的最大弊端。

3. 中国传统贤能政治传统与现代民主政治是否完全相悖

无论古今，在中国选贤任能一直是为政之要；无论中西，任何一个国家顺畅有效的政治统治都必然体现为合理的政治制度、合适的政策措施、有效的贯彻执行。尤为关键的则是以何样的标尺把"德才兼备"的真正优秀人才选出来、用起来。回顾几千年的中国政治实践，自先秦的乡里举荐到隋唐的科举选拔，再到新中国建立以来共产党的干部"四化"方针、"五个"好干部标准等，其实都是中国传统尚贤政治文化的转换性运用。

当下，对中国传统尚贤政治是否有现代价值的争论主要表现为两个截然对立的观点：

---

① 王国维：《观堂集林》（上），中华书局1959年版，第475页。
② 萧公权：《中国政治思想史》，商务印书馆2017年版，第66-67页。

一是对包括尚贤在内的中国传统政治理念的一概否定。按照现代西方民主政治的执着思路，特别是选举民主的要求加以评判的话，中国的尚贤政治往往被看作是专治的体现、人治的延伸。"贤能政治的实质，就是以个别精英人物为政治主体的人治主义。它的一个显著的体制性特点，就是领袖人物极为崇尚主观意志和主观能动性，崇尚脱离客观条件制约的主观性力量。因此，它在骨子里就是反对监督、反对制约、反对分权的，故而终归是反对民主，反对公民进行平等的政治参与的。"①

二是针对当下西方选举民主的众多问题、难题而过于夸大或抬高尚贤政治的倾向，最为典型的就是加拿大学者贝淡宁2016年在其《贤能政治——为什么尚贤制比选举民主制更适合中国》中对贤能政治的热捧。贝淡宁历数了西方选举民主所引发的多数派暴政、少数派暴政、选民共同体暴政与竞争性个人主义者暴政等弊端，提出了西方民主政治应该学习中国贤能政治智慧的愿望。

关于第一种观点，如果细观中国几千年的传统政治会发现，尚贤并非仅限于理念而是有具体的实现途径——科举考试。科举制的优点或优势在于确立了博取功名与权力的制度化途径及结果的相对平等性，这不仅为选拔贤才提供了最低标准，亦为封闭的传统社会带来了适度的社会流动。所以，简单以人治而否定有失偏颇。关于第二种观点，贝淡宁"该书②早先的英文版受到西方学者的很多批评，部分是因为他对西方民主制的强烈抨击，部分是因为他以'中国模式'高度赞美中国的贤能政治。从国内学术界有关讨论来看，多数学者支持有条件的贤能政治，思考如何将儒家选贤与能的传统与现代民主制结合起来，寻求适合现代中国政治的发展道路"③。

---

① 刘京希:《构建现代政治生态必须祛魅贤能政治》,《探索与争鸣》2015年第8期。
② 是指〔加〕贝淡宁:《贤能政治——为什么尚贤制比选举民主制更适合中国》,吴万伟译,中信出版集团2016年版。
③ 孙磊:《民主时代的贤能政治——儒家贤能政治传统的现代意义探寻》,《天府新论》2018年第4期。

现代民主分为实质民主和程序民主两个基本方面。实质民主是从内涵上强调了国家政治架构中对人民的各项权利的关注和保障，程序民主则是实现其权利的规则和方式。关键是在现今这样一个多种文化传统并存、不同发展层次国家同在的世界里，不同国家地区的人民对民主的认识、判断、追求差异性很大，侧重点也不一样。"对1999—2008年阿拉伯国家的调查研究也得出了类似的结论，即绝大多数阿拉伯民众会把民主与公民自由和政治权利联系在一起，只有11%左右的受访者把民主视为社会经济发展……对中国人民主观念的研究发现，仅有1/4左右的调查对象是按照自由主义传统的程序型定义来理解民主的，比起怎样组建政府，中国公众更关心政府的表现如何，民本主义、精英统治等'儒家思想的影子'仍然在很大程度上决定着中国人对民主内容的理解。"①

所以，不加分析地将贤能政治划归到人治、"非民主"的行列是过于简单的。同样，不加改造转换而沿用中国传统尚贤政治的做法也是很幼稚的。

三、现代中国政治伦理对传统尚贤政治文化价值的吸收与淬炼

当下在讨论中国传统尚贤政治的现代价值时不能不注意两个时代背景：一是西方选举民主愈发突出的问题和困境；二是中国现代化发展所带来的巨大成就和社会进步对西方模式构成的一种新选项或压力。关键是两相对比所显示的中国制度优势所凸显出的中国传统优秀文化的价值，也就可以理解为什么贝淡宁提出的贤能政治理念能够引发广泛关注以及激烈争议。大量西方学者所表现出的轻蔑和傲慢可能有一定的思想逻辑考量，但根本上仍是西方中心主义在作祟。说到底，"西方政治学的狭隘主义有许多原因。最根本的是西方人对自己的政治制度过于自信。对许多西方的政治学家而言，欧美的政治模式是唯一正确、

---

① 王衡：《公众如何定义民主：理论分歧与实证测量》，《国外理论动态》2015年第8期。

独一无二的,是世界历史上的'之最';其他的政治模式或政治思想方式,都属于'古代史'或是'人类学'范畴,但对政治学而言没有任何价值"①。其实,人们对尚贤政治讨论的兴起和热度,原因在于任何国家政治的构架都是多种因素合力产生作用的结果。中国正在构建的国家政治治理体系不可能缺少中华优秀传统政治文化因素,包括崇贤尚能在内的优秀传统政治文化绝非只属于历史尘埃。"中国传统的政治思想对当代西方政治思想和政治学会有什么样的意义呢?我认为会有两方面的意义:第一,是中国古代思想的一些根本特征——尤其是其现实性及灵活性——会让我们更深刻地了解世界上政治思想的得失;第二,从内容来说,中国传统的思想也许不足以弥补西方政治文化的不足,但起码会挑战西方的主流政治文化并让西方学者重新考虑自己的文化的缺陷。"②

1. 尚贤可以成为现代中国特色社会主义政治伦理的重要内容

从逻辑关系上说,中国传统尚贤政治应归属于政治伦理中的价值定位问题,尤其涉及政治主体以及与之相关联的道德要求,既包括主体自身又包括评价与选择政治主体的制度设计和运行机制。中国传统儒家的人生追求在于"修身齐家治国平天下",而"修身"的重点或关键在于立德。"君子不出家而成教于国",盖因"孝者,所以事君也;弟者,所以事长也;慈者,所以使众也"③,所以,"一家仁,一国兴仁;一家让,一国兴让;一人贪戾,一国作乱"④。在理论逻辑起点上,传统尚贤政治强调从政者的道德品行是希望从源头上降低或杜绝"恶政""暴政"发生的风险,如康德所言"真正的政治如果不向道德宣誓效忠,就会寸步难行。尽管政治本身是一种艰难的艺术,然而它与道德的结合却根本不是什么艺术;因为只要双方互相冲突的时候,道

---

① 〔以色列〕尤锐:《西方的政治学与中国传统政治思想:从忽略到认可?》,《南开学报》(哲学社会科学版)2015年第3期。
② 〔以色列〕尤锐:《西方的政治学与中国传统政治思想:从忽略到认可?》,《南开学报》(哲学社会科学版)2015年第3期。
③④《大学》。

德就会剪开政治所解不开的死结"①，这也是政治道德的内在要求。

当下中国政治的实质在于集共产党领导、人民当家做主、依法治国于一体。在学理上，这种以"人民群众创造的社会主义革命的新形式"为标志，实质上以"党领导下的人民"这一新的宪法主体，形成了人民"既不出场也不缺席"的特殊政治格局②。更为独特的是"这种更强调执政党中介作用的国家政权组织模式，在很大程度上是对传统中国"政者正也，选贤与能"的贤能政治模式的回归——通过共产党员的先进性引领整个社会追求卓越，与传统中国通过士君子的道德示范而"在朝美政、在野美俗"，在治理模式上一脉相承、如出一辙。中国政治伦理目标最重要的是将德才兼备的人遴选出来、放到合适位置进行有效的国家治理，贯穿并实现政治主体、政治制度、政治运行诸方面，如贝淡宁所阐明的："其一，'选贤任能'的理念在中国深入人心，它比民主选举等其他政治形式更稳定；其二，政治民调显示人们对中国的官员选拔模式支持度一直很高；其三，中国对下一代和全世界都肩负着重大的责任，它需要选出经验最为丰富、知识最为广博的领导人，他们不应只为眼下这一代人着想；第四，科技的快速进步和突如其来的金融冲击、自然灾害等都需要思路清晰的领导人做出快速而全面的反应。最后，'选贤任能'的官员选拔模式与基本人权和广泛意义的民主价值相吻合，中国在基层政府实现民主选举，也有政治协商、信息公开、质询反馈等机制保障。"③而且中国悠久的"政治统一"④原则也使得中国人历来更看重治国之人的德性与能力。让传统尚贤政治在现代发挥新功能应是题中之义。

2. 融传统尚贤文化于现代中国政治伦理的建构

美国社会学家丹尼尔·贝尔认为："人们渴望政治领袖能够将社

---

① 〔德〕康德：《永久和平论》，何兆武译，上海人民出版社2005年版，第56页。
② 陈端洪著：《制宪权与根本法》，中国法制出版社2010年版，第111、182页。
③ 〔加〕贝淡宁：《西方人批评中国时，须避免殖民主义思维》，张成译，观察者网，2016-09-24。
④ 是指"大一统"。作者注。

会治理好。任何社会的生活质量在很大程度上都是由领袖的素质决定的。一个社会，如果不能把最优秀的人才放在领导岗位上，无论从社会学还是从道德角度来说，都是荒谬的。"① 在本源意义上，政治与道德在人类最初政治活动中就连接在一起，如亚里士多德所说的"政治是人类向善的追求"。古今中外大量政治实践的一个重要启示就是，"以权利制约权力"不仅是现代民主政治的真正需要，而且"以政治良知制约权力者的灵魂"同样不可或缺。

关于资本主义民主政治的实质性缺陷，"以马克思为代表的左翼提醒我们：现代性是伴随资本主义生产方式出现的，资本主义生产方式及与之相适应的生产资料私有制的存在，使得现代性价值（特别是其中的平等和民主价值）仍是'未被兑现的承诺'（哈贝马斯语）"②。现如今，西方选举民主陷入愈来愈严重的困境，诸如选举被金钱和利益集团操纵、以选票为根本而走向的民粹主义和经济发展艰难等，这对中国政治建设的重要启示在于如何将选贤能和现代民主结合起来。面对贝淡宁贤能政治一经提出就在西方世界引发一面倒批评，既要看到其中西方中心主义长久以来的傲慢与偏见，但也要正视传统尚贤政治如何融入现代民主、与现代民主相融合的问题。既不能因为西方选举民主存在的缺陷而否定现代民主本身，也不能将民主与传统尚贤政治彻底对立起来而视贤能政治如敝屣。

现代世界政治在其发展演进过程产生了一个必然的矛盾：一方面，现代民主以政治权力和政治资源的"开放准入体系"体现了所有政治共同体成员平等的原则，但另一方面，并非任何人都具备从事政治事务的专业素质与能力的实际状况，又使政治权力和政治资源有了限制准入的明显特征，这也是尚贤政治在不断遭受汹汹质疑和反对声浪的

---

① 转引自〔加〕贝淡宁：《贤能政治——为什么尚贤制比选举民主制更适合中国》，吴万伟译，中信出版集团2016年版，前言。
② 孙国东：《内倾型的贤能政治——基于"历史终结论"病理学逻辑的政治哲学分析》，《复旦学报》（社会科学版）2017年第5期。

同时，依然能顽强发声的重要原因，即"只有真正的贤能（而非冒牌的精英），才能赋予民主政治以德性，才能克服现代民主政治中选举民主、大众民主与极端平等的内在弊病"①。中国共产党一直将民主看作是世界发展的主流，并把民主作为自己的一个重要政治追求，如毛泽东所说："现在的世界潮流，民主是主流，反民主的反动只是一股逆流。"②在中国共产党的理念中，民主不仅要体现人民当家做主的根本价值，而且要用正确的方式把这种准则体现在具体的政治活动中。说到底，民主的根本价值是要真正体现人民的意志、满足人民的愿望、维护人民的权益，也就必然要选择最优秀的人来执政、履责和执行，也就是共产党新型贤能政治所要求的"尊德性、严纪律、道问学、求大同"③，这就"使得中国式贤能政治仍保有融合前述左翼和右翼挑战的转进空间：如果说'尊德性、严纪律'的道德理想，可以通过共产党员的道德模范作用超越'末人'问题，从而避免整个社会坠入虚无主义的境地，那么'道问学、求大同'的政治理想，则可能通过共产党员的政治先锋作用，促进政治共同体内部（乃至整个人类社会）的实质平等"④，由此而使中国的政治伦理既能对文化传统进行现代转换，又能体现中国政治伦理的风格与价值。

3.中国现代尚贤政治伦理的有效实践推进

实际上，政治伦理学关注的核心是如何合理认识和处理政治与伦理两种社会现象的关系问题，其中尤以权力配置、制度安排、行政道德等为基本方面。政治伦理涉及政治主体、政治制度、政治活动中需要遵循的伦理规则及其中的道德精神。它涵盖作为现代政治文明的行动基准和价值内核并调节社会制度环境的法治与德治的相应手段、规

---

① 孙磊：《民主时代的贤能政治——儒家贤能政治传统的现代意义探寻》，《天府新论》2018年第4期。
② 《毛泽东选集》第3卷，人民出版社1991年版，第1103页。
③ 刘海波：《先进性团体政治的中国实践与一般理论》，《经济导刊》2015年第4期。
④ 孙国东：《内倾型的贤能政治——基于"历史终结论"病理学逻辑的政治哲学分析》，《复旦学报》（社会科学版）2017年第5期。

范社会生活形式的具体伦理秩序以及衡量政治行为善恶的道德尺度。中国历史悠久的尚贤选能政治在实践中存在的制度不足和缺陷是许多人并不看好它的一个重要原因。于此，贤能政治融入现代民主政治的一个突出切入点就是建构合理合适、行之有效的制度框架和运行机制，需要以产生更好、更高、更有效的执政能力为目标，形成一套将尚贤选能运作起来并产生功效的制度规范。西方选举民主的困境和中国强大的政府能力的鲜明对比让包括宣称历史终结的弗朗西斯·福山也不得不注重政府的效能问题。愈来愈多的人已经明显认识到理想的政府并不取决于选举政治，而是取决于其能实现良好的治理。贝淡宁认为贤能政治是否具有现实价值在根本上取决于能否探索一条将现代民主制与尚贤制结合起来的理论思路和实践路径，能否解决贤能政治与道德政治、贤能政治与平等政治、贤能政治与民主政治、贤能政治的操作化、合理化、实效化等问题。

作为尚贤与现代民主政治相结合的制度设计，首要重点就是要把宪法和法律作为现代政治治理与公共治理的最高权威，将法治作为贤能政治实施的前提和基础，使任何组织和个人的活动都置于宪法与法律的框架之下。作为进入政治活动范围的贤能者要同时具有与所有社会成员一致的平等性和自身德才兼备的卓越性。平等性的关键一定是基于法治框架的准则与遵守，最高领导者和普通公务员概莫能外。而卓越性则是围绕进入政治的公德与私德以及相应才能的指标要求而达到的境界。由此，必然需要构建起人才的德能遴选、考核与监督、晋升与退出的一整套完整的制度体系。中国共产党执政以来所形成的制度形式已显示出尚贤选能的理论与实践价值。在中国，几乎所有的位高权重者无不是以扎实丰富的履历，一步一个脚印地展示着这种体制在当代中国政治中的巨大驱动力。还有一个重点，就是设计相应制度来保证并不断提升德才兼备的道德修养和能力水平，降低滥用权力的风险。

作为有着久远历史传统的中国尚贤政治在经过了长久的时间磨炼

和激烈评判之后，完全可以拥有新颖的时代性内涵，完全可以与现代民主政治相互结合，有效规避具体民主实施中的弊端，为人类更新更好的政治实践探索出丰富的伦理内涵。

第二章
中国传统农耕文明中的乡村文化及现代价值

中国有据可考的上下五千年形成的农耕文明孕育和发展出了博大精深的中华文化,不仅显示了中国文明传承的基本脉络和内在实质,亦塑造了中华各民族独特的文化品格和精神特征。尤其在长期的国家治理和社会治理实践中,由农耕文明而衍生出的包括政治治理在内的各类文化,一方面构成传统中国特有的国家政治治理的理念和方式,另一方面又渗透沉淀在乡间村落和广大农民百姓的日常生活中,呈现为传统中国特有的基层社会治理的思维与行为。当下,中国社会已经完成脱贫攻坚,推进乡村振兴战略成为中国实现现代化强国的重要任务。其中所包含的一个内容就是在彻底解决困扰中国几千年的绝对贫困问题之后,加快实施乡村社会的有效治理,让现代的中国乡村既能够享受现代化进步所带来的丰富的物质与精神文明成果,又能够使"记得住乡愁,留得住根脉"的文化记忆更加清晰和绵长,还能够使中国传统社会治理文化在现代乡村社会治理创新过程中焕发新的活力和价值。

第一节 作为传统文化宝库的乡村

人们常说,乡村是文化的宝库,乡村是传统文化的根。但是如果追问"根在哪里",恐怕一时难以回答,但这又是我们必须回答的问题。唯有把这个问题搞清楚,才能理解乡村文化价值所在,才能遏制乡村被进一步破坏。这里,需要重点探讨三个问题:一是乡村到底有哪些文化;二是乡村文化得以传承的载体是什么;三是乡村文化建设有无可进一步利用的经验。搞清楚这几个问题,乡村文化振兴就有了依据,乡风文明建设和社会治理就有了抓手。

乡村到底有哪些文化?又有怎样的寓意呢?可从以下几个方面来探寻和总结。

一、农耕文化

广义的农耕文化,是指由农民在长期农业生产中为适应农业生产、生活需要形成的文化集合,包括农业制度、民俗礼仪、文化教育等。在狭义上,所谓的农耕文化包括与具体农业生产活动关联在一起的经验、工具、观念、技能等所有内容,包括农学思想、栽培方式、耕作制度、农业技术、地方知识、农业信仰、农具文化、治水文化、物候与节气文化、农业生态文化、农产品加工储藏文化、茶文化、蚕桑文化、养殖文化、草原文化等,以及农耕生产的哲学思维和审美取向。中华文化产生、传承的根基就是农耕文化,其博大精深构成后人包括现代社会用之不尽的财富宝藏。

我国有丰富的农业文化类型,被列入世界重要文化遗产保护名录的就有 15 项,被列入中国重要农业文化遗产名录的就更多,如青田的稻鱼共生系统、云南哈尼稻作梯田系统、内蒙古敖汉旱作农业系统、浙江杭州西湖龙井茶文化系统、河北宣化传统葡萄园等,这些都反映中国不同地区发达的农业生产技术和蕴含其中的先进理念。其实,在我国还有众多尚未被列入遗产名录的传统实例。这些农业文化不仅是地方独特生产方式的生动展现,同时也以其特有方式发挥着社会治理的功能。第一,上述多地的生产传统不仅是古代先民生产生活智慧的充分展现,同时也是先民尊重自然,珍惜并有效利用资源,体现人与自然和谐相处的根本追求；第二，农业生产需要有吃苦耐劳、执着坚持、勤俭节约等优良品格。所以艰苦的农业劳动无形中也在磨炼、锤炼着人的品质；第三，可以在村庄构建小共同体，让村民在共同生产生活中可以通过相互学习，互相帮助，共同抵御灾祸，增进认同感，强化凝聚力；第四，各地农业生产中的农产品品牌也就逐步形成并影响开来。农产品品牌的创建，包装、广告和宣传尽管是重要的，但仅靠这些就会缺乏生命力。农产品品牌的核心是农产品所蕴含的农耕文化，当赋予农产品以文化内涵（质量和信誉）后，农产品就获得了文化价值。

今天的世界，由工业化的快速发展和普及扩大带来的资源枯竭、环境污染、生物退化等问题频发，而解决的重要思路和出路其实就在传统文化特别是传统农业生产生活文化的智慧和做法中。美国威斯康星大学的农业物理学教授富兰克林·H.金在其《四千年农夫》一书中就对包括中国、日本、朝鲜在内的东方国家的古老农业生产智慧给予高度赞扬。他尤其对这些国家农民利用人类粪便保持土壤肥力并提高作物产量的做法高度赞赏。这其实就是一种农业可持续发展的思维，也是今天人类改进农业生产方式必须吸取的重要智慧资源。丰富的民间智慧是农民在长期的农业实践中形成的，是常年在与耕地打交道的过程中发现并归纳出来的。村落的存在是这些经验得以形成的前提，同时也是这些经验和其他乡土知识得以传承的基本条件。这也提醒我们研究乡村价值对农业的重要性。

二、作为文化的乡村手艺

如果认真仔细地对中国乡村的传统进行观察和审视的话便会有不少发现，如用手艺方式体现传道教化的功能。也就是说，在众多传统手工艺中都自觉不自觉地含有传统的道德礼仪、信仰愿望和是非善恶等意义，从而具备传达载体的功能。就是像木匠、瓦匠、石匠盖房屋这样的技艺，也蕴含了很多讲究，因此也就有很多神秘感，匠人们获得了村民更多的尊重。很多传统手艺往往就是在地方自然环境、生产生活方式的影响下经过长期磨炼最终成型的，所以，在这些手艺中，既体现着当地人们的生存智慧和技能，又蕴含着乡民百姓的生活期盼和精神追求。有些专门为村民提供精神寄托和日常娱乐的乡村手艺，例如，祠堂或寺庙里的雕塑和彩画，做寿衣、扎纸人，祭祀仪式中精巧供品，节日活动中舞狮舞龙、戏曲表演，春节时的剪纸、写对联，都是乡民淳朴美好的心理追求。在中国很多地方的传统印染、木工雕刻、年画绘制、绣花纺织乃至食品点心的制作中，无论是寿桃石榴，还是送子观音，抑或麻姑献寿、鸳鸯双喜，其实都是普通百姓祈求美好幸福生活的情感寄托和愿望表达。许多手工艺品散发着浓郁的乡土气息，丰富着村民的精神文化生活，伴随着乡村风俗活动而为乡村增添喜庆气氛，一直沿袭至今。

乡村手艺所凝聚的巧夺天工的技艺和浓郁的乡土文化，使其具备独特魅力。其中蕴含了村民的文化价值观念、思想智慧和实践经验，体现着村民的创造性，凝结了村民的精神信仰与心理诉求，是乡村文化传承的重要载体。

三、乡村景观文化

在中国人的心目中，中国的传统乡村大都极具田园风格，无论是长满作物的田地，还是聚集了生活、生产、交往各种元素的乡间民居，抑或是乡间村口以一棵老树为中心的公共空间，它们合在一起构成为一幅乡间独有的景观图画，生动展示了村落中人与自然、人与人之间动态和谐的相互关系。广义的乡村景观包括的内容十分丰富，传统民居、山水林田、耕作传统，以及农事作业活动、各种农产品的贮存与加工方式、农业工具、农业机械、特色的农作物等，都是乡村景观要素。近些年各地热衷于举办各类农业节日，有以花为主题的桃花节、梨花节、油菜花节、葵花节等；有以农产品为主题的苹果文化节、草莓文化节、南瓜文化节、葫芦文化节，以及稻米文化节、蔬菜博览会等；还有各类以农事活动为主题的采茶节、开耕节等。由于这些节日蕴含了丰富的农业文化内涵，成为观光旅游的新业态，越来越受到城乡居民的喜爱。

梯田景观文化是最有代表性的乡村景观。云南的哈尼梯田、贵州的加榜梯田以及广西的龙脊梯田都成为当下人们旅游选择的热门景点，尤其是已有650多年历史的广西龙脊梯田，位于广西壮族自治区龙胜县东南部，已经被确定为世界著名的稻作文化景观。因为规模壮观磅礴，已被视为空前绝后的立体田园诗。其实，很多农业劳作方式也都可以成为景观。比如春天的牛耕、踏水车的妇女、水田插秧的人群、剥玉米的老奶奶等，都是劳动人民留给人们的美丽画卷和挥之不去的乡愁。今天，再现这样的生产场景，竟然可以成为乡村发展新的经济增长点。

四、乡村产品文化

乡村产品包括农产品（乡村土特产）、手工业品和乡村食品，也包括乡村旅游提供的休闲体验、农家乐等新型业态。乡村产品文化是指凝聚在这些产品中的精神文化。可以分为农业产品文化、乡村手工艺文化、乡村美食文化、村落建筑文化、乡村休闲与旅游文化等类型。每类产品文化都有丰富内容。如农业产品文化，从农作物的开花到结果，再到对农产品的加工，都被赋予了丰富的文化内涵，如赏花文化、果实文化、茶文化、酒文化、面食文化等。

五、乡村节日与习俗

在每一个人类繁衍生长的环境区域内，大都会在当地人们长久的生产生活过程中产生形成当地人特有的风俗习惯、节日仪式、道德风尚等，其产生的动力应该是当地地理气候环境、生产方式以及社会关系形态等多方面的共同作用。尤其是节日习俗更是与地方的各种环境因素联系紧密，致使"百里不同风，千里不同俗"的现象十分普遍。而作为文化现象的生活习俗涵盖了生老病死、衣食住行、婚丧嫁娶、道德伦理、信仰禁忌的诸多方面。现实中，各种习俗往往沉淀为当地居民的生活思维定式，成为确认地域身份的心理标准，进而转化为人们对自己居住地域的认同意识，成为凝聚人心的重要力量，也沉淀为"记得住乡愁""落叶归根"的文化心理基础。一些习俗仪式给予人们心理安慰，让人内心平静、寄托希望，让生活更有奔头。很多研究表明，村落习俗对人们的价值观和行为发生着潜移默化的重要影响。因此，如何传承习俗的社会功能，并通过移风易俗使之发扬光大，是乡村文化建设和实现有效治理的重要内容。传统节日习俗通过日常生活，"'润物细无声'和'潜移默化'的方式，影响着人们的内心。短期的节日狂欢是要获取长期的心灵安宁，有利实现社会成员的'血气平和'，而这是社会治理机制发挥作用的重要途径，有助于社会和谐。打造共建共治共享的社会治理格局，离不开传统节日习俗参与的社会治理制度建设和社会心理服务体系建设，它能够帮助培育自尊自信、理性平和、积极向上的社会心态"[①]。同时也对加强彼此联系，增进亲情友情、文化交流和增强凝聚力，都有着积极作用。

六、乡村艺术

乡村艺术领域十分广泛，不仅包括诸如二人转、山歌、民乐、地方戏、故事传说、舞狮舞龙、杂技等表演类活动，也包括像皮影、剪纸、编织、绣花、布贴画、泥塑、糖人等手艺。很难统计中国乡村艺术到底有多少种，有艺术家形容中国民间艺术的种类比大地上的野花还要多，其中不乏很多"绝活"，是中华文化之瑰宝。乡村艺术是生活文化，有些就是生活需求本身，如农村妇女制作布鞋、织毛衣、做窗帘、刺绣、制作美食等，是制作生活必需品，也有为满足精神享受或信仰需要而创作的艺术品，与民俗融合在一起，如年画、剪纸、玩具、舞蹈、说唱等。

七、村落娱乐

由于村落娱乐活动具有缓解和释放压力、愉悦精神的功能，于是

---

① 郭荣茂：《传统节日习俗的基层社会治理功能探索——以闽台地区的考察为例》，《法制与社会》2020年第1期。

在乡村就发展出丰富多样的娱乐文化。实际上，中国传统乡村的文化形式多姿多彩，许多民间艺术其实是与大量的民间娱乐和节日活动方式重叠在一起，如民歌、说书、扭秧歌、年画、踩高跷、民间戏曲、舞蹈、杂耍等，不胜枚举。这些兼具多项功能的艺术和娱乐形式不仅给村民带来了欢乐和愉悦，也同时给他们一种心灵净化和震撼，发挥了特有的教化作用。比如在戏剧中让人们看到了忠奸善良、明辨了是非好坏，也感染、感化了许多人。同时，这些民间艺术既使共处一村的人们有了共同的娱乐方式，也拉近了人们的情感距离，增强了认同感，更营造出一个村庄共同体内部守望相助、崇德向善、尊老孝亲、诚实守信的良好文化环境，进而成为村落的优良传统。

第二节　乡村文化的载体

经过数千年的不断陶冶和积淀，诸如爱国、诚信、敬亲、重义、求新、务实、好学、勤俭等优秀品质，已经成为中华民族精神文化的重要组成部分。在乡村，尊老爱幼、上慈下孝、邻里互助、诚实守信等优秀品质，在任何时代都不会过时。但是，这些文化的载体在哪里？优秀传统文化存在于什么地方呢？这并不容易回答。唯有彻底明白传统文化的载体这个问题，才不至于出现建设性破坏，才能把乡村文化保存好、利用好、发展好。

中国长期农耕文化的特质使得广大乡村其实是中国传统文化的基本载体。广泛体现在每家住房院落、地方民间艺术、自制生产生活工具的方方面面，如邻里互助文化与地方戏曲的载体不同；均是手工艺文化的剪纸与编织存在的条件不同；婚礼、葬礼与美食文化传承的空间也不同，诸如此类，难以穷尽。这里，我们仅从乡村空间布局、乡村生产形式、乡村生活方式三个方面对乡村文化载体的意义进行论述。

一、乡村的空间形态

乡村空间形态是乡村文化得以存在的物质载体。乡村空间由村落边界、民居、院落及其排列方式、街道、路口、祠堂、庙宇等公共建筑，以及基础设施、公共服务空间和娱乐空间等构成。建筑学上提出了建筑叙事的概念，也就是借助房屋结构、周边格局、材料使用及文化内涵，表达主人的居住理念和生活设想。当然不是有人理解的那样，让建筑再现文学作品内容，也不是建个影视城让人看故事，而是探讨空间和文化意义如何建构在建筑中，又是如何传达给观察者[①]。探讨建筑本身所具备的对人的心理和行为的影响，或感化、或感染、或教育，通过建筑表达一种理念，传达一种观念。建筑是可以叙事的，有些建筑庄严肃穆，有些建筑却轻松愉快，尤其是中国南方的园林设计，就是以流动的理念、错落有致的景点安排，甚至巧妙构思的门匾楹联，传达出乡间雅士的诗情画意和生活情趣。置身其中，有人会有不由自主的情感萌发，这就是建筑对人的教化作用。其实，乡村建筑哪怕是简陋的民舍，都有着丰富的叙事功能。这里我们以孝文化的保存与传承为例，阐述乡村空间文化载体的意义。

"孝"作为一种中国人最看重的信仰和行为准则，对构建和谐社会的现实意义是显而易见的。可以说，孝文化有助于提升个人修养，在孝文化的熏陶下，个人能够做到"上不欺天，下不害物，内心平和中正，自立立他"，人的精神、信仰和修养就达到了新的境界。孝文化有助于规范家庭成员长幼有序、尊老爱幼，家庭和睦也因此顺理成章。当尊老爱幼的孝观念扩展到人与人之间的关系时，人们相互之间友爱与尊敬的社会风尚就蔚然成风；孝文化也是爱国情怀的根源和动力，对凝集民族精神意义重大。当今社会，孝文化如何传承与保存，是一件极具挑战性的工作。那么，乡村哪些地方可以成为孝文化传承的空间载体呢？

---

① 陆邵明：《建筑叙事学的缘起》，《同济大学学报》（社会科学版）2012年第5期。

一是农户院落。在华北地区，就是普通的三间坐北朝南的房子，也很讲究尊卑秩序。中间一间称为中堂，是民宅的中心，功能最为复杂，堂桌上供奉着"天地君亲师"位，左侧，供奉的是祖先，右侧多供奉灶王或观音。有的家庭把先人的画或照片也挂上去。在所供奉的牌位的两侧，一般挂有堂联，比如"天高地厚君恩重；祖德宗功师范长"等。这是家中最重要的地方，逢年过节，敬天地、拜祖先、供奉家族牌位以及烧香磕头等活动都是在这里完成，是举行家庭祭祀和重大仪式的场所。中堂同时也是家中长辈见客人的地方。按传统礼数，不仅主人与客人的位次颇为讲究，长辈和晚辈的座次也有严格的规定。东西各一间卧室，东侧为上，是家庭中长辈住的，西侧为下，是晚辈住的。如果有厢房，则正房长辈居住，厢房晚辈居住。从这种布局和居住安排就可看出，传统的乡村住宅设计从一开始就把道德和等级要求包含进去，体现出特定的文化意义。

二是村落的公共空间。公共空间包括传统的祠堂、庙宇、戏台，今天的文化礼堂、文化大院、活动中心、敬老院以及其他标志性建筑等，大都具有孝文化传播功能，特别是祠堂。历史上，各地的宗族祠堂主要发挥两个作用：一为祭祀祖先；二为对本族人员进行教化和奖惩。祠堂作为重要的宗族象征符号，依靠"尊祖敬宗"的孝道，渗透着崇老、敬老理念，把后人与祖先、个人与家族置于血缘脉络系统中，通过树立家族权威与伦理，延伸传统敬养老观念。祠堂建筑威严，宗族中的每个人都对祠堂有敬畏感，祠堂在建筑上采用多种措施来强化这一效果。一方面，祠堂通过建筑上的装饰与墙上的匾额，题跋、装裱之类的功名牌匾等提升其地位，另一方面，祠堂通过惩戒提升其权威。凡有人严重违背家规、族约，都会受到惩罚。祠堂作为建筑实体勾连着孝道观念与人伦秩序，支撑了孝文化的传承发扬。

三是祖坟。对中国人而言，"寻根问祖"的"根"就是族谱、祠堂和祖坟。"生养死葬"是最正常的生命历程，"事死如事生，事亡如事存"是中国人对待死者的终极态度。因此，"坟"作为亡灵的归宿地，在乡村社会具有特殊的社会意义。"坟地"安放着死者的灵魂，寄托着子孙的哀思，是村民日常祭祀活动、"慎终追远"行为的具体场所，是维系农民本体性价值的重要社会空间[①]。很多节日习俗都与祭祖相关，春节有上坟、烧纸习俗，清明节是祭祖和扫墓的日子，每年农历十月初一，要给仙逝的亲人送寒衣。正是"坟"的存在，较好地解决了生死焦虑问题，实现了人与神的对话。这种"祖祖辈辈而来，子子孙孙而去"的日常生活，以及"不孝有三，无后为大"等传宗接代的日常表达，最终成为农民安身立命的基础。在乡村的日常生活中，一系列严整的丧葬礼仪，以及葬后的日常祭祀，都寄托了生者的哀思与感恩情怀。因此，对待"坟"的态度应该十分慎重，移风易俗是在尊重传统基础上的创新和与时俱进，而不能一味否定传统。

二、乡村的农业生产

乡村的农业生产活动看起来单调、琐碎、繁重，但它同样也是农业文化的主要承载和传承方式。

其一，农业生产活动是农业文化传承的重要载体之一。有以农民为主体的乡村生产方式存在，就有农业文化的存在、传承和发展。在农业生产中，无论是使用各种农具，还是各种粮食作物品种的保留、延续，抑或是作物的栽培和具体技术要求的形成与作用，都与特定区域中的具体农业生产过程关联在一起。显然，没有农民种养结合的农业生产方式，种养之间循环利用的农业文化就难以存在。当用千篇一律的标准化农业技术代替传统经验后，具有地方特色的农业文化就会消失，诸如稻田养鱼、梯田生态系统等文化遗产就失去了存在和传承的空间。我们并不是强调机械地维系传统农业方式，而是主张尽可能因地制宜地给传统农业生产方式留下存在的空间，并能够从中不断汲取智慧，继续为发展现代农业服务。

---

① 焦长权：《魂归何处："阴宅"的法律属性与社会功能初探》，《中国农业大学学报》（社会科学版）2013 年第 2 期。

其二，以农民为主体的农业劳动，有助于保存互助文化和促进劳动经验的交流。人们只要从事农业生产活动，就需要经验的交流，无论是从事传统农业，还是所谓现代农业。最近我们对有一定规模的家庭农场主进行调查，内容是遇到生产问题如何解决。结果发现，农场主的微信群成为解决生产问题的最有效途径。有谁在生产上遇到问题，在微信群里提出来，一些种植高手就凭自己的经验支招，大多问题都可迎刃而解。这种交流可谓是传统邻里之间进行生产经验互动的现代升级版。

其三，农业劳动维系文化的代际传递。传统社会，土地是由父辈传给子辈的，土地就是财富，是安身立命之根本。父辈不仅掌握着土地的分配，还掌握着生产技术（主要是经验）的传授，这都需要子代向老一辈请教和学习。子代需要在两个方面承担责任：一是承担经营和维护土地的责任。上一辈给下一辈留下的最为重要的财富是土地，上一辈在土地上倾注毕生心血，如打埝包坎，改造土壤，培植地力，把荒坡变良田，把贫瘠的土地变成沃土。前人栽树后人乘凉，后代不仅继承了土地财富，而且承担了对土地同样的责任，让土地这个"命根子"一代代传下去。二是承担家庭责任。上一辈人通过艰苦的劳动，尽可能给子女们创造好的生活条件，父母无私的付出，才有子女的真情回报，正所谓"上慈下孝"。"慈"和"孝"，是一种人伦、一种义务，靠道德和责任来维系、传递与约束。而农业劳动过程是"慈""孝"文化得以传承的有效途径之一。农业劳动需要家庭成员的共同努力，最能体现齐心协力，各尽所能。这个过程中，家庭成员可以体验到劳动的艰辛和各尽所能的合作。家庭成员之间最能产生利他行为和高度的责任感。这也是家庭经营农业具有生命力的最根本的原因所在。

三、乡村的生活形态

中国的传统乡村既是大量传统文化的孕育产生地，也是其传承延续的主要场域，基本形态就表现在日常的生活中。也就是说，乡民百姓平常的衣食住行娱、婚丧嫁娶宴等生活，无不贯穿和体现着中国传统特有的信念信仰、礼仪道德、戏曲文学、时令节日以及生活习俗。正是老百姓的日常生活成了传统文化的动态载体。需要指出的是，载体强调的是外在的有形的东西，文化更多的是内容所蕴含的价值取向。形式和内容并不总是一致的，街谈巷议是文化载体，具体载的什么内容取决于民风和乡风的不同，就像一个瓶子装什么酒一样。这些文化载体形式，是老百姓喜闻乐见的，容易被接受的，也是十分重要的。可以从三个方面来理解乡村生活的文化载体价值。

1. 人生礼仪。从某种意义上说，对人生礼仪的重视就是在传承传统文化。一个人从生到死，要经过几个重要阶段，总是要有一些特殊的、有见证性的礼仪做标志。如诞生礼，新生个体通过一系列的仪式被接纳为家庭成员，为后续实施教化奠定了基础。诞生礼的核心内容是表达美好的祝福，体现长辈对后代的关心和慈爱。尽管诞生礼的对象是新生个体，但参与和受教育的却是所有亲人。成人礼是家族（现在多为学校）为庆祝其成员长大成人而举行的礼俗仪式。目的是提示受礼者从此将由家庭中的"孺子"转变为正式跨入社会的成年人，承担合格的社会角色，所以人们认为成人礼就是"以成人之礼来要求人的礼仪"，灌输社会责任的理念和尊老爱幼的品行是其重要内容。今天，"成人礼"作为成人的标志，对提示和培养受礼者的社会责任心与义务感依然是有意义的。婚礼仪式无论复杂还是简单，其意义都离不开三个方面：一是获得社会认可，邀请亲朋出席见证，把幸福昭示天下；二是赋予新人双方对于家庭的使命感、责任感；三是感谢天赐良缘，更要感谢父母养育之恩，不忘孝敬之道。通过现代婚礼仪式创新弘扬传统文化，特别是把夫妻相互尊重、尊老爱幼的优秀传统融入其中，使其成为优秀文化载体是乡村移风易俗和文化建设的重要内容。葬礼是人生礼仪中最肃穆也最隆重的礼仪。它特别突出了汉民族丧葬文化的主题——孝。对于传统中国人来说，无法对父母尽孝，是精神支柱的重要崩塌。葬礼所表达的是缅怀先人、慎终追远，是热爱生命、弘扬孝道和报恩祖先的呈现，是延续孝道、构建社会秩序和认同世俗生活等追求的全面囊括。

人生礼仪，还包含庆生和祝寿礼，现代社会还发展出来升学礼、毕业礼等，无论是何种礼仪，其要义都是教化人们以培养其责任意识，规范人们的行为，要求人们在人生的各个阶段严肃对待，郑重其事，而不能轻率潦草。

2. 岁令时节。岁时节令包括农事节日、祭祀节日、庆祝节日、社交游乐节日等，多以民俗形式表现出来，是重要的乡村文化载体。这里可以春节为例说明之。春节是中国很多民族共同的最隆重、最热闹的节日。春节一般指除夕和农历正月的第一天，民间传统含义的春节是从农历十二月初八到正月十五，除夕和正月初一是高潮。其主要活动有拜神、祭祖、除旧、迎新，伴有贴春联、门神、年画、福字、窗花，逛花会，闹社火等活动，以祈福活动为主要特征。早期的春节，一系列的祭祀活动蕴含着礼乐文明的内涵，集中体现在祭祖和拜年。除夕，人们摆上菜肴，倒上美酒，静心焚香，要先祭拜祖先，以此表达对先人的怀念并祈求祖先的庇佑。拜年首先是晚辈给长辈请安、致敬，然后是亲戚朋友之间互相致意、祝贺。拜年突出尊敬和友善，弘扬和谐文化，民间也常常通过拜年化解彼此矛盾。

除了春节，清明节也是中华民族传统隆重盛大的春祭节日，尽管包含亲近自然、踏青游玩、享受春天乐趣的欢乐内容，但慎终追远、礼敬祖先、弘扬孝道是清明节的主要内容。重阳节本是祭祀祖宗，以示孝敬、不忘根本，现在赋予重阳天长地久、健康长寿的寓意，是另一种敬老节。

3. 民间文艺。民间文学和民间艺术作为乡村文化的载体，是以乡村喜闻乐见的形式传承传统文化的重要渠道。民间文学是由劳动人民口头创作，并在民间广泛传播、流传，能够真实地反映劳动人民的社会生活和思想情趣的一种口头语言艺术。神话、传说、民间故事、歌谣、谚语、谜语、歇后语以及民间寓言和笑话等，都属于民间文学的范畴。

民间文学以其独特的乡土气息和表现手法,以自然质朴的内容和单纯、鲜明的人物形象,深入民心,家喻户晓,为人们津津乐道。民间文学根植于社会生活,很多民间谚语是农民、渔民和工匠等对生产生活经验的总结和提炼,传递经验,指导人们生产与生活实践,反映人伦关系、人际关系。民间艺术比民间文学形式更活泼,传播也更广泛。民间艺术是劳动人民为满足其生产生活需要和审美需求而创造出来的艺术类型,包括民间曲艺,如快板、评书、琴书、大鼓、相声、小品等;民间小戏,如二人转、吕剧、锡剧、花灯戏、花鼓戏、道情戏、木偶戏、皮影戏、傩戏等,因其简便灵活,民间小戏欣赏人口超过80%。此外,还有民间工艺美术,它是老百姓创作的实用性与艺术性相结合的文化形式,是与岁时节令、人生礼仪、宗教信仰、生活与建筑装饰等相融合的民间艺术创造。民间工艺美术种类繁多,按照制作技艺不同,可以将民间艺术分为编织、剪刻、印染、绘画、塑作等。有纸、布、竹、木、石、皮革、金属、面、泥、陶、草、柳、藤、漆等材料制成的各类民间手工艺品。民间工艺美术是人们须臾不能离开的,像年画、剪纸、对联、风筝、编织、雕刻、泥塑、陶瓷、印花、刺绣等,渗透到人们生活的方方面面,一年中的节日时令、人生重要阶段、衣食住行的各个方面,都离不开民间艺术的陪伴。民间艺术既丰富人们的精神生活,满足人们的兴趣爱好,又体现人们的理想和愿望。

无论是民间文学、民间艺术,还是民间工艺美术,都是寓教于乐的文化载体,记录和表达了劳动人民的思想感情与审美趣味,是劳动人民智慧的结晶,蕴藏着中华民族的精神,在乡村社会中发挥着重要的教化功能。

第三节　尊重乡村特点　推进乡村治理

乡村社会治理能力作为国家治理体系的重要组成部分,既有国家治理的共性问题，也有乡村治理的特殊性。如何提升乡村治理水平和治理能力，需要厘清乡村治理资源的种类与特点，总结和提升乡村治理的经验，充分利用乡村文化，构建起融自治、法治、德治为一体的乡村治理体系。其中应该重点体现三个方面。

一、正视存在的问题，凸显农民的主体地位

广大农民是中华农耕文化的主要创造者和传承者。以人民为中心和人民当家做主的理念强调了农村就是要突出农民的主体地位，尊重农民的首创精神，激发农民的内生动力，真正依靠农民推动乡村的发展。这既是乡村文明建设的需要，也是推动乡村全面振兴的前提。但是，我们看到在乡村建设过程中，有不少忽视农民主体地位，为农民做主而导致伤害农民主体地位的现象，突出表现在以下四个方面：

1. 农民变"股东"

一些地方由于忽视农业生产特性，不懂得农业与农民的关系，错误地把不可持续的农业当成现代农业。采用种种手段迫使农民流转土地，或流转给工商资本搞所谓规模农业，或流转给所谓"合作社"搞所谓的"股份化"，其实质都是让农民成为既拿地租，又可以外出打工或者在农业公司打工的农业工人。这样的做法本质上都是排斥农民的农业生产主体地位，把农民由主动的生产者，变成了被动的打工者。隔断农民与土地的密切联系，其结果不仅限制了农民农业生产的积极性和主动性，并使农民逐渐丧失对土地的责任和感情，隔断了农耕文化的传承。同时，也把农业推向了危险的边缘。

2. 主人变"看客"

本来农民是乡村建设的主人，但是乡村诸多建设项目如乡村道路、自来水贯通、厕所改造、土地整理、农田水利建设等项目，很多地区是通过招标来决定施工主体，因为只有公司才具有所谓施工资质，把农民排除在施工主体之外，甚至有些植树造林项目也要由公司承担。农民不解地说，我们祖祖辈辈植树造林，现在种树变成了工程，我们

却没有了种树的资质。有资质的公司却没有人会把树种活，最后还是要雇农民干。本来属于农民自己的事情，却演变成与农民无关的"工程"。排斥农民主体地位的结果是农民主人翁责任感丧失。当农民不认为这些工程属于自己的事情时，不仅不爱惜和维护建设成果，反而出现被学术界称为"弱者武器"的行为，诸如阻拦、设置障碍、不让使用集体资源，甚至出现破坏行为等，导致干群矛盾激化，不良风气盛行。

3. 乡村性弱化

乡村性是指承载乡村文化和记忆的民居建筑、民俗风情、人际关系、乡村景观等生产生活特点的总和。乡村性承载着丰富的乡村自治与德治资源，是乡村自治与德治得以实现的基石。传统乡村中经常性的生产帮工、生活互助，诸如红白喜事大家帮忙、公共事务共同参与等，都是乡村性的重要表现。这种基于共同的历史、传统、信仰、风俗而形成的一种亲密无间，温情脉脉，相互信任，默认一致的群体关系，被社会学家称为村落共同体。然而，这个共同体正在被市场冲击、打破。传统生产上的换工、帮工，生活上的互助等已经被越来越多的社会服务组织所取代，耕地、播种、植保、收割等农业劳动，可以通过专业化社会服务组织来完成。就像家庭建房这样的大事，也主要由专业建筑队来承担。红白喜事的酒席宴请本来是要全家族或全村人参与的，如今也交给了专门的服务团队。乡村性的弱化，一方面导致乡村人际间的联系减少，过去请人帮忙的事情如今花钱即可解决，人情自然淡漠了。另一方面，村民参与乡村事务的基础被动摇，由于村民缺少实质性的共同体感受，村域协商、决策、管理中村民的权利和义务意识逐渐淡化，对乡村共同事务漠不关心成为常态。

4. 撤村并居

这是最极端的消灭乡村性的做法，是把乡村连根拔掉。其危害主要有四个方面：首先，农业生产难以为继，远离耕地，疏远了农民与土地的感情，陡增农业生产成本和风险，使农民的农业生产难以为继，甚至影响农民生计，同时制造规模化荒地，农业的可持续发展受到威胁。

其次，迫使农民上楼，农家院落被消灭，不仅丧失了农具存放、晾晒、储存等功能，削弱了农业生产的基本条件，也消灭了包括乡村手工业在内的庭院经济。其三，影响了农民生活，不仅使农民丧失了自给自足的低碳生活方式，上楼也极大提高了农民的生活成本。其四，破坏了乡村自治和德治的资源。乡村之所以能够自治，是因为乡村拥有村民共同利用的资源，依靠相互的协作以满足彼此需求和维系共同利益。德治之所以发挥作用是因为乡村具有丰富的德治资源，形成教化的环境。而撤村并居的做法，从根本上消灭了自治基础和德治资源，使乡村治理失去了重要基础。

上述几种做法的一个直接后果就是农民主体地位缺失。因此，要构建社会治理体系、提升乡村治理能力，就必须从维护和突出农民在乡村的主体地位开始，把重建村落共同体作为一个有效、有力的措施。要看到，形成清晰的共同体是乡村自治得以实施的基础。如果缺乏这样的共同体，乡村就会完全被市场力量所主宰，乡村的自治、德治传统就会逐渐丧失。

重建乡村共同体的目标就是维系并增强村民们的认同感，增进自身的凝聚力、向心力和内聚力。要特别认识到，这种共同体的重建不是要恢复过去，而是要创新未来。一个重点是加快推进乡村组织的创新。这就需要深刻理解农户是最适合农业特点的组织形式，遵循中央一贯的方针，坚持农户经营长久不变，这是农民主体地位得以巩固的政策根基。在此基础上发展适度规模的家庭农场。从实际来看，家庭农场作为以农户家庭劳动力为主要劳动力的经营单位，既保持了农户经营的优势，也可以克服一些家庭经营的劣势，是以农民为主体的现代农业组织的基础。以家庭农场为前提，通过合作社方式进一步提高农民的组织程度。合作社作为民建、民管、民受益的农民经济组织，一方面融入了现代组织的原则，另一方面把农民当家做主的主体地位通过法律固定下来。特别是村社一体的合作社，为村民自治提供了物质条件和共同资源。此外，乡村的一些社会组织建设，如老年协会、乡贤协会、乡村志愿者服务组织等，都可以具有乡村共同体的性质。

无论是家庭农场、合作社，还是乡村各类社会组织，所具有的一个共同特点是充满了伦理情谊和乡村特性。浓厚的乡土观念，可有效地激发地方公共观念；借助人们的家族观念、邻里互助传统和共同的生产与生活资源，比较容易构建新的乡村共同体。这样的共同体在经济上可以经营村内各类建设工程，实现农民的利益诉求；对外可以共同面向市场，维护村落成员的各项权益。在生活上可以为共同体成员提供温馨又舒适的场所，创办文化组织、兴办养老机构、修建公共空间、倡导新乡贤文化等，都是在为社区成员营造一个其乐融融的人际空间与社会环境。乡村共同体为实现真正的村民自治提供了契机和载体。自治的本质就是参与主体的平等性和主动性，村民作为村经济组织的一员，不仅有社区情感，而且有相应的物质利益，讨论涉及自身利益的实际问题，自然能激发村民参与的积极性，容易达成决策共识和履行监督职责。因此，从乡村治理视角看，有了村落共同体，村落的自治功能才能得以落地。对解决乡村实际困难和问题，及时化解矛盾纠纷，促进社会和谐稳定具有重要作用。

提高乡村治理能力，必须认识农民与乡村的关系。由于农民的农业生产活动才有了乡村，乡村是适应农业生产与农民生活的产物，只要农业生产的特点不变，乡村的特点和农民的主体地位就不会变化。乡村治理要始终坚持为乡村的生产服务，为农民的生活服务，理解农民的生产、生活、生态、社会结构等与乡村的密切关系，这是提高乡村现代治理水平的空间基础。

二、重视乡村文化建设

乡村文化是乡村德治的重要资源，中国自古以来重视"以文化人"，而"文"有着文章、文德、文教（礼节仪式）等多重含义。以文化人就是说用文章、文德、文教（礼节仪式）等教化人。

要把以文化人作为开展乡村文化建设、促进乡风文明的有效抓手。

在乡村文化建设中，需要摒弃城市人对乡村文化建设的想当然陋习，真正理解乡村文化的价值所在。前面我们已经介绍了乡村文化的内容和载体，这里不再赘述。我们要讨论的是如何通过乡村文化建设实现乡村的有效治理。实际上，农业文化与地方治理的关系十分密切，一方面农业文化中包含了人与环境的关系，体现尊重自然、顺应自然的理念和利用自然的生存智慧；另一方面，赋予很多农产品以特定的文化内涵和寓意，反映着人们对未来美好生活的期盼和向往，如"平平安安"（苹果）、"万事（柿）如意"、"早（枣）生贵子"、"多子多福"（石榴、佛手）、"健康长寿"（桃）等，这些文化寓意，对人们具有重要的教化价值。乡村手工艺的功能除了创造财富，满足村民生活与精神需求外，像"文以载道"一样，凝结了村民们敬畏自然、崇尚祖先的淳朴精神信仰与心理诉求，承载着乡村悠久的历史文化和民间习俗及精神信仰。手工艺品所包含的思想、道德、信仰、愿望等内涵以及工匠精神，使其意义价值超出了相应的使用价值而成为实施教化的重要工具。

生活习俗作为生活中的文化现象，包括生老病死、衣食住行、婚丧嫁娶等相关习俗，以及宗教信仰、巫术禁忌等广泛内容。乡村习俗对人们的价值观、人与人打交道的方式以及为人处世原则产生重要影响。因此，如何通过移风易俗使习俗的正面功能发扬光大，为和谐乡村建设奠定文化基础，就成为乡村治理需要重视并解决的迫切问题。要看到，传统习俗对乡村治理至少有三大功能：一是维护村民的共同利益，诸如水源保护、公共空间维护、亲情关系维系等，习俗都发挥着重要的作用，是实现村民自治的重要基础；二是组织协同生活，在诸如婚丧大事的协力互助过程中，人们不仅体验到协作、互助的价值与力量，还加深了对礼仪和为人处世方式的理解；三是维系村落共同生活秩序，村议事、制定村规民约、制裁和约束不良行为、调解纠纷矛盾，可以形成群体意识、提升参与观念、增长议事能力，是实现村民自我教育、自我管理的有效途径。乡村文学艺术，是人们喜闻乐见的文化形式，反映的是村落娱乐文化的乡土性和群体参与性。乡村文学艺术最接近老百姓的劳动和生活习惯，像唢呐、快板、评书、相声、小品、对歌等，很多娱乐形式都是来源于生活。所谓群体性，是指村落娱乐文化具有广泛参与和互动的特点，每个人都是平等的参与主体。乡村文艺通过寓教于乐实施教化，或歌颂称赞好人好事，或鞭笞丑事恶俗，文艺节目或故事所传达出的是对人的教导，其中的感化意蕴会延续到村民的日常生活中并潜移默化地影响着他们平常的为人处世方式。

充分肯定和重视乡村文化价值，通过弘扬乡村优秀文化达到乡村治理目的，被认为是提高乡村治理能力的有效措施。乡村文化之所以能够发挥治理作用，是因为在特定文化环境中成长起来的村民对地方文化具有很强的认同感，具有一致和稳定的价值观，并且这些认同感和价值观很多已经内化为人们的行为自觉。在遵循乡村文化特点基础上实施的乡村治理，最容易得到村民的认可和接受。如通过整理优秀家规、家训，利用人们为家族争光的意识，使其在树立良好家风的过程中发挥作用；通过提倡新乡贤文化，鼓励外出的能人返乡创业或为家乡做贡献；通过弘扬德孝文化，使敬老、诚信、互助等传统美德逐渐成为村落文化的主旋律。不仅如此，村落文化娱乐活动可以破解如何将党和国家的方针政策有效传递到农户和村民的难题。有些地方把惠农政策、法律知识、国家大事等以村民喜闻乐见的文艺形式表现出来，村民在娱乐的同时也接受和理解了党与政府的相关政策。这比纯粹的说教有效得多。此外，乡村文化建设在增强农民的凝聚力，重现乡村生机，进一步实现乡村整合方面具有显著效果。在共同参与的文化活动中农民获得了集体荣誉感，强化了对村落的认同感和归属感，有助于恢复乡村的活力。乡村文化在促进交流信息、密切感情、消除隔阂、化解矛盾等方面发挥其独特的作用。

实施乡村环境整治提升工程，也可以从传统乡村文化中汲取智慧。如种养之间的有机循环、生产与生活之间资源的循环利用，都需要以乡村作为重要节点来实现。无论是厕所革命，还是垃圾分类、污水处理，如果能遵守乡村特点和乡村文化传统，把资源利用和再利用作为乡村环境治理的出发点，就可以避免城市人的工程思维，而收事半功倍的效果。此外，乡村的结构、传统农业生产和生活方式所蕴含的理念对维系乡村低碳生活和可持续发展意义重大。

三、强化乡村教化价值

教化功能是村落的重要价值所在。一个自然人在村落里之所以可以自然地成长为社会人，是因为村落是天然的教化空间。这是由村落的空间结构和社会机构决定的[①]。

中国的乡间村落是由一家家农户组成的空间结构，每个农户的空间位置不仅是固定的而且是开放的。所谓开放，是指农户之间的大事小情彼此都清楚，于是形成了特定的邻里关系和熟人社会，由此产生了熟人社会规则，如邻里互助、诚实守信等，调节着人们之间的关系，并规范着人的行为。这样，在村落环境中就会产生两种效果：一是每个人都自觉约束自己的行为，尽量使自己的言行符合村民的共同期望。二是便于村落内的舆论监督。村落监督现象在传统乡村无处不在，如"街谈巷议"作为村落舆论最为常见的形式，对村落成员行为的监督和矫正作用十分显著。

村落在社会结构方面也呈现两个特征：一是以血缘为纽带形成的家庭与家族关系。一个家庭或家族要维系成员的和谐需要有规矩，就形成了家规。家规是由家族制定并传承下来的教育规范后代子孙的行为准则。把家规凝练成便于传诵和铭记的警句格言，就成为家训，是对家族子孙后代立身处世、持家治业的教诲。这些"家训、家规"其实就是人们常说的"家教"。在这种有形的"家教"环境下，形成无形的"家风"，并得以流传。二是以地缘为基础形成的邻里关系，是

---

① 朱启臻：《利用乡村治理资源优势提升乡村治理能力》，《红旗文稿》2020 年第 4 期。

互助文化的社会基础。出于感情互动和频繁的生产、生活互助的需要,于是形成了与邻为善、守望相助、讲诚信、守信用、远亲不如近邻等文化传统,潜移默化地引导人向善、向上,具备影响乡村成员群体意识和行为的功能。

乡村劳动是实施教化的重要途径。特别是农业生产劳动,是劳动者获得知识和感悟人生的重要途径。人们的很多品质,如尊重自然、敬畏自然、善待自然、合理利用自然的智慧,以及勤俭节约、吃苦耐劳、诚实守信和珍惜劳动成果的品质,均可通过农业劳动过程获得。农业劳动,还培养了人们协作与互助的品质,养成了人们感恩和祈福的情操,因此,要重视乡村劳动对个体综合素质的教化价值。

乡村的习俗教化几乎是无处不在的,渗透在生活方式、节日庆典、红白喜事等各类活动和仪式之中。如结婚仪式中的"一拜天地""二拜高堂""夫妻对拜",就充分体现了尊重自然、尊重长辈和祖先、自尊互尊等丰富内涵。葬礼仪式追悼的是死者,教育的则是活在世上的人,启迪人们思考人生的意义。乡村习俗教化具有周期性和经常性特点,无论是传统节日,还是婚丧嫁娶,都是经常发生、循环往复出现的,因此具有反复练习、角色扮演、不断强化的条件。乡村习俗还具有广泛参与性的特点。每个人只要生存于特定的社会环境中,就能作为习俗活动的亲历者参与其中,获得特定的情感体验和价值内化。特定的村落活动环境,为人们提供了解、认同传统文化的场景。由于有切身经历和参与体验做基础,乡村教化内容很容易转化为人们的自觉行动并得到固化。

无论是农民的主体地位,还是丰富的乡村文化,抑或是乡村的公共空间与社会结构,都蕴含着丰富的乡村自治与德治资源,提高乡村治理能力,就是要保护和利用好这些资源。现代乡村建设只有在充分尊重乡村治理追求的前提基础上,充分利用乡村特有的自治条件和德治资源,融入现代法治理念,实现"三治"融合,才能有效提高乡村治理水平。实践证明,凡是尊重乡村治理资源,善于利用乡村治理文化治理乡村的，均可获得事半功倍的效果。而违背乡村价值体系，以空中楼阁的方式创造出所谓新治理文化既十分困难又难以实行。浙江省乡村文化礼堂建设，就是在保留祠堂原有的尊祖重孝等道德教化功能的同时，按照现代农村文化建设内容要求，把图书室、文化墙、村史陈列馆、文化雕塑、演出和各种各样的文化活动融入其中，传统教化与现代乡村教育相得益彰，打造出独具特色的村民精神家园。一些乡村成立的红白喜事理事会，规范乡村习俗，引导移风易俗，也是传统与现代结合实施教化的有效方式。在乡村广泛开展好媳妇、好儿女、好公婆、好邻居等评选表彰活动，用身边的好人好事教育身边的人，只有在乡村空间环境和社会结构条件下才是最有效的。

总之，要提高广大乡村社会的治理能力和水平，就应该充分利用孕育沉淀于广大乡村丰富的自治、德治资源，要以尊重乡村文化教化功能为基础，形成有效机制。作为成型于20世纪50年代的浙江"枫桥经验"，其重要的一个表现就是重视乡村文化教化价值，尊重农民的主体作用，用民事民议、民事民办、民事民管的方式，充分利用乡村熟人社会的教化机制，发挥传统文化的作用，以重心下移、力量下沉的工作机制，把细小事情做起来，从而达到"小事不出村，大事不出镇，矛盾不上交"的治理效果，把矛盾化解在基层，这也是中央一再强调学习"枫桥经验"的重要原因之一。

第四节 乡村文化建设案例简览

农耕文明是中华民族对人类文明的重要贡献，是中国乡风文明的根和魂。在几千年中国的农耕文明发展过程中孕育形成的生活方式、生活安排、道德伦理、治理思维等，与现代社会倡导的和谐共享、绿色低碳等要求有许多相似或一致的地方。而乡村振兴不仅是农村物质经济的发展和繁荣，同样也是精神文化的提升和进步。这就需要充分挖掘转换中国传统农耕文化中的合理理念和优秀思想，让广大农民同时实现修养的提高和精神的提升。这也是党中央一再强调和重视的。如何实施乡村文化建设行动，近些年来，各地方在建设乡风文明的实践中积累了许多经验，为通过乡村文化建设实现乡风文明目标提供了基本思路。我们选择了以下案例进行阐释，旨在帮助大家认识并选择乡村文化建设和实现乡村有效治理的切入点。

一、婆媳澡堂

让北京顺义区马坡镇石家营村出名的，不是村民的富裕程度，而是村里的一个"婆媳澡堂"。电视、电台、报纸都对此做过大量报道。"村庄开办婆媳澡堂化解误会""从婆媳澡堂到和谐社区""婆媳澡堂洗出'母女情'""婆媳澡堂全民尊老成新风"等标题格外显眼。这是村支部书记胡国卿建设和谐乡村的措施之一。为了弘扬尊老风气，石家营村建成200平方米、功能设施齐全的老年洗浴澡堂，免费向全村开放。但前提是年轻人必须陪着老人来。儿媳妇陪着婆婆、孙女陪着奶奶、儿子陪着爹、孙子陪着爷爷，甚至陪着邻居的大爷大叔，都会得到鼓励。此举目的在于弘扬敬老爱老文化，为人们和谐相处搭建平台。村民们对这一做法十分赞同，亲切地称之为"婆媳澡堂"。而"婆媳澡堂"所形成的改善婆媳关系和邻里关系，树立文明乡风的经验受到社会的普遍关注。村里有个78岁婆婆叫邓淑兰，儿媳叫宛玉芹，也55岁了。邓淑兰有四个闺女，一个儿子，女儿都出嫁了，只能和儿媳妇一起过，过去和儿媳妇的关系不好，常为谁做饭这样的小事怄气，儿子夹在中间，左右为难。自从村里有了"婆媳澡堂"，在大家的影响下，她们的婆媳关系融洽了。现在媳妇陪婆婆去洗澡，聊聊天、搓搓澡、捶捶背，接触多了，聊得多了，相互理解了，心里也通快了。

石家营村不仅设有"婆媳澡堂"，还设置了"文明奖"和"操心费"。农村老人们有很多不文明的习惯，如相互间有矛盾就吵架、骂人的现象时有发生，上街光膀子、乱倒垃圾、凭借自己的"老资格"

常常不遵守村里的规章等不良现象经常出现。对此，村委会就想了个办法，干脆把村里每月发给老年人的 200 元的养老福利变了个形式，叫"文明奖"！还是那么多钱，不过得换个给法。谁家老人骂人扣分，光膀子上街扣分，乱倒垃圾扣分……石家营村把能想到的不文明行为都折合成了分数。只要能遵守，到月底就可以领足"文明奖"。这下老人们不仅自觉了，还相互提醒、监督。几年下来，石家营村的不文明现象就杜绝了。

老人们文明了，那年轻人怎么办？石家营村又设立了"操心费"。从集体收入中拿出经费，每个老人一个月 100 元，是用来监督教育自己子女的。只要自家的子女不出现不文明的行为，到月底就可领足 100 元。谁家子女出现不文明行为，就要扣除"操心费"。这下可管住了年轻人。年轻人自己可以不在乎 100 元的奖励，可老年人在乎，邻里们在乎，如果由于自己的原因与邻里闹矛盾，老人的"操心费"拿不到，这也是不孝哇。只要谁家的老人拿不到"操心费"，一家人都会批评子女的不孝行为。这样一个制度，把文明行为与孝文化联系在一起，成为和谐乡村建设的有效抓手。胡国卿说，让村民自觉地自己管理自己是设立这些奖项的目的。只要家庭、邻里和谐了，也就实现了全村的和谐。

二、功德银行

在浙江义乌市有一个名叫何斯路的村庄。何允辉作为村支部书记面对村民的物质生活日益改进而道德行为日渐滑坡的状况，产生了弘扬传统优秀道德文化、重建乡村共同体的想法并加以实施。为了促进乡风文明，恢复传统美德，2008 年何允辉在村里创办了"功德银行"[①]，目的是引导村民恢复和睦邻里、淳朴敦厚的乡风民俗，倡导村民相亲相爱、邻里互助，增强村民互帮互助的共同体意识，重塑熟人社会的

[①] 鲁可荣、胡凤娇：《"何"风润心田 斯路传薪火》，《学术评论》2017 年第 4 期。

道德规范，形成文明、互助、礼让、共享的社会新风尚。

何斯路村的"功德银行"，简单地说就是以家庭为单位，记录家人日常所做的各种好人好事，涉及范围大到扶危济困、见义勇为，小到拾捡垃圾、邻里相助，而后形成一个专用账本。记录员是村里德高望重的老党员，记录账本由村委会设立并管理，成为每个家庭的档案。而评议打分则由村委会的干部（两名）、村监委和义工代表共同执行。"功德银行"实行累计积分制，一年为一个积分阶段，积分不跨年累积。"功德银行"的积分标准划分为五个档次，所做的好事可以自报、他报或互报。"功德银行"把一年内村民的积分情况进行统计排名，对排名靠前的村民进行表彰，年度得分最高者视为何斯路村做出突出贡献的村民，号召村民向其学习。所有有关"功德银行"的事项均可以到村委处查找，每个季度公布积分情况，旨在通过倡导奉献爱心，在全村形成互助和奉献的意识。何斯路村的"功德银行"已设立了219户的功德账号，登记在册的村民们做好事、行善举的大小事情，已有数千件之多，极大改善了民风村风，涌现出很多默默无闻做好事而不留名的人，为村里做贡献蔚然成风，甚至影响到一些常年在外经营、对村的感情有些疏远的村民。他们也主动回到村里捐款捐物、帮助贫困家庭。于此，村里曾经失落的道德伦理就在"功德银行"的感召下被恢复和强化起来，村民对本村的认同感增强起来。

何允辉书记介绍说，"功德银行"设立之初，人们不理解，甚至有人反对。在他们看来，做好事从来不告诉别人，实际上是他们之前从来没有为村里或他人做过什么好事。有的是观望，不参与，做旁观者；有的人真是认为主动给他人做好事很可笑。50多岁的村民何雪华，主动为一名65岁的双目失明的精神病患者洗脚，结果竟遭到其他村民的嘲笑。因为，人们不习惯为他人做好事，感觉别扭。为他人做好事一旦形成风气，就不感到陌生和奇怪了，进而变得自然而然。如今，帮助他人、为村里做好事已经蔚然成风，册子上记录的好人好事大概只占实际数量的1/5，全村95%以上的人都主动做过好事。

"功德银行"的设立，首先优化了乡村的教化环境，成为乡风文明建设的有效载体。特别是老年人带头做好事，发挥了示范作用，具有权威性和影响力。通过他们传承优秀乡村文化，影响了年轻人，村庄的精神面貌焕然一新。其次是，重塑乡村信用体系。诚实守信是传统美德，也是市场经济健康发展的基本要求。然而，由于种种原因，诚信品质滑坡已成为十分普遍的现象，为激发广大村民参与全村道德信用体系的建设，何允辉采用以道德信誉换取金融信用的办法，把中国农业银行授信给他的2000万元无抵押贷款额度的政策转化给村民，作为村民的信用担保。村民只要在"功德银行"有信用积累，就可以通过积累的功德储蓄换取金融信用。自2013年以来，中国农业银行和义乌农商银行等金融机构主动与村委会合作，凡是因生产生活需要贷款，只要经村委会认定其具有道德信誉并盖章，无须抵押担保每户村民即可获得不超过30万元的银行贷款。

三、家风建设

家风作为家庭成员的行为规矩，祖祖辈辈恪守的优良传统，受到村民们的普遍重视，甚至成为年轻人找对象需要参考的重要条件。因为大家知道"家风"不仅可以"遗传"，还可以被改变。家风对子女的影响已经有太多研究。家风不仅是家长教育子女的态度和风格，更是一个家庭、家族的传统，包括了信仰、理念、处世哲学和行为规范等丰富的内容。古代中国家庭大多为数代同堂的大家庭，人数众多，关系复杂，不立规矩就不便于管理，因而会设立一系列规矩要求。这些规矩代代相传，就成为家风，一家人无时不受家风的熏陶，又处处维护家风，违规者会受到批评和排斥，家风成为约束、教育个人的无形力量。在家庭生活中会发展出一套约束家庭成员行为的规矩，被称为家规。人从出生开始就受此礼俗的熏陶并且从心理上认可这种规范，遵守家规就成为顺理成章的事。

从弘扬优秀家规、家训入手，开展家风、村风建设，促进社会和谐发展，湖北省竹溪县创造了很好的经验。由于长期忽视乡村文化建设，乡村出现了收入增长而道德滑坡的现象。有些人一面大操大办婚丧喜事，一面却不赡养老人；有些人外面住着小洋楼、开着小汽车，回到村里却争做贫困户；扯皮闹事、不讲信用、无理缠访、邻里纠纷、虐待老人等现象时有发生，甚至出现自己搬进新家，却将老娘遗弃在荒山老房子里的现象。竹溪县在进行道德文化教育时，一方面针对乡村中存在的不孝敬老人等现象，深入挖掘当地的一些孝道故事，整理出一些好的家规家训，建立适合本地的乡规民约，激发和培养当地民众尽孝守德、尽责守规的意识。以家规进万家的方式，倡导并引领广大群众的道德行为，形成好的德教氛围和风气。多年过去了，竹溪县社会风气发生了根本改变，促进了家庭和睦，密切了邻里关系，消除了干群关系紧张现象，社会和谐了，自然也促进了经济发展，增强了人民的幸福感，为乡村文化建设和有效治理提供了有益经验。他们的做法主要有如下四个方面：

一是从挖掘乡村优秀家规家训资源入手，重拾乡村传统家风文化。竹溪县组织开展寻根问祖活动，对各村姓氏大族的家规家训进行探源，寻征了徐氏、甘氏、刘氏等家族的家谱家训10余套。组织姓氏大族对家规家训进行修订，剔除家规家训中不合时宜的内容，将爱国、敬业、诚信、友善等核心价值观内容融入家训之中，使之成为宗族的共同价值遵循，用以教育后代，规范族人言行。建设了家风文化长廊，展示该村历史名人家风家训。这既是一道美丽的风景，也让村民有了家族的荣誉感和自豪感，令人们时时处处感受家风文化的熏陶。

二是组织开展家立规、人立言活动，在村委会亮晒和展示"我们的治家格言"。竹溪县鼓励以家族为单位，总结提炼不同姓氏家族的族规、族训，既发扬传统，也与时俱进，融入现代法治与核心价值观的内容，全体家族成员参与酝酿，形成全族共识，在姓氏大族聚集区进行展示，家族成员在村民面前演讲自己如何为家族争光，为乡村做贡献，增强了为家族争光的进取心。还邀请书画家进村采风，创作家训格言书画作品，统一装裱，分门别类赠送给农户。

三是组织开展家风评议活动。竹溪县的做法是依托村里"五老人员"组建乡风（红白）理事会，负责村内红白喜事监督、乡风评议，定期公布红白喜事办理和乡风评议情况。村里每年组织村民开展"村里好人""慈孝之星""乡贤""好婆婆好儿媳"等评比活动，引导和培育积极向上向善的村风，涌现出了"宁可不盖房，也要咱爹娘"的陈受江，待公婆如亲生父母的郭晓丽，爱管"闲事"的林九义，热心公益的徐承东等一大批"草根"模范。对这些模范事迹，村里不仅召开大会，大张旗鼓地予以宣传表彰，还在广场、院落建立好人榜，使优秀家风文化得到广泛传播，"注重家庭、注重家风、注重家教"的良好社会风气在竹溪县逐步形成。

四是家风家训对家族成员的约束作用。竹溪县同庆沟村的刘某曾被大家认为是"不守规矩"的人，在开展"家规家训进万家"活动中，刘氏家族整理了内容如"父慈子孝兄友弟恭，不得有煮豆燃萁之行为；孝老尊贤敦亲睦族，不得有忤逆不孝之行为；明礼尚义入孝出悌，不得有悖反伦常之行为……"的家训，被家家户户悬挂起来。而刘某只当"刘氏家训"是一个形式，不置可否，依然我行我素。后来，刘氏中有威望的长辈上门用刘氏家训规劝刘某"改邪归正"，触动其心扉，启发其心智。如今，刘某不仅遵守家规，而且助人为乐、热爱公益，成为当地公认的热心人士。该村的徐某过去是大事干不了，小事不愿干，无所事事，游手好闲。在开展"家规家训进万家"活动过程中，家族长辈通过给他讲祖辈传下来的族训和故事，教育他"人要走正道"，不要给祖宗丢脸，启发他要有上进心，做有益的事，如今成为年收入超5万元的贡米产业大户。通过在该村推行"姓氏家训"入院，"家规牌匾"入户，在潜移默化、润物无声中，老百姓的"精、气、神"发生神奇的"裂变"，崇德向善、见贤思齐，知荣明耻、从善如流的风气和价值取向得到激发和回归。该村被评为全国文明村。余世明是竹溪县的县委书记，也是倡导、推动"家规家训进万家"活动的主要领导干部。在他看来，中华传统美德与社会主义核心价值观在本质上是相通的，可以借传统的慈孝文化使两者形成有机关联，成为现代乡村社会治理的一个重要方式，进而达到维护社会稳定、形成良好社会风气，推动当地经济社会发展的目的。

乡村各类"文明户"的评选活动以乡风文明建设作有效抓手，诸如"星级文明户""诚信家庭""和谐家庭"等创建活动，创造性地把现代文明和传统美德结合在一起，引导村民树立正确的人生观、价值观，以及婚姻观、子女观等，正确处理婆媳关系、夫妻关系、邻里关系，鼓励尊老爱幼、村民互助，形成和谐的乡村人际关系氛围。有的乡村利用现代化的舞台媒体，表演传统节目，传播优秀传统文化，利用喜闻乐见的艺术形式宣传现代法治和党的政策，通过现代媒体传播典型事件和人物，宣传乡风文明，营造乡风文明建设氛围，均取得了促进乡风文明建设的良好效果。

在乡风文明建设实践中，人们创造的典型案例还有很多，如通过村规民约的订立引导村民参与村级事务，激发村民的自我管理能力；通过弘扬乡贤文化，鼓励乡贤返乡做贡献；通过培养地方文艺人才，繁荣乡村文化生活，等等。有很多村庄，大力开展类似于好媳妇、好儿女、好公婆、好邻居等评选表彰活动，开展寻找最美乡村教师、最美医生、最美村官、最美家庭等活动，深入宣传道德模范、身边好人的典型事迹等活动，使家风、乡风发生了根本性好转。

这些活动之所以有效，主要依据两个条件：一是村落中的熟人社会，人们彼此熟悉，谁人缘好，谁是热心人，大家一清二楚。评选过程广泛的参与性使人们可以感受到"善有善报"的传统理念的作用，给帮助过自己的人投以赞成票也体现"感恩"的情怀。被评者赢得村民的尊敬，获得成就感，对周围的邻里也发挥着教育与示范作用，激发村民的上进心。在乡村，我们可以切身感觉到村民对"文明户"等荣誉的重视，就连给男女青年介绍对象都要提及对方家庭是"十星级文明户"，以证明"家主儿好"。二是评选内容把传统文化与现代文明相结合，既体现了尊重传统，也体现了与时俱进。如某村的十星具体内容是：爱国爱村星、创业致富星、家庭和睦星、邻里互助星、尊老敬老星、科技教育星、遵纪守法星、环境卫生星、文明礼貌星、公益奉献星等。这些评选内容蕴含了家庭和睦、尊老爱幼、惠及乡里等传统美德，又有学习科技、遵守法律、创业发展等现代要素，每一项内容包含了许多具体指标，这些指标与村民利益和行为密切相关，不是抽象的和虚无缥缈的，而是具体的、可考量的，容易为村民所接受。当村民认同了这些目标，就会变成自己的意愿，进而转化为追求和实现目标的行动，成为乡村"德治""善治"的重要基础。

第三章
中国传统孝道文化及现代适应性转化

在以伦理道德为主体的儒家思想中,"孝"被视作为思想原点,构成中国传统道德伦理的核心内容。同时,中国传统政治讲求礼治天下,"孝"不仅是一种道德要求而且也是传统君王进行政治治理的一种方式,表现为具体的孝道礼仪,构成中国传统政治的独特景观。在浩若烟海的儒家典籍中,阐述、研究"孝"的观点论述和典范事例占到了相当大的部分。比如《二十四孝图》就是古代中国宣扬孝道思想的典型通俗读物。但是,由于现代社会的变迁已使传统中国的以孝治天下的背景和条件几无存在,包括亲子关系、邻里关系等人际关系都已发生深刻变化,传统孝道的功能作用发挥遭遇众多困难,致使传统孝道的现代适应性问题愈发突出,科学实现转换以发挥"孝"的现代治理效应进而成为吸取传统治理文化合理成分的重要所在。

第一节 作为儒家伦理思想原点的"孝"

讲孝道是中华民族几千年文化传承的重点且为核心的特色内容,亦是传统道德之重要范畴。如果说中国传统文化是以伦理道德为其主导内容的话,那么孝就是其中的核心与起点。在几千年的历史演变中,"孝"成为传统中国政治治理、社会稳定、家庭和谐的基础和方式,发挥了不可比拟的重要作用。这一点，法国启蒙思想家孟德斯鸠的评价很有道理："中国的立法者们……认为应该鼓励人们孝敬父母，并且集中一切力量，使人恪遵孝道。他们制定了无数的礼节和仪式，使人对双亲在他们的生前和死后，都能恪尽人子的孝道。……这个帝国的构成，是以治家的思想为基础的。"①《孝经·开宗明义》曰："夫孝，德之本也，教之所由生也。"它道出了"孝"的根本地位。尽管传统中国之儒释道思想源远流长，但在"孝"的问题上，儒家所给予的重视、阐述最多，其教化作用也最大，由此便是深入审视孝之内涵意蕴及地位确立之思想逻辑缘由。

一、关于"孝"的思想内涵解析

浩若烟海的中国文化典籍中，关于"孝"的含义解释用海量形容应该不为过，且绝不仅限于对"什么是孝"的简单回答。很多关于"孝"的释义和阐释需从对象、实质、方式以及延伸等方面理解，方才显得周全和到位。甲骨文里一个孩子搀扶着老人就是"孝"字的生动描摹。《尔雅·释训》则说："善父母为孝。"在先秦时期，"孝"的含义的一个重大变化就是由西周重祖敬宗，转向善事父母，即先秦时期的孝文化主要强调的就是父母儿女之血缘基础，将侍奉和赡养老者作为孝之本意。所以，中国"孝"传统是以对父母尽孝为基本原点和起点的。因父母给了我们生命，并将我们养育成人。报答这种生命和养育之恩既是人的本性使然，亦是人伦道德之必然。在先秦众多关于孝的各派思想中，尤以孔子及后继者关于孝的系统化阐释最为鲜明，由此也奠定了中国传统孝文化之基础。

关于孝的含义，如《尔雅》所云，"善父母为孝"，道出"孝"行为之明确对象。西汉贾谊在其《新书》中说："子爱利亲谓之孝。"而东汉许慎在其《说文解字》中对孝做了进一步的解释："孝，善事

---

① 〔法〕孟德斯鸠：《论法的精神》，张雁深译，商务印书馆1961年版，第315页。

父母者，从老省、从子，子承老也。"即"孝"是由"老"字省去右下角与"子"字组合而成的一个会意字，显示出"孝"的古文字形与"善事父母"之义的吻合贴切。这也应是"孝"的基本意思。

关于孝的实质，"孟懿子问孝，子曰：'无违。'樊迟御，子告之曰：'孟孙问孝于我，我对曰："无违。"'樊迟曰：'何谓也？'子曰：'生，事之以礼。死，葬之以礼，祭之以礼。'孟武伯问孝，子曰：'父母唯其疾之忧。'子游问孝，子曰：'今之孝者，是谓能养。至于犬马，皆能有养。不敬，何以别乎？'子夏问孝，'子曰：色难。有事，弟子服其劳。有酒食，先生馔。曾是以为孝乎？'"① 尤其是关于"无违"，在孔子这里有着更为关键的意义。朱熹在其《论语章句集注》中解释为："无违，谓不背于理。"由之而显示了孔子所给出的孝的实质内涵——以发乎情、合乎"礼"的方式而达到"孝"之"敬"的内在根本要求。通俗讲，所谓"尽孝"就是要发自内心地对父母好，恭敬并顺从父母。在父母活着（生）的时候真正做到以礼侍奉；当父母去世（死）时能够以礼制尽哀、守孝。如此方才体现对父母既"孝"且敬的人子本分。如若只单纯重视奉养父母，而无有发自内心的恭敬情谊，与犬马有何差异呢？因此，"大孝尊亲，其次弗辱，其下能养"②。真正的"孝"是发自内心且一以贯之的内在信仰和行为。"父在观其志，父没观其行，三年无改于父之道，可谓孝矣。"③ 而"立身行道，扬名于后世，以显父母，孝之终也"④，是每个人尊行孝道的最高境界。

二、"孝"作为德之本的内在意义

"夫孝，德之本也，教之所由生也"，表明了德之根本在于孝的重要思想。这个观点早在西周时期就已经明确。"周人'以天为宗，以

---

① 《论语·为政》。
② 《礼记·祭义》。
③ 《论语·学而》。
④ 《孝经·开宗明义》。

德为本',在宗教观念上的敬天,在伦理观念上就延长而为敬德。同样地,在宗教观念上的尊祖,在伦理观念上,也就延长而为宗孝,也可以说'以祖为宗,以孝为本'。先祖克配上帝,是宗教的天人合一,而敬德与孝思,是使'先天的'天人合一,延长而为'后天的'天人合一。"① 所以,在传统那里,孝与德具有一致性,德包含着丰富的内容与要求,孝是其中的一个分支。孝既包含着德的思想内涵也必然指向德的行为表现。

中国传统儒家是以道德文化为主体内容,将德具体分为仁、义、礼、智、信等子系统,又进一步从"仁"德中划分出慈、爱、孝、悌四个分支。说明在其道德思想逻辑上,"孝"必然是一个重要组成内容且居于根基的地位。《论语》中"孝"共出现过17次,充分显示了孔子"孝弟也者,其为仁之本与"②的重要思想特征,即"仁"与"孝"同根同源,难分难解,且构成人的德性之本。朱熹所明确指出的"行仁,则当自孝弟始"③,即是对孝之为仁之本的解说。"其为人也孝弟,而好犯上者,鲜矣。不好犯上,而好作乱者,未之有也。君子务本,本立而道生。孝弟也者,其为仁之本与?"④所以,后来的"夫孝者,天下之大经也"⑤自然无出其右。如果说"仁"是儒家思想体系的道德核心,那么"孝"则是儒家思想体系的伦理基础。"仁"既表现在天道性命的形而上层面,又表现在统摄百姓日用的形而下层面,"孝"则从百姓日用的形而下层面上达天道性命的形而上层面,这样天道性命与百姓日用、道德哲学与道德实践、伦理核心与伦理基础就以"孝"为根基。"孝"就成为儒家道德伦理的核心价值内容。传统儒家思想家都十分重视"孝道"之于普通个人道德修炼的基础意义,把"孝"看作是每个家庭关系中关于父母子女相互言行的最重要规范,是逐步培养一切善德的起点,也是塑造道德的根据,更是从基本方面确立了人人皆可以践行而且具

---

① 侯外庐等:《中国思想通史》第一卷,人民出版社1957年版,第94页。
② 《论语·学而》。
③ 《朱子语类》。
④ 《论语·学而》。
⑤ 《大戴礼记·曾子大孝》。

有自足性的道德行为要求，成为中国人做人的最基本准则。

孔子的弟子曾子以孝为核心，开创了儒家的孝道派。"曾参……少孔子四十六岁，孔子以为能通孝道，故授之业，作《孝经》。"①曾子将"孝"视作"天之经也，地之义也，民之行也"②，使孔子的孝观念在内涵上无限扩充，全面泛化，使之囊括了作为个人在社会活动中的几乎所有行为。这就有了《大戴礼记·曾子大孝》的明确观点："居处不庄，非孝也；事君不忠，非孝也；莅官不敬，非孝也；朋友不笃，非孝也；战阵无勇，非孝也。"并进一步强调："民之本教曰孝……仁者仁此者也，礼者履此者也，义者宜此者也，信者信此者也，强者强此者也。"

先秦时期，对"孝"的崇尚几乎是当时社会各思想流派的共同特征。《吕氏春秋·孝行览》有曰："凡为天下，治国家，必务本而后末。务本莫贵于孝。夫孝，三皇五帝之本务而万事之纪也。夫执一术而百善至、百邪去，天下从者其惟孝也。"这里的"本务"就是"务本"，也就是孝之本。又云："民之本教曰孝，其行孝曰养。……仁者仁此者也，礼者履此者也，义者宜此者也，信者信此者也，强者强此者也。"构成"孝先于仁"或"孝重于仁"的命题。睡虎地秦墓竹简《为吏之道》："君鬼（怀）臣忠，父兹（慈）子孝，政之本也。"北宋邢昺在其《疏》中引郑玄《论语注》也说过："孝为百行之本，言人之为行，莫先于孝。"这些思想观点都可谓是将"孝"作为人伦道德之本的具体体现。

三、孝治天下的传统政治思维与管理逻辑

细细追究，孝德的理念早在中国远古时就有雏形，"尧舜之行，爱亲尊贤。爱亲故孝，尊贤故禅。孝之施，爱天下之民。禅之传，世亡隐德。孝，（仁）之冕也。禅，义之至也。六帝兴于古，皆由此也。

---

① 《史记·仲尼弟子列传》。
② 《孝经·三才章》。

爱亲忘贤，仁而未义也。尊贤遗亲，义而未仁也"①，到殷商后期几成社会主流。王国维在其《殷周制度论》中有过关于中国政治文化变化成型的鲜明观点："中国政治与文化之变革，莫剧于殷、周之际。……其旨则在纳上下于道德，而合天子、诸侯、卿、大夫、士、庶民以成一道德之团体。"②此时的中国就逐步形成了以道德为内涵、为准则、为基础的思想政治文化，"德主刑辅"的治理思维已初步确立。作为儒家思想的创始者，孔子所提出的"仁政"不过是将德政思想具体化。所谓"仁"也即"仁德"。所谓仁，"能近取譬，可谓仁之方也已"③。"弟子入则孝，出则弟，谨而信，泛爱众，而亲仁。行有余力，则以学文。"④孔子以仁统德，以孝统行，把"孝"看作是达"仁"、成"仁"的原初始点。每一个普通人都能从最基本的事情——行孝始起，进行立德修身之养成，然后实现治国平天下的仁政理想目标。因此，"夫孝，始于事亲，中于事君，终于立身"⑤。所以，行孝绝不仅限于家庭、宗族内部的孝道践行，而是必然指向国家政治的事君忠君。"居位不庄，非孝也；事君不忠，非孝也；莅官不敬，非孝也；朋友不笃，非孝也；战阵不勇，非孝也。"⑥这就将生发于血缘人伦的孝道伦理延伸到政治伦理乃至社会治理的方方面面，期望整个社会从上至下、从小至大，都能因为人之同理心将"孝"之常情移植为各个地位的人，人们各得其位、各安其分，形成良性政治秩序，达到天下大治。到了北宋，著名大儒张载所作的《西铭》就是在《孝经》的基础上，将忠和孝融为一体，把伦理学、政治学、心性论、本体论整合在一起形成一个具有完整哲学意义的孝文化体系。因此，从现代政治哲学的角度分析，"孝"

---

① 《唐虞之道》84。1993 年 10 月出土于湖北省荆门市沙洋区四方乡郭店村，被称为郭店楚简。其中出土《唐虞之道》竹简 29 枚。
② 王国维：《观堂集林》，中华书局 1959 年版，第 451 页。
③ 《论语·雍也》。
④ 《论语·学而》。
⑤ 《孝经·开宗明义》。
⑥ 《大戴礼记·曾子大孝》。

在中国政治文化体系中具有十分鲜明的政治本体论的意义，孝文化因而也成为渗透家庭、宗族、社会和国家关系全过程的内在主要精神。

"孝"在古代中国社会之所以并不仅仅是一种亲情，同时也是一种社会伦理，甚至上升为法律规范，成为一种政治和社会的治理理念与方式，实际与传统中国的农业社会生产生活特点紧密相关。作为历史上很早就形成的且很发达的中国传统农耕文明，一家一户的小农经济构成为基本的生产单位，也成为基本的社会组织单元，所以家庭是社会的根基，社会的建构与国家政权运作，都是以家为基础的。由家之于国、由国延家就成为"国之本在家"的基本理念，进而形成宗族势力强大的传统社会。传统中国历代统治者奉行的政治理念是政治上"溥天之下，莫非王土；率土之滨，莫非王臣"①的"家天下"观点。在这种思维中，家与国之间是互通的，"家"是小的国，"国"是大的家，两者之间并没有严格的边界，而且两者之间在治理原则也是通约的。"教以孝，所以敬天下之为人父母者也，教以悌，所以敬天下之为人兄者也。教以臣，所以敬天下之为人君者也。"②由此，孝道便突破了家庭、宗族的血缘范畴，扩展到更为广阔的社会政治生活领域，使孝的观念不仅限于家庭伦理，亦为国家社会政治存在的合理性提供新的理论支撑。在维护和加强中央集权的政治统治中，历代统治者选择了"孝"作为主流价值观，提倡"以孝治天下"，从而形成了传统中国特有的家国统一的治理思维，进而有了以孝道为治道的独特理念与方式。

明确提出以孝治天下并具体实施是从汉武帝正式开始的。西汉大儒董仲舒明确提出"罢黜百家，独尊儒术"，得到汉武帝的采纳，以"举孝廉"的制度方式开始推行孝治天下。"不举孝，不奉诏""以不敬论"③，在经典采用上更是把《孝经》摆在极高且重要的位置上，并假托孔子言：

---

① 《诗经·小雅》。
② 《孝经·广至德章》。
③ 《汉书·武帝纪》。

"吾志在《春秋》，行在《孝经》。"① 人人都要读《孝经》，无论孩童还是成人，男人或女人，文士还是武夫，甚至外国留学生也在其列。汉武帝以后，汉代（包括东汉时期）从国家到官员，选人用人皆以《孝经》为参照。《续汉书·百官志》记载"汉制以《孝经》试士"；《后汉书·百官》也说："《孝经》师主监试经。"《汉书·宣帝纪》载："地节四年，诏曰：'导民以孝，则天下顺。'"孝成了国家的用人标准。当年汉高祖刘邦为了安抚家族搞了个同姓分王制度，史称"刑白马盟誓"，但后来的八王之乱所暴露出的严重问题使汉武帝开始寻找两全之法，即在有效解决各地诸侯分王脱离控制、谋反夺权的隐患的同时，又能发挥同姓分王一家亲的作用。他采纳董仲舒的建议，发挥孝德在凝聚血缘、团结一心上的作用，把"孝"从家庭伦理要求扩展上升到治国的层面，把对朝廷的忠心也当作孝的必然要求，让大家心悦诚服地把行孝——在家尊长事亲、于国尽心竭力作为基本道德准则。这种做法强化了行孝之于普通百姓的生活意义，并使其上升到国家治理的层面而具有了政治意义。所以，汉代的"重孝"与后世"重孝"的根本区别，在于不仅是侧重于信仰和伦理道德，更是注重其中的政治指导价值。在后来魏晋南北朝隋唐五代的几百年间，各代统治者对孝道的重视程度虽各有差异，但基本都坚持了以汉代"举孝廉"察举制为内容的孝道治理精神。到了宋元明清更是将孝道治天下发展到极端，"孝廉方正"成为清代入仕做官的重要途径。于此，孝道在中国几千年政治与社会治理中的独特地位和作用就得到充分的展现。

第二节 传统"孝"文化历史传承中的嬗变与困境

在浩若烟海的中国传统文化中，注重"孝道"并不仅限于儒家。

---

① 《孝经钩命诀》。

除了极个别的极端思想外，崇尚孝道几乎是各家思想共有的一个价值取向，连信仰来世的外来佛教都不得不在孝的问题上做出妥协。而且对"孝"的要求早已超出家庭伦理的范围，成为中国历代政治统治思想的核心理念。

汉武帝时确立董仲舒所提议的"罢黜百家，独尊儒术"，把孝作为治国安民的主要精神原则，建立起以孝为核心的社会统治秩序，也正式开启中国历史的"孝治天下"模式，孝观念逐步贯彻渗透于社会政治生活的各个方面。由此，孝道不再限于家庭伦理，也成为统治国家、治理社会的重要理念和手段。东汉之后的三国分立直到晋朝仍以孝治天下为标榜，极力维护忠君孝亲，以法律强制规定"存留养亲""冒哀求仕"，鼓励、约束人们尽孝。隋唐时期伴随政治上的统一稳定和经济文化的高度发展，统治者更是不断加强封建宗法专制，以政治手段继续强化孝道。隋炀帝延续推行"举孝廉"制度。唐代则是通过具体法律手段强化孝道。宋代是中国传统儒家学说发展的一个高峰时期。北宋的张载、"二程"对孔孟孝道思想大力阐发。张载把孝看作是宇宙最高原则，将"孝"既做了层次上的提高，亦做了内容上的深化。辽宋夏金元各少数民族统治者对"忠信孝悌"等儒家思想同样加以传承弘扬，促使"孝"的儒家道德观念逐渐在各民族中传播信仰。辽太祖兴建孔庙，金章宗则要求臣下必须学习《孝经》《论语》等儒家经典，甚至把孝义作为标准来选任官吏。元代更是在孝道的宣传力度上成效显著，最典型的莫过于在民间影响巨大、流传甚广的《二十四孝》。明太祖朱元璋自诩"孝子皇帝"，颁布《慈孝录》，荐举孝廉，遗诏亦不忘阐发孝道。清朝的历代皇帝则视孝道为"通于神明，贯于天地"的治道之本。在理论上，顺治皇帝亲自注释了《孝经》，康熙帝则直接颁布了《圣谕十六条》，雍正皇帝更是对《孝经集注》做了敕撰。实践中，康熙、乾隆皇帝不仅在宫中开设"千叟宴"，而且效仿明举孝廉，设立孝廉方正科。这些可谓将传统孝道发挥到了极致。

但是，无论是对"孝"之内在逻辑的细致梳理，还是根据时代递进环境条件变化出现的情况分析，"孝"本身的理论缺陷和现实问题逐渐显现，成为其影响式微且无法延续其原有的重要功能的内在缘由。

一、传统孝论思想之内在逻辑性缺陷与不足

从发生学上讲，"当人的内时间意识达到能够在代际间切身反转时……孝意识就开始出现了。这可能是人之为现代人的标志"[①]。由此就为"孝"意识的产生确立了经验起点。但关于"孝"之于人类的必然性论证却不能止于此。然而，纵观传统典籍中众多关于孝的解释时会发现一个共同特点，即都是以经验、情感为出发点和依据论证孝道的合理合法性，以所谓的"羊羔跪乳""舐犊之情""乌鸦反哺"等无不来源于经验事实的观察累积和简单的类比推论作为论证依据。而再多的例证一旦遭遇反例必然会陷入矛盾甚至错误。也就是说，从父母生养子女的必然付出并不能推导出子女奉养父母的必然合理。"有天地，然后有万物；有万物，然后有男女；有男女，然后有夫妇；有夫妇，然后有父子；有父子，然后有君臣；有君臣，然后有上下；有上下，然后有礼仪有所错。"[②] 这里是把人的男女自然属性作为社会初建的前提和起点，由男女和合所构成的父母子女亲子血缘关系既是生命繁衍、生命延续的具体体现，也是社会秩序得以维系的基本组织单元。父母的精血交汇是每一个生命个体的形成来源，而父母双亲的哺育呵护又是个体生命健康成长的基本保证。如果说自然界的"羊羔跪乳""乌鸦反哺"都是动物原始粗陋"孝行"的本能表现的话，那么高于自然物的人类更应该有自觉细致的孝行伦理。所以，无论渊源出处还是具体要求，传统"孝"之理念都是以经验观察和情感流露为内在依据的，如《礼记·内则》所曰："父母怒不悦，而挞之流血，不敢疾怨，起敬起孝。"

其实，这些中国传统中关于"孝"的论证主要是采用自然情感生

---

① 张祥龙：《孝道时间性与人类学》，《中州学刊》2014年第5期。
② 《易经·序卦传》。

发、类比推理等方式，模糊性、不确定性便是其不可绕开的缺陷和不足，而且从父母生养之恩并不必然导出子女的应然孝行。西汉孔融就认为："父之于子，当有何亲？论其本意，实为情欲发耳。子之于母，亦复奚为？譬如物寄瓶中，出则离矣。"[①]他成了父母无恩论的最早提出者。东汉思想家王充在《论衡》中也说："夫妇合气，非当时欲得生子，情欲动和合，合而生子矣。"所以，任何反证或严谨推论都会使这种"孝"的要求变得不甚合理。比如传统中对孝行缘由的解释强调大多以报答生养之恩作为重要依据。简言之，所谓"恩"是由一方不求回报的自愿行为使另一方获得利益，继而后一方会对前一方在情感上形成"亏欠"，其中一定是没有利益交换方能称之为"恩"。由此便会发现，"恩"在本质上应首先出自施恩方的自觉意愿，其次能使对方得利，最后施恩方自己不要求回报。养育后代是自然界很多动物的本能驱使，是为了种族的繁衍延续，属自然本性，作为动物界最顶层的人类当然不能例外，与动物没有大的差别。人比动物更高明的地方在于人的养育过程的社会性。而且"养育之恩"从根本上讲是人的不计回报的自然情感，不是利益交换，也不应该被当成利益交换，否则就失却了作为万物之灵的人的存在意义。所以，"报恩"不能构成行孝的一个充分依据。由是观之，缺少内在严密的逻辑论证就是德国古典哲学家黑格尔之所以轻视以孔子为代表的中国传统儒家思想的主要原因。

　　黑格尔在其《哲学史讲演录》中指出，孔子的道德只是一种常识道德。这种常识道德无论在哪里、在哪一个民族都可以找到，甚至可能更好。孔子不过就是一个实际的世间智者，没有任何思辨的哲学，只有一些善良的、老练的、道德的教训，从中得不到什么特殊的东西。相反，古罗马时期西塞罗的《政治义务论》一书，其道德教训内容比孔子的书更丰富、更好。因为没有"思辨哲学"，所以黑格尔就认为孔子的思想很浅薄。尽管我们对黑格尔的这种轻蔑孔子所代表的中国

---

① 《后汉书·孔融传》。

传统哲学的观点在感情上无法接受和认同，但不得不承认，确是因为缺少对概念、命题的纯逻辑考察，中国传统哲学明显存在辨析概念不足和逻辑演绎不周密等问题。由于缺乏严格的逻辑遵循，传统思想中概念的模糊性、不确定性等问题就非常突出。现代社会的思想发展对逻辑的要求明确。因为逻辑能够规范人的思维从而变得更加全面、深刻和理性，能够更有效获得对世界的正确认识，形成认识和解决问题更加合理的原则与方法。为此，冯友兰先生就特别强调确定概念的重要性："盖一名必有一名之定义，此定义所指，即此名所指之物之所以为此物者，亦即此之要素或概念也。"①

二、由"孝"而"忠"思想演化中日趋严重的单向性和虚伪性

先秦时期思想家们尽管在人与人的社会关系上持不平等认识，以孔子为代表的儒家孝道在注重子女尊敬父辈的亲亲基础上更加重视的是尊尊、长长，进而由"孝"延伸出"忠"，有了"孝悌忠信，礼义廉耻"的"八端"思想。但是，在本质上，无论对"孝"还是对"忠"，儒家都是以双向互动观点对父母、君臣等关系的处理提出了全面要求。作为儒家至圣，孔子就明确认为："事父母，几谏。"②强调对父母尽孝不能太过盲从，对父母的过错要有适度的劝诫。"何谓人义？父慈子孝，兄良弟悌"③就非常清楚地指明了"孝"行的双向性。在君臣关系上，孔子的思想更是明确："定公问：'君使臣，臣事君，如之何？'孔子对曰：'君使臣以礼，臣事君以忠。'"④《孝经·谏诤章》则直截了当而又十分精彩："曾子曰：'……敢问子从父之令，可谓孝乎？'子曰：'……父有诤子，则身不陷于不义。故当不义，则子不可不诤于父，臣不可以不诤于君。故当不义则诤之。从父之令，又焉得为孝乎？'"

---

① 冯友兰：《中国哲学史》，商务印书馆1985年版，第52页。
② 《论语·里仁》。
③ 《礼记·礼运》。
④ 《论语·八佾》。

而孟子则提出了观点鲜明的君臣观:"君之视臣如手足,则臣视君如腹心;君之视臣如犬马,则臣视君如国人;君之视臣如草芥,则臣视君如寇仇。"① 这个观点正是延续了孔子的思想,显示出孟子君臣观的相互性,完全不同于后来所谓"君叫臣死,臣不得不死"的愚忠思维。尽管荀子未有孟子思想之决绝,但其关于"忠"的层次解析同样注重君臣关系的双向性:"有大忠者,有次忠者,有下忠者,有国贼者。以德覆君而化之,大忠也;以德调君而辅之,次忠也;以是谏非而怒之,下忠也;不恤君之荣辱,不恤国之臧否,偷合苟容,以持禄养交而已耳,国贼也。"② 但在后来千年的演变过程中,无论是"孝"还是"忠",则愈来愈走向极端化,有了"君叫臣死,臣不死是为不忠;父叫子亡,子不亡是为不孝""天下无不是的父母"等荒谬观点的流行,以及诸如"父母教,须敬听;父母责,须顺承""亲所好,力为具;亲所恶,谨为去""号泣随,挞无怨"③ 等的长期流行和长盛不衰。

　　对孝的极端化要求必然产生与人性和逻辑都不相容的极端行为和反面效应。中国历史上"愚孝""假孝"等现象的频出不穷便是这种极端化观点带来的直接后果。再加上为谋私利的伪善和"伪君子"的不绝更是让人们对传统"孝行"的评价毁誉参半。最典型的莫过于二十四孝中"郭巨埋儿""割股侍亲""王祥卧冰"的残忍和"老莱娱亲"的虚伪。而树为典型的"远汲溺死"④ 悲剧更令人心痛而无法言说。两汉时期,统治者追求以孝治天下,用"举孝廉"的方式选拔官员,其后果就是在发现了一些真孝子的同时,也为投机分子、沽名钓誉之徒创造了当官入仕、获取名利的"良机"。"举秀才,不知书;察孝廉,父别居"⑤ 的现象便是当时的假孝明证。不管是弄虚作假,还是"愚孝""假孝"都可谓是"孝"的典型异化,都在中国历史的演进中产生了极坏

---

① 《孟子·离娄下》。
② 《荀子·臣道》。
③ 《弟子规》。
④ 《后汉书·列女传》。
⑤ 《抱朴子·审举》。

的影响，也是"孝"观念逐渐遭到后人贬抑排斥的主要原因。

三、现代社会的深刻变迁对传统孝道构成的挑战和冲击

中国传统孝文化在近现代社会的深刻变化中同样受到了极大的冲击和挑战。排在首位的就是生产方式上的现代工业化、社会化对传统农业生产生活方式造成的极大冲击进而引发的包括家庭关系在内的社会关系的深刻变化。社会生产经济的现代化是对"物"的开发，表现为物质成果极大丰富下对人的享乐和占有欲望的极大刺激，人的心理开始急剧转向物质，使越来越多的人的精神深度逐步丧失。现代民主政治理念也动摇了传统孝道。曾经的"子民""草民"已是"公民"和"国家的主人"；所谓的"父母官"已成为"人民公仆"，价值立场是"全心全意为人民服务"，传统孝忠的尊长差别已被现代平等所取代。关键是一百多年来历史剧变的冲击，孝道文化的现实基础被大大动摇。随着现代社会开放程度的不断扩展和社会流动的加剧，自由迁徙状态下人们的多数社会交往活动都发生在了素昧平生的陌生人之间，从"熟人社会"转向"陌生人社会"已是中国社会变化的常态。陌生人之间，可以避免因人情世故所导致的社会不公，可以以规则和制度建立起相互信任的社会关系。但陌生人社会的冷漠也削弱了孝道文化的道德约束作用。同时，现代社会的这种变化也使维系孝道文化的家庭（家族）基础开始瓦解，家庭规模缩小和核心家庭的普遍化都对传统孝道构成冲击。尤其是现代社会生产生活的新特点、新要求都使以父母为代表的老年人曾有的地位和优势不断流失，而年轻人在知识掌握、财富获取以及权力地位等方面逐步占据优势地位。尤其在广大农村家庭，父母权威性的衰减尤其严重。他们既不占据知识制高点，也无法占据财富制高点，权力被边缘化已是常态。于此，子女对父母的敬畏感自然减少，"孝敬心"也自然减弱。众多环境、条件和氛围的深刻变化都使传统孝道文化的影响日渐式微，而思想观念的快速更新又使代际间的距离、隔阂乃至冲突不断出现，增大了传统孝道践行

的难度。

中国传统孝道走向衰落的又一个重要影响因素就是20世纪初新文化运动对孝道的激烈批判和否定。五四运动产生的新文化流派集中对儒家包括孝道在内的封建纲常思想进行批判。在他们看来，孝道的根本精神是为了维护专制和不平等，是为家族专制和皇权专制提供理论根据。中国封建统治者对孝道大力提倡的目的，就是教一般人恭恭顺顺地听他们干在上的人愚弄，不要犯上作乱，把中国弄成一个"制造顺民的大工厂"[①]。特别是陈独秀所说的儒者三纲之说本是中国两千年封建社会一切道德之大原，使中国人遂流行保守，使四万万之人作亿兆死人之奴隶，不能自拔[②]。所以，反对以孝道为核心的旧道德就是要瓦解封建孝道的神圣，就是要唤起人的主体意识，恢复人的独立人格，促使中国人自觉追求自由和科学，进而实现中国社会的发展。客观地讲，新文化运动对中国传统文化的批判有其重要的合理性和进步意义，但其中的全盘否定和彻底抛弃的非理性的极端做法也存在很大缺陷，其重要一点就是没有发现包括孝道在内的传统道德观并不是一无是处。新中国以后特别是"文化大革命"中对儒家孝思想的非理性批判更是达到了顶峰。儒家孝思想中的合理因素遭到彻底否定，致使孝道等传统文化发生断裂，造成了人们认识上、思想上的混乱、误区与断层，对中华优秀传统文化的传承产生了不利影响。

同时，孝道在当代中国存在着诸多新的问题与挑战。伴随着中国社会的现代化转型和老龄化社会的快速到来，当下国人正面临孝道上"知易行难"的考验。由于传统孝文化生存的社会基础发生的动摇、裂变甚至瓦解，人们对孝的认识和理解要么处于外在的要求中，要么因各种生活条件的急剧变化面临太多有心无力的困难和困扰。很多人能够在理智、理性层面上承认孝道在今天的家庭社会中仍具有不容抹杀和不可低估的重要功能与价值，但在实际社会生活中却又存在太多

[①] 赵清、郑城编：《吴虞集》，四川人民出版社1985年版，第173页。
[②] 赵清、郑城编：《吴虞集》，四川人民出版社1985年版，第64页。

践行孝道的客观困难。尤其是家庭少子化、乡村空心化、生活城市化，以及生活成本增加、竞争压力加大和人口老龄化加快等现象的加剧，在不断增大人们行孝成本的同时，其实也在不同程度地弱化着人们的行孝意识。尤其是很多人往往以物质给予替代情感付出，孝行中的"去情化"或感情淡化现象愈发突出，精神抚慰、"精神赡养"问题在传统孝道的现代转化中愈发凸显。

第三节　改造并转化传统孝文化以适应现代中国社会

中国社会近代一百多年的深刻变化，让传统孝道如何根据形势变化实现现代转化的问题变得十分突出。早在西周时就形成的德主刑辅的治理思想，在传统儒家以忠孝礼仪信为核心内容逐步建构起传统中国特有的世俗文化系统的过程中得以发扬光大，而耻感文化就成为世俗色彩浓郁的中国传统文化的典型特征。尽管春秋战国时期法家思想在实践中产生了巨大影响，但西汉以后无论思想家还是统治者都认识到单靠严刑峻法并不能从根本上规范人的言行，而孔子的"道之以政，齐之以刑，民免而无耻；道之以德，齐之以礼，有耻且格"①儒家思想重新受到重视，其中的最大意义就在于看到了道德之于社会秩序的独特功能。今天，作为儒家乃至中国传统道德之基础的传统孝道更是不可忽略，而且必然应该是现代中国社会最为重要的道德规范之一。把孝道作为公民道德的基本要求，将在家行孝与在社会诚实守信、秉公执法相结合，是塑造现代中国公民道德重要而基本的内容。一百多年的社会动荡洗礼和不同价值体系的冲击挑战，加上几十年改革创新的巨大发展，都使继承、转换中国传统道德文化的任务愈发紧迫。曾经

---

① 《论语·为政》。

出现断层的孝道，需要在新的环境条件下被重新检视和重视并适时实现转化和发扬。

一、现代中国依然需要构建以孝道为重要内容的现代伦理道德

中国人一直有着构建良好道德生活的追求，一直把伦理道德看作是构建社会秩序，规范人们行为的不可或缺、不可替代的重要内容。而且人类现代性演进中必然产生出的许多悖论和矛盾不仅让愈来愈多的人们逐渐认识到道德之于法律的不可替代作用，而且也让历史传统中追求高尚道德的现代意义愈发突出。以欧美国家为主的西方社会，"以启蒙运动为代表的现代自由主义之'道德谋划'，即凭借普遍理性的预设建立普遍规范伦理，以填补上帝退位后所留下的道德规范空缺，重建现代公共社会的伦理秩序——在理论和实践两个方面都已然失败，而重叙以亚里士多德美德伦理为典范的美德伦理传统，则是挽救这一道德文化失败的唯一可能的通途"[①]。麦金太尔的问题和思考为认识和解决当代中国道德困境提供了参照与思路，同样也是当代中国社会重视和转换传统孝道为核心的道德伦理思想的重要原因。在归属上，道德习惯属日常生活领域，具有现实性、经验化的特征，它无法超越当下经济、政治、文化等因素的影响，本质上是一个习惯世界、习俗世界[②]。而且社会生产和再生产的顺利进行同样需要习俗作为支撑——这种习俗既包括制度所规定的行为方式，也包括制度以外的如"对群体的责任""对他人的信任"等习俗，正是这些习俗，使社会制度得以激活，并且保证了社会制度的正常运转[③]。关键是"理想的道德生活能否建立，不仅仅在于理想的道德理论的建构，更为重要的是理想的道

[①] 万俊人：《何处追寻美德？——重读麦金太尔的〈追寻美德〉》，《中国图书商报》2004年7月23日。
[②] 衣俊卿：《现代化与日常生活批判》，人民出版社2005年版，第47页。
[③] 〔美〕弗朗西斯·福山：《信任：社会美德与创造经济繁荣》，彭志华译，海南出版社2001年版，第14页。

德理论能否转化为现实的生活秩序"①。中国传统道德文化中的孝道根植于人的天然情感和社会需要，从维系人类自身绵延赓续和社会发展进步的内在根本上确有其应有的地位和功能，且其中的意义和价值是深远的。19世纪末20世纪初德国著名思想家马克斯·韦伯就认为，中国人所有人际关系都以"孝"为原则。中国传统孝道把人性的天良善心和敬老扶弱看作人的本性，认为对给自己以"身体发肤"、抚育自己成长、耗尽生命的父母至亲报之以恭敬赡养是每一个人子应尽的责任和义务，是理所当然的选择，具有天然与社会的双重合理性。在中国传统文化中，讲孝、行孝是做人行事的基本准则，尊崇孝道亦是中国特有的文化基因和文化性格。随着现代中国社会急剧变化发展中文化传承、文化自信等意识的愈发增强，现实人伦关系对孝道的吁求也愈发强烈。这都使继承并转化传统孝道文化的理论与现实必要性愈发紧迫，也都为发扬传统孝道的合理内容、构建现代新型孝道规范提供了可能性和可行性。中国传统伦理道德亦可在现代孝道的重塑中以符合现代社会思维的形态焕发新的生命活力。

二、以现代社会的思想内涵重塑现代中国的"孝文化"

恩格斯在批判杜林所谓永恒不变的道德时指出："道德观念归根到底都是当时社会经济状况的产物。一旦经济状况发生改变，人们的道德观念也随之改变，包括人们的行为准则、思想观点、价值观等。"②这是历史唯物主义关于社会思想意识产生根源及其发展变化实质的基本观点。作为人类精神文化重要成果的道德伦理，一方面是由以生产方式为根本的社会物质存在决定的，另一方面又有着自身的独特内涵和作用形式，最具特色的就是道德生活主要表现为两种基本形式：道

---

① 鲁芳：《生活秩序与道德生活的构建》，《哲学动态》2012年第1期。
② 《马克思主义发展史》编写组：《马克思主义发展史》，人民出版社2013年版，第130页。

德思考和道德习惯①。道德思考设计理想道德生活,道德习惯反映现实道德生活。从道德生活的整体而言,长期的文化熏陶和共同生活使人们形成了某种共同的道德实践模式(包括道德选择模式、道德行为模式、道德交往模式)②。道德意识应属于人的理性选择,"现实道德生活向理想道德生活的转化不可能自发完成,而是必须以生活秩序的改革作为重要中介,以此来推动新的道德习惯的形成。因此,构建理想道德生活,必须致力于新的生活秩序的构建"③。现代社会中的平等观念已经深入人心,而且现代社会的教育理念所倡导的素质教育更是将培养独立人格,塑造有理性、有责任、有担当的现代公民作为方向目标。由此,在传统孝道生存土壤已发生巨大改变的现代中国社会,要让传统孝道在现代中国继续存在,规范并指导现代人的生活,就要自觉对其进行现代转化,让其与现代人的生活内容合拍,获得现代人的广泛认同。

在新的时代条件下,既要充分发挥中国传统孝道的合理意蕴,又要根据现代主流思想实现创造性转化,建构现代孝文化已是必然的选择。首先从重要性上来说,构建现代中国孝道文化是为国家包括养老在内的一系列公共政策的制定和执行提供价值导向与伦理支持,既体现工具理性又包含价值理性。唯如此,众多针对不同人群的具体政策才能最大程度得到人们的认同和支持。当下中国正在面临人口老龄化的严峻挑战,将传统孝道融合进现代家庭、社会养老的操作实践中已是刻不容缓。其次回归善事父母这个孝文化最直接、最基本的含义,以现代孝道构建和塑造良好的家庭、家风。黑格尔在研究中国文化时认为:中国纯粹是建筑在这样一种道德的结合上,国家的特征便是客观的"家庭孝教"。中国人把自己看作属于他们家庭的,而同时也是

---

① 〔英〕M. 奥克肖特:《巴比塔——论人类道德生活的形式》,张铭译,《世界哲学》2003年第4期。
② 姚新中:《道德活动论》,中国人民大学出版社1990年版,第191页。
③ 鲁芳:《生活秩序与道德生活的构建》,《哲学动态》2012年第1期。

国家的儿女①。"端蒙养,是家庭第一关系事"②,也是中国历史上众多传统家训共同重视的要务,即注重对青少年的孝道培养,就要从小培育他们敬长尊亲的孝心。特别是传统孝道教化所看重的以身立教、注重践履、家风陶冶的做法,不仅可以从小就培养人的孝心、善心,而且由此即可营建起温良敦厚、父慈子孝的家庭氛围。再次现代孝文化要以"义务对称"、体现平等性为显著特征。针对传统孝道过于强调对父母的孝敬,鲁迅先生曾提出相反的观点:"后起的生命,总比以前的更有意义,更近完全,因此也更有价值,更可宝贵;前者的生命,应该牺牲于他。"③其实从现代社会的实际情况看,构建现代孝道文化应是"孝"与"慈"的相辅相成,既不是"父为子纲",把"子孝"推崇到极致,甚至发展成愚孝;也不是过于溺爱子辈,而把父慈推向极端。现代孝道一定是以两代人的平等、自由、民主为基本相处理念与方式。最后现代孝文化要以自律自觉为基本原则,体现为物质与精神的双重敬养,尤其要将情感付出作为内在之核心要求。现代孝文化应从知情意行相统一入手,将孝知与孝行统摄在一起加以倡导和推行。

三、以现代孝道助推构建现代中国社会的"养老文明"

中国传统孝文化中包含着非常丰富的内容,比如以礼待人、与人为善等,这对于现代中国社会发展的重要意义不言而喻。尤其是中国的传统孝道主要是一种家庭伦理规范,家庭伦理成为社会伦理的重要基础,而且家庭伦理的现实表现和相互作用直接对社会伦理的发展产生影响。家庭伦理主要协调的是纵向的代际关系和横向的同辈关系。前者产生了家庭孝伦理,后者则形成夫妇、兄弟等伦理关系的调整准则。中国传统孝道是以深厚的家庭道德价值为根基的,其核心就是敬老养老。即传统孝道主要是将养老作为家庭的最主要职责之一,把子女奉

---

① 〔德〕黑格尔:《历史哲学》,王造时译,三联书店1958年版,第165页。
② 《孝友堂家训》。
③ 《鲁迅全集》第一卷,人民文学出版社1981年版,第136页。

养父母老人看作是名正言顺的责任和义务。可以这样认识，中国传统孝道文化既是建设中国特色社会主义道德伦理所要汲取的重要道德资源，而且也充分彰显了古代中国的"养老文明"，展示的是人类在解决养老问题上先进性特征浓郁的"中国方案"。当下，中国社会正在快速进入老龄化社会，"何处安放我们的暮年"的养老问题已成为现代中国每个人和社会都无法回避的重要挑战。

《中华人民共和国老年人权益保障法》（1996年制定并颁布，2012年、2018年两次修订）是国家层面上积极应对老龄化、有效保障老年人权益的首部法律规范，这也是目前为止中国保障老年人权益最重要的法律，从多角度对切实维护老年人的权益做出了全面规定。中央和地方各级政府也在此基础上出台了一系列指导性的政策、意见，对做好现代中国社会的养老工作发挥了重要规范和约束作用。然而，养老问题在根本上是在做人的工作，需要从人的多方面需求上解决，需要人的理性与情感的双重付出，体现为每个人明确的自律自觉。为此就需要从传统孝道文化中汲取有益成分，并与现代要求相结合，形成现代中国的养老理念和行为。

现代中国孝道应有范围和内容的全面扩展，全方位践行现代孝行要求。现代孝道文化应当注重的是人们发自内心的对老人的真诚尊敬和自觉自愿，既不能做表面文章，更不能敷衍塞责，要遵循一种发自内心的崇高道德法则。而中国传统孝道对孝行提出的要求也极高："孝有三：大孝尊亲，其次弗辱，其下能养。"[①] 在日常生活中人们会发现，年龄老化只是每一个个体老化的表面现象，而功能老化、心态老化和社会老化则是更为深层的老化，也是老龄化治理应对的关键和核心。生理躯体机能的退化属功能老化，是逐步丧失工作能力和生活自理能力的表现；心态老化是对事物失去好奇和兴趣，终日无所事事，显示的是混吃等死的心理老化状态；社会老化的标志就是退休，即退出工

---

① 《礼记·祭义》。

作角色和社会角色，社会参与和社会关系逐步走向式微或者中断。面对这种全面老化的现状，对养老的要求就不能仅限于对老年人生活方面的简单照顾，不能止于物质上的供养，还应该包括精神关怀、情感慰藉和能力帮助等各个方面，尤其要将中国的"慎终追远"贯穿进去，把孝行作为一种持续性的行为，无论是生前敬养还是逝后送终都应是统一在一起的。

"休辞客路三千远，须念人生七十稀。"[①] 衰老、走向人生暮年是人的自然规律，也是每个人都逃不开的宿命，所以，孝敬老人，尊重老人就是善待、尊重老年的自己，也是尊重国家和民族的历史。敬老尊老不仅直接关系到每个老人的"夕阳梦"，而且也是一个国家、一个民族养老文明的具体体现，是一个国家社会治理能力的基础性表现，所以，中国传统的"老吾老以及人之老"、孝敬并赡养父母的孝道文化对构建今天中国社会的敬老养老风尚必然能够发挥重要的导向和保障作用。这就需要在现代社会环境下创新发展孝道文化，既让尊老敬老的古老传统在现代社会条件下重获生机活力，又根据新的时代特点扩大孝道范围、提升孝道境界，其中有一点很重要，那就是要把传统孝道的家庭伦理拓展上升为一种社会伦理，使其整合成为一种现代养老文化，使家庭养老与社会养老结合起来，形成符合现代要求的养老形式。

---

① [宋]阮阅：《诗话总龟·云斋广录》卷二十七。

第四章

中国传统耕读家风文化及现代重塑

"修身齐家治国平天下"是中国传统社会儒家文化所设定的人生递进层次。首要内容在于立德修身,但修身与齐家却不是单向的线性联系,而是一种相互作用、相互成就的互动支持关系。没有了个人修身,齐家的前提和基础无从谈起;缺少了齐家的氛围和条件,修身的根基会变得脆弱而无力。同样,无论是中国传统伦理文化还是传统中国的社会结构,家所占据的地位都是举足轻重的。诸如"耕读传家""家和万事兴""勤俭持家久"等关于家的种种说法,传递出中国历史传统的一些重要信息,那就是关于"家"和"治家"的思想与理念不仅成为中国传统文化的重要内容,而且因其体现在对国家、地区的认知、态度和行为的实践中,并对基层社会治理发挥出独有作用,成为中国传统社会治理文化的重要组成部分,故可推断中国传统社会之家风文化是产生成长于中国的生产生活环境的特有文化理念,而"耕读传家"则是其中居于核心地位并发挥相应作用的关键思想。

第一节 作为中国传统治家文化内核的"耕读传家"

在中国的传统文化中,"家"几乎可视作是基础的或根基的,无论是"修身齐家""家国同构",还是"安身立命",都是将家放在生命归宿和灵魂支撑的意义上，蕴含着中国人对宇宙和人生的独特理解与寄托，所以，"家"之于中国文化不只限于私人领域，而是与国家、民族等交织同构在一起。溯源几千年中国之家文化传统的内涵意蕴会发现，"耕读传家"是体现生命价值之理解和生存意义之根本的关键理念，是中国家文化传统的核心思想。所谓"耕读"——有地种，有书读，有稳定惬意的生活；所谓传家——让这种生活态度成为宗族、家庭子孙后代继承的传统，也叫"家风"。如果说耕读崇尚的是传统中国个人的生活方式，那么"耕读传家"描绘和追求的则是一个家庭乃至全社会的一种传统和愿景。

一、中国"耕读传家"传统的文化溯源

中国是一个历史悠久的农业大国，在上下五千年的历史演变中，把农业视为"本业"是全社会的普遍共识。中华文化的形成根基是源远流长的农耕生产方式。先秦时期民间广为流传"日出而作，日入而息，凿井而饮，耕田而食"的《击壤歌》，汉文帝则要求"农，天下之本，其开籍田，朕亲率耕"[①]。著名农学家贾思勰在《齐民要术》的序中云："盖神农为耒耜，以利天下；尧命四子，敬授民时；舜命后稷，食为政首；禹制土田，万国作乂；殷周之盛，《诗》《书》所述，要在安民，富而教之。"作为中国最早的历书《夏小正》有着许多夏代与农事活动密切相关的记载，安阳出土的大量商代龟甲卜辞同样反映了当时人们的农业占卜活动。《国语·周语》《礼记·月令》《吕氏春秋·上农》都有西周时周天子每年亲率百官举行"籍田"之礼的记载，说明"民之大事在农……是故稷为大官"，"是故天子亲率诸侯耕帝籍田"成为重要的活动。春秋战国时期，农业生产在整个社会中的地位更加突出。在生活空间上，以农立国的中国古代乡村社会都是聚族而居，这亦可视作"氏族遗制保存在文明社会里"，"由家族到国家，国家混合在家

---

① 《史记·孝文本纪》。

族里面"①的自然而然状态。由此逐步形成重视宗族和家庭的传统、重视宗法秩序和家庭伦理的文化。

自古以来，农业都是靠天吃饭，农田耕作充满了各样的艰辛和磨难。《周易·系辞下》中的"斫木为耜，揉木为耒，耒耨之利，以教天下"，正是这种辛苦劳作的恰当描绘，于此中国的古代典籍中就提出了"克勤于邦，克俭于家"②的主张，形成了"克勤克俭"一词。当年周公曾对年幼的成王教导说："天閟毖我成功所……天亦惟用勤毖我民。"③由是而衍生出"天道酬勤"的成语。尽管农业生产过程充满艰辛，但带给人的收获则是满满的喜悦和欣慰，也令生存生活于其中的自然环境给人带来太多的慰藉、滋养和期许。源于此，农耕文明状态下的中国人对土地有着一种温馨而不能割舍的纯厚依恋情感，与自给自足的自然经济连在一起构成相辅相成的关系，进而生成传统中国特有的文化理念与行为。《汉书·元帝纪》的一个重要概括是："安土重迁，黎民之性；骨肉相附，人情所愿也。"这就解释了"祖先崇拜，生于兹，也当死于兹"为何成为中华文化最基本信仰的内在缘由；也就有了"故人具鸡黍，邀我至田家。绿树村边合，青山郭外斜。开轩面场圃，把酒话桑麻。待到重阳日，还来就菊花"（唐·孟浩然）的悠然自得的田园生活场景，以及诗人自己的情趣逸致、事业感情和理想境界，而"耕读传家"的中国特有之持家文化也就在这般既艰苦辛劳又悠远怡人的生产生活熏染下逐步建构起来。

据考察，战国时期农学家许行最早提出了"贤者与民并耕而食"的主张，可看作"耕读传家"的最早表达。而将"耕读传家"作为家训正式强调的是五代十国时期的《章氏家训》。《宋书》有过这样的记载："自晋氏迁流，迄于太元之世，百许年中，无风尘之警，区域之内，晏如也……自此以至大明之季，年逾六纪，民户繁育，将曩时一矣。

---

① 侯外庐、赵纪彬、杜国庠：《中国思想通史》第1卷，人民出版社1957年版，第10—11页。
② 《尚书·大禹谟》。
③ 《尚书·大诰》。

地广野丰，民勤本业，一岁或稔，则数郡忘饥。"此种热情洋溢的记述让人深切体会了即使在动乱年代，始终坚守耕读田园，让人心得以安放是家族传承、家国兴旺的根本。

任何一种理念或想法要想成为被整个社会都认可并接受的规范传统，不仅要有稳定坚实的生产生活条件和社会基础，而且还要有作为国家政治层面认可、支持的现实保证力量。"耕读传家"之所以能够成为几千年中国传统治家文化的基础要求，就是源于历代王朝皇权的政治支持和与儒家思想相契合的文化支撑。一方面，"到了宋代，耕读文化由于科举制度的演进而得到改造与加强。北宋仁宗皇帝的几条科举政策有力地推动了耕读文化的发展：一是规定士子必须在本乡读书应试，使各地普设各类学校；二是在各科进士榜的人数上，给南方各省规定了优惠的最低配额；三是规定工商业者和他们的子弟都不得参加科举考试，只准许士、农子弟参加。这大大地激发了普通人家对科举入仕的兴趣，连农家子弟也看到了读书入仕、光耀门楣的希望……"[①]故而，北宋以后，江南人家通过亦耕亦读，既积累了物质财富，又有了精神世界的充裕，两者相辅相成，构成耕读传家的理想生活图景，进而成为一种持家方略得以传扬。另一方面，传统儒家思想在本质上就是农耕文化在中国的一种典型表现。儒家文化的许多基本思想都是以农耕文化为前提和条件的。无论是德治主张，还是纲常伦理，都离不开小农经济环境下人们的生存特点和生活追求。"仓廪实则知礼节，衣食足而知荣辱"就是其典型呈现。可以说，中国传统农耕文化的兴盛为儒家文化的形成发展提供了现实沃土，而儒家文化在传统中国逐步占据的至高无上地位又为农耕文化的长久存留提供了思想保证。"耕读传家"的儒家文化色彩就在这种愈发深厚的关联中变得浓郁而鲜明。

[①] 邓萧文：《耕读传家解密》，九州出版社2019年版，第40—46页。

二、以"耕读传家"为座基而形成流传的家训、家规、家风

在传统中国社会,"耕读传家"的追求不是空洞的一般性理念,而是有着坚实的实践基础。首先,其现实的基本定位往往是"耕读之家",主要是以无虑衣食的小康农家为生活目标。这就与席丰履厚的世家大族所看重的"书香世家"有很大区别,当然"书香世家"也是从"耕读之家"发展而来的。其次,中国历史上的"耕读传家"大多以具体多样的家规、家训而演化出相应的家风作为其实现方式的。也就是说,"耕读传家"的生动实践和内涵价值往往蕴含与体现在中国传统社会特有的、长久的、大量的家训家规之中。纵观中国古代各类家教文化成果,"以家训为名者居多,以家规等为名者相对要少一些"[①]。在历史长河中,中国传统的家训家规可分为成文的和家族内口传、不成文的两类。从历史影响看,大量的不成文的家训家规塑造了中国社会特有的家教、家风文化。总之,在世代相传中,以"耕读传家"为内核的基本要求构成所有成文不成文家训家规的主体内容。

中国古代最早的家训可追溯至西周时期。秦以降,名气比较大的有西汉班昭的《女诫》、南北朝时期的《章氏家训》和颜之推的《颜氏家训》、北宋司马光的《家范》、清朝朱柏庐的《治家格言》等。有学者将古代中国家训产生演变的历程概括为"萌芽于三皇五帝,产生于西周,成形于两汉,成熟于隋唐,繁荣于宋元,明清达到鼎盛"[②]。但这种说法很笼统,无法准确指正传统中国家训的起源时间和事件。另外,在散落于中国各地众多乡镇村落的古旧民宅或祠堂内仍可看到诸如"耕为本务;读可荣身""耕读传家久;诗书继世长""二字箴言,惟勤惟俭;两条正路,曰耕曰读""传家无别法,非耕即读;裕后有良图,惟俭与勤"等诸如此类的楹联,而"耕读传家"几乎是其中不约而同的共同要求。

---

① 陈来:《中华传统文化的家训家规及其现代意义》,陈来新浪博客 2017 年 3 月 15 日。
② 柳哲:《中华家训 盛世宝典——中华家训历史及其现实意义》,《炎黄纵横》2016 年第 1 期。

当年孔子对其子的要求就很有特点：陈亢问于伯鱼曰："子亦有异闻乎？"对曰："未也。尝独立，鲤趋而过庭。曰：'学诗乎？'对曰：'未也。''不学诗，无以言！'鲤退而学诗。他日，又独立，鲤趋而过庭。曰：'学礼乎？'对曰：'未也。''不学礼，无以立！'鲤退而学礼。闻斯二者。"陈亢退而喜曰："问一得三，闻诗，闻礼，又闻君子之远其子也。"[①]孔子对儿子的这般教训被称为庭训，可看作早期的不成文家训。作为中国最早定型的《颜氏家训》，被南宋名家陈振孙誉为"古今家训之祖"。也即自《颜氏家训》始，方才有了"家训"一词的正式使用和盛行。《颜氏家训》首先突出的是"生民之本，要当稼穑而食，桑麻以衣"。而后进一步强调指出："古人欲知稼穑之艰难，斯盖贵谷务本之道也……安可轻农事而贵末业哉？"这就显示出颜家制定家训的祖先从一开始就谆谆告诫和苦心叮嘱子孙理应重视农耕稼穑。与此同时，《颜氏家训》又提出："自古明王圣帝犹须勤学，况凡庶乎！此事遍于经史。""夫明六经之指，涉百家之书，纵不能增益德行，敦厉风俗，犹为一艺，得以自资。"[②]这就给子孙提出读书勤学、明德立身的要求。关键是颜氏后人中出了许多令人感佩的杰出英才，尤其显示出其家训影响的深刻与深远。如《汉书》注解颜师古，书法楷模颜真卿，凛然高节、以身殉国颜杲卿等。还要特别指出的是，尽管《颜氏家训》没有后来"耕读传家"之明确说法，但"稼穑而食""明六经之指，涉百家之书"的要求却道出了"耕"与"读"的内在本意。后来的《章氏家训》则清楚规定："传家两字，曰耕与读；兴家两字，曰俭与勤；安家两字，曰让与忍；防家两字，曰盗与奸；败家两字，曰嫖与赌；亡家两字，曰暴与凶……"将"耕""读"列为传家之要，后来耕读传家成为家训的最重要内容并得到广泛认可，成为无数家族家训的核心要义，不断得到传承和发扬。比如四川南充著名的饶氏家族，虽经历代迁徙，但"耕读传家"之风却从未放弃，对"耕读传家""忠孝传家"的笃行亦

---

① 《论语·季氏》。
② 颜之推：《颜氏家训译注》，商务印书馆2016年版。

从未改变。其家谱中规定的"诗书礼义复先酬,代传久远遗泽在"遗训在其家族的辗转传承中始终得到坚守,成为饶氏家族人才辈出的重要缘由。后来的明末清初理学家张履祥的《训子语》所说的"读而废耕,饥寒交至;耕而废读,礼仪遂亡",晚清文学品评家王永彬《围炉夜话》提出的"为子孙计长久,除却读书耕田,恐别无生活,总期克勤克俭,毋负先人",以及曾国藩的"但在家中教训后辈,半耕半读,未明而起,同习劳苦,不习骄佚,则所以保家门而免劫数者","内人率儿妇辈久居乡间,将一切规模立定,以耕读二字为本,乃是长久之计",都充分体现出"耕读传家"在传统中国社会的广泛影响力。

和家训比较起来,家规应该是对遵守和传承家训提出的规范性要求。如果说家训是对家族子孙立世生存、光耀门楣提出了基本原则的话,那么家规就是对保证其目标实现所做的具体规定,而且多是以禁止和惩处的明令方式出现。所以,家规也有家法、家仪、族规、族约、祠规、祠约、戒谕等说法。家规的意义在于"为子孙者尤当善守家规,翼翼以诚身,兢兢以保业,进修不已"①。"国有国法,家有家规"是流传久远的中国人的观念。从历史演化看,传统家训明显多于家规。其中的缘由可能主要在于"家规"的一些要求就包含于家训之中,与家训的相关内容是一致的。既然众多家训都是以"耕读传家"为根本,由此衍生出来的便是如若违背相关要求,必须承担的责罚与惩处,比如懒惰、偷盗、骄佚、无德等行为,几乎是所有家训都强烈谴责、反对并防止的。

家风的形成则与家庭家族的成文不成文家训家规以及其作用关联在一起。家风既是家训家规的实践成果,又是深化传承家训家规的实践动力。简单地说,"家风"是指一个家庭或家族的风气、风尚,往往是一个家庭或家族生活生产、教养子孙、待人接物、邻里相处、国家民族大义等方面态度和行为的综合体现。客观地讲,家风既可以是积

---

① 转引自陈来:《从传统家训家规中汲取优良家风滋养》,《人民日报》2017年1月26日。

极向上的和正面的，也可以是消极颓废的和负面的。故而"家风"一词本身无所谓好坏，只是根据具体社会实践中对整个社会环境发挥的影响作用而行的高下判断。但在中国以祖先崇拜为世俗信仰的传统社会中，一个家庭或家族的家风往往是其能否绵延赓续的重要影响因素，良好家风的形成是古代中国人普遍看重的一项责任和追求。东晋玄学家、文学家、史学家袁宏就提出"有家风化导然也"，强调了家风教化引导的作用。而柳宗元的"嗣家风之清白"也是对良好家风之定位。"耕读传家"追求恰是在众多家训家规之核心要义的淘洗和践行中成为传统中国主流家风的文化内核的。而且在中国历史上，很多名门望族都将"耕读传家"作为家训的重要内容，而且也因自觉坚守使各自家族能够频出人才、福泽绵长。

三、"耕读传家"所塑造的中国传统生活态度与生活方式

在"耕读传家"四字中，前提是"耕"和"读"，"传家"则是责任和方向。在"耕"与"读"的各自阐释中还可以从本意和延伸两个方面加以理解。"耕"的本意肯定源自农业生产活动的耕田、耕作、耕耘，表达的是以侍弄土地为根本的谋求生存行为。而由此衍生，"耕"还可以作为深挖、探究的一种执着态度，而贯穿于读书、学问、工事、治理等各类活动中，更可以理解为究天人之际、探古今之理的求真摸索精神。"读"的本意是读书、学习，在于知书明理。在传统中国社会，"读"有着强烈的直接目的性，就是能够实现"朝为田舍郎，暮登天子堂"的入仕目标。进一步衍生，"读"同样也是一种精神提升的过程，体现的是不沉迷于俗世生活的一种人生境界。自古以来，中国社会就对那种能够始终保持"读书人风骨"的正人君子报以特别的尊敬。所以，"耕读"之首要指向是一种生活态度和方式，"耕读传家"不过是将这种生存思维拓展为整个家族的立世品格和传承要义。

"耕读传家"是农耕文明浸润下中国传统文化的主流生存价值取向。在传统中国社会，"耕读传家"之所以成为广受推崇并自觉向往

的生活目标,不仅在于其具有治家、传家,保持家族兴旺的实用价值,更在于其呈现了一种中国人独有的生活态度和生命追求。根据历史上对耕读文化的认知理解和关联程度的大体梳理发现,读过书的农村地主、相对比较富裕的自耕农加上归隐乡间的隐士,以及对农业生产关心关注的大小官员,他们是崇尚"耕读传家"的主体人群,但也不排除乡村田野钟爱读书的贫苦人。这些人中的大多数以耕田劳作谋生存,但都不愿完全被其所羁限,都希望以读书明理、气质高雅显示其不落俗、不堕落的品格。

实际上,"耕读之家"在中国传统乡村社会中是得到广泛尊重的,很多普通农家子弟也将其作为自己奋斗的重要目标。普通的"耕读之家"的成功往往很快就成为乡村农家的楷模,给众多乡村百姓以强大鼓励。这就是要以个人自强实现家庭自强、家族自强。"余家居祁仪,与冯友兰先生家相邻。早年读书,颇受冯家'耕读世家'之影响……(冯友兰)原籍山西省高平县,清初,迁居河南省南阳府唐县祁仪镇……以开酒馆经商致富,字号曰:复盛馆。然祁仪闭塞,土霸横行,对外地来商,多所敲诈,尤对富者更甚。友兰先生祖父冯玉文公,愤土霸之欺也,特聘县之名师在家教其三子读书。长子云异,字鹤亭,秀才;次子台异,字叔侯,进士;三子汉异,字爽亭,秀才。三子皆进学。友兰之父叔侯,且经举人、进士而为湖北崇阳县知县,家始显赫。祁仪一带土霸,皆收敛,多谢罪拜其门下。至此,冯家遂为祁仪望族,在唐县南部颇负盛名焉。"① 而这正是源于冯家传续一贯的家训家风。冯父不希望子孙代代出翰林,只希望子孙代代有一个秀才。因为代代出翰林,这是不可能的事。至于子孙中代代有个秀才,则不但可能,而且必要。这表示你这一家的书香门第接下去了,可以称为"耕读传家"了。

其实,如果对"耕读"二字再做注解的话,它也是传统中国人所

---

① 王中江、高秀昌:《冯友兰学记》,三联书店1995年版,第13页。

向往的一种生活方式。真正懂得耕读并享受耕读的人在用双手解决了家庭的基本生存问题的同时，还以一种静谧祥和的心境直接亲密地与大自然接触，由此可以暂时摆脱世俗的烦扰，享受一份难得的淡泊与洒脱。中国人崇尚"天人合一"，但如何感受并深知"天人合一"的意蕴，"耕读"可谓是一条有益且有效的路径。当人们在耕作时能够感受生命的四季轮回、日出日落，可以体味春种、夏长、秋收、冬藏的自然规律时，读书又令其更加明白自然与人世间的道理，从而对圣贤言说，诗词歌赋，经子典章的立论、描述、阐释有了新的体会和感知；对道法自然、万物为师的教诲有更加深刻的体味。可以说，耕读的过程也是一个中国人的生命旅程。耕的不仅是自然之田，也是自己的精神心田；读不仅让人长智慧、有见识，也可促人精神升华。所以，"耕读传家""传"的是生活之希望和生命之境界。真正理解耕读的人不仅是为自己，至少也是要为自己的子孙后人留下一份生活的希望与生命的价值。

第二节 现代社会情境下对"耕读传家"的全面审视

人类进入现代社会的主要标志有：工业化社会化大生产的快速推进，众多人口向城市集中形成一种与传统乡村存在许多重大差异的社会生活，陌生人相处成为日常社会交往常态，几代人生活在一起的大家庭逐渐被小家庭所取代。由这些变化人们不禁要问，就是在工业化现代化加速推进中，农耕文明状态下以一家一户为生产单元的传统治家思维仍否适用？"耕读传家"的存在条件是否还具备？关键是现代社会兴盛的一些价值观念与生活态度是否会成为"耕读传家"继续传承的最大阻力？如此等等，需要从几个主要方面对"耕读传家"的现代适应性问题进行深入的审视和省思。

一、以"耕读传家"为内核的中国传统家庭文化是否具有现代价值

在人类长期的进化发展史中,"家"的出现与演变构成人类文明进步的衡量标尺。从最初的群居状态到母系社会再到父权制家庭与国家的形成,家的组成方式和社会作用也在不断调整与变化,但家庭之于不同民族国家的基础定位都是一致的。

但是,随着现代化生产生活及思维方式在全世界各个国家的发展和渗透,传统社会秩序不断被打破,传统家庭模式不断瓦解,其中家庭小型化就是一个重要趋势。如今,核心家庭几乎是世界性的主流家庭模式。现代社会由于对个人价值的过于偏好似乎与传统家庭的崇尚集体产生了区别甚至对立,对家庭的一些认识已然走入极端:"一是将'个体'与'家庭'理解为势不两立的价值主体;二是将'亲亲'的生存论经验与'家'在历史上的机制化表现混为一谈;三是错误地把'家'的非对称性结构理解为权力主从关系的起源;四是误认为家庭的角色责任与现代社会的个人自由不相兼容;五是只看到'家'作为社会组织的一面,没有看到'家'也是一种精神性的文化存在。"①

不得不承认,现代社会的不断深入已改变传统家庭的定位与功能。比如中国传统所注重的,"昏礼者,将合二姓之好,上以事宗庙,而下以继后世也,故君子重之"②的婚姻定位已经被严重弱化。如今将男女之间的感情作为家庭组成的首要条件已是社会主流,夫妻关系在家庭中不再居于附属地位;而且丁克家庭、同性恋家庭的出现与增多也让家庭的人口繁衍、传宗接代的香火延续功能降低。关键是原来占据突出位置的经济功能也在核心家庭的不断壮大中愈发弱化,家庭已经由原来的一个生育共同体日趋变成为一个情感共同体。

德国现代著名哲学家海德格尔的存在论哲学也提出了家的概念。

---

① 孙向晨:《重建"家"在现代世界的意义》,《文史哲》2019 年第 4 期。
② 《礼记·昏义》。

在海德格尔看来，家是人的根本，与存在本身的地位是一致的。海德格尔认为人的"本质"是在生存中形成的，并非现成的、固定的。"此在的'本质'在于它的生存。所以，可以在这个存在者身上清理出来的各种性质都不是'看上去'如此这般的现成存在者的现成'属性'，而是对它说来总是去存在的种种可能方式，并且仅此而已。"①在海德格尔看来，现代西方世界已经走向无家可归的命运，而"无家可归状态是忘在的标志。由于忘在，存在的真理总未被深思。忘在间接地表现为人总是只考察与处理存在者"②。正视"无家可归"让现代人（现代西方人）处于漂泊无根的状态，也就有了"还乡"的必要。所以，海德格尔有了诗意的栖居大地、重归"家园"的向往与呼吁。当然，海德格尔的"家"主要是一种精神世界，与活生生的亲人没有直接关系。但也正是如此，迫使当下的中国人思考作为生命之立足根基的家文化应有的现代意义。传统儒家强调的"家"包含在"修身、齐家、治国、平天下"的序列之中，而且儒家的"家"既可以推向心怀天下亦可定位立足世俗，存在着特有的伸缩性。但如何将这个世俗之家重建至美好状态，拉近与海德格尔所说的"真态的家"的距离，也成为现代中国人重建家文化所需思考的现实问题。

二、在注重个人价值的现代社会，"耕读传家"是否依然可行

传统中国社会的纲常伦理是家庭组织的规则，也是家庭稳定的基石。而"耕读传家"的文化基础在于儒家思想，在于以人伦纲常为准则。而作为儒家传统之正统的"三纲"在中国近代新文化运动中被斥为奴役人的形式而受到猛烈批判。其中对君主制国家和父权制家庭的批判成为"三纲"批判的核心。即"君为臣纲、父为子纲、夫为妻纲"在根本上体现为单向度的君、父、夫，对臣、子、妻的支配权，两者之

---

① 〔德〕马丁·海德格尔：《存在与时间》，陈嘉映、王庆节译，三联书店1987年版，第52—53页。
② 孙周兴选编：《海德格尔选集》（上卷），上海三联书店1996年版，第382页。

间是支配与服从的关系。尽管从思想本意上可以认为"在儒家的三纲说中，人际支配的合理性必然基于以事亲敬长为其实的仁义来得到辩护，换言之，支配者和服从者都是基于道义的考量来支配和服从的"①，但在具体实践中却有着大量的不人道、不合理甚至扭曲现象的时常发生与客观存在，伦理纲常对人的思想和精神的压抑也是不争之事实。当年鲁迅对《二十四孝图》所做的批判（出自鲁迅散文集《朝花夕拾》），就是直接抨击了"孝道"实践中对人性的扭曲。

"三纲"中包含的君权、男权、长者等本位思想，与现代社会倡导的民主平等精神、自由个性的解放要求是背离的。《礼记》说过："父母在，不敢有其身，不敢私其财。"《论语·为政》有云："孟懿子问孝，子曰：无违。"《汉书·刑法志》则曰："鞭扑不可弛于家，刑罚不可废于国。"《礼记·内则》有载："子妇无私货，无私蓄，无私器，不敢私假，不敢私与。"基于以上所述，可以说家长对于不服从行为是有权施予惩罚的。由此可以看出，在古代中国的"耕读传家"的家文化的温情包裹之下，其实还是一种具有至上意义且完全不平等的家长权（包括人身支配权、财产支配权）在发挥主导作用。实际上往往是"君以名桎臣，官以名轭民，父以名压子，夫以名困妻，兄弟朋友各挟一名以相抗拒"②。此类严重的事实上的不平等与现代社会人人平等的法律规范完全冲突，与个人价值的追求相背离。

众所周知，在以自由民主为追求的现代社会中，个人价值得到了前所未有的崇尚和追逐。这其中的一个客观动力源于现代工业化、社会化大生产的不断推进和普及。现代社会的工业化生产代表的是一种新制度，这种工业经济对员工聘用的基本要求是其工作能力，注重并强调个人的实际表现，每个人可以通过自己的努力获得理想的经济报酬和社会地位。在这种新的生产环境下，个人的出身、家庭的状况等

---

① 唐文明：《现代儒学与人伦的规范性重构——以梁启超的〈新民说〉为中心》，《云梦学刊》2019年第6期。
② 李敖主编：《谭嗣同全集》，天津古籍出版社2016年版，第12页。

诸多先赋性因素的影响在不断降低，其家庭、亲属关系网基本不在雇主的考量范围，被雇者的家庭角色不会影响其绩效评估，其家庭责任以及家庭角色似乎变得不再重要。相反，个人的自由度和创造力得到前未有的扩张与增强。与之相应的还有一个重要变化，即现代社会是法治社会，法律规范对人的行为的约束力已经超过道德的作用。相应地，传统社会中道德稳定社会秩序的功能正在发生着下降式的深刻变化。于此，以传统纲常为文化底色的中国旧式"耕读传家"家风必然发生的转换要求自然在情理之中。

三、长期农耕文明熏染下的"耕读传家"是否仍有可传承的基础

传统中国社会是以农耕文明为基础的，"耕读传家"既有着物质生活相对宽裕的特征，又有着读书明理、立德修身的精神之要，是中国古人对生活、对生命的一种认识和追求。"耕"与"读"是中国古代农耕文明形态下工作与生活的两种基本状态。如 "夫稼，为之者人也，生之者地也，养之者天也"①；"上因天时，下尽地才，中用人力，是以群生遂长，五谷蕃殖"②；"既耕亦已种，时还读我书"③，于此就有了孟子的人生态度"得志，泽加于民；不得志，修身见于世。穷则独善其身，达则兼善天下"④。无论"穷则独善其身"，还是"达则兼善天下"，其实就是传统士子所做的进退从容的生活方式选择，令耕田种地与吟诗作文并行不悖且相得益彰。所以，"耕读传家"是中国传统农耕文明的产物，以传统村落为根基，传承于宗族家庭范围，传播于乡土文人士子。传统中国长期稳定的农业生产自然成为"耕读传家"等家风文化存在、兴盛的现实支撑力量。

如果说20世纪50年代是中国社会主义现代化的正式开启阶段，

---

① 《吕氏春秋·审时》。
② 《淮南子》。
③ [东晋] 陶渊明：《读山海经·其一》。
④ 《孟子·尽心上》。

那么 70 年代以后则是现代化中国发展的加速阶段，进而汇入了不可逆转的世界性潮流。伴随着中国农耕文明传统的式微，"耕读传家"也就逐渐丧失了其存在发扬的根基与环境，变成只是中国人精神上、记忆中暂存的田园梦境。当费孝通发出"在现代化的过程中，我们已开始抛离乡土社会……"[①]的哀伤时，当众多当代中国文人借难以计数的诗词文句表达对农村和农民的"感怀"时，呈现给人的是中国人永远不能割舍的故土家乡情怀。实际上，传统乡土文明早已铸就了中国人独特的心理结构，"耕读传家"才成就国人爱惜土地、春播秋收、安土重迁的农耕生活方式，这在千百年来广为流传的诗歌词赋中可以得到最充分的反映和表现。

现代社会带来了商品经济发展，工业化带来了社会化大生产的普及。日益细化的社会分工，使得人们不再需要囿于家庭内部、以家庭协作的方式解决生产生活问题。在生产与经济上，父母和子女之间农业社会中特有的生产资料的传递方式已不复存在，年轻子女基本上既不需要也不可能从父母那里获得生产资料和生存技能。有关工作技术和能力主要是通过社会得来的，是通过学校、培训机构和工作岗位上的学习训练得来的。由此，现代社会观念重视个人的自我价值，主张个人的独立与自由，认为每个人都是一个完全独立的个体，不是家庭和父母的附属物，有着与父母平等的人格和权利。现代社会环境和功能的不断变化，也改变着成年子女与父母之间的亲密关系。曾经的紧密相连早已被愈加丰富的社会生活元素相隔开，子女与父母、祖父母之间的代沟现象早已成为社会常态，而且现代社会是以核心家庭或小家庭为主要家庭模式的。成年子女结婚、生子后所形成的家庭与原来父母的家庭有着平等的社会权利和义务，如同一个小公司，无论其成立的时间多晚，规模多小，但都是一个独立个体，与父母之间不存在管理和隶属的关系。伴随着如此众多的具有颠覆性特点的深刻变化，

---

① 费孝通：《乡土中国》，中华书局 2013 年版，第 16 页。

现代家庭是否还如传统那样发挥作用，父母还能在多大程度上拥有曾经的权威地位，曾有的家风还能否发挥作用，等等，都成为人们不得不进行思考与选择的现实问题。

第三节 中国传统耕读家风文化之现代重塑

唐代诗人孟郊的"慈母手中线，游子身上衣。临行密密缝，意恐迟迟归。谁言寸草心，报得三春晖"[①]生动表达了中国人深厚的家庭情结，这种情感发自人无从割舍的血脉亲缘，之于人类而言带有内在的普遍性。由父母儿女组成的家庭构成了社会的细胞单元，无论时代有怎样的巨大变化、生活格局发生怎样的深刻改变，都无法舍去家庭之于每个人的生养教育功能。因此，中国传统以"耕读传家"为内核的家风文化之于今天国人的家庭建设仍有传承、转换之现实价值和必要性。

一、家、家教、家风之于中华文明绵延长传的内在价值

个人是人类的基本存在单元，个人又必然与他人发生关联结成群体关系才能够解决基本的生存问题，继而有了家庭、家族与社会，家庭就是这种联系的最初也最基本的方式。

关于家教，《世说新语》曾有这样的故事记载，东晋谢安在教训其子侄时突然提了一个让人不知所措的问题："子弟亦何豫人事，而正欲使其佳？"当大家面面相觑不知如何回答时，其侄子谢玄答曰："譬如芝兰玉树，欲使其生于庭阶耳。"谢安提问的意思是：我干吗要教育子侄呢？我这样做于己有何好处呢？谢玄的回答是：有出息的后代就像长在庭院的馥郁芝兰和亭亭玉树一样，既高洁美观，又光耀门楣。

---

① 《游子吟》。

其实，谢安、谢玄叔侄一问一答的这个问题，不仅具有实际生活的意义，而且深具哲学韵味。对人类而言，血缘血亲关系对不同种群都有着根本性的意义，先辈对于后代与生俱来的责任心，是维系人类乃至各个种群长久存在甚至发达昌盛的原生动力。具体来说，一个家庭或家族的教育思维和方式，对子孙后代的生命延续、生存能力、家庭利益、价值追求、精神境界具有重要影响，不仅影响个体人生的顺逆成败，同时还会影响不同国家民族的文明结构和传承发展。

中国传统农耕文明时代的家庭，集生活单位、生产单位、教育单位于一体，基本都有将教育子女视为人生第一责任的明确认识，父母长辈对后辈子孙也必须承担起其人生第一位教育者的责任，要在行为上切实发挥言传与身教的第一师者作用。宋代苏轼的同乡家颐在其《教子语》中就说过："人生之乐，无如读书；至要，无如教子。"后来有人同样指出："爱其子而不教，犹为不爱也；教而不以善，犹为不教也。"[①] 更值得关注的是，在传统中国的主流家庭教育中，人格品性精神的培育和养成是教育的主要内容。钱穆先生曾强调指出："一个大门第，决非全赖于外在之权力与财力，而能保泰盈达于数百年之久，更非清虚与奢汰，所能使闺门雍睦，子弟循谨，维持此门户于不衰。……他们所希望于门第中人，上自贤父兄，下至佳子弟，不外两大要目，一则希望其能具孝友之内行，一则希望其有经籍文史学业之修养。此两种希望，并合成为当时共同之家教。其前一项之表现，则成为家风。后一项之表现，则成为家学。"[②] 所以，曾国藩就认为"银钱田产最易长骄气""仕宦之家，不蓄积银钱，使子弟自觉一无可恃，一日不勤，则将有饥寒之患，则子弟渐渐勤劳，知谋所以自立矣"[③]。

在曾国藩看来，培育勤劳节俭、自立自强的家风对子孙及家族的发展更为关键。

---

① [明]方孝孺：《逊志斋集》。
② 钱穆：《中国学术思想史论丛》卷三，安徽教育出版社2004年版，第159页。
③ 《曾国藩家书》。

在中国人的生命里，"家"是有着本体论地位的，构成人们存在与理解整个世界的一种模式。"家"在中国传统文化中具有内在的信仰取向，体现的是对血脉传承的执着，是对生生不息的坚持，是慎终追远的信念，是中国人特有的生活态度和生命价值，是中国人独特的一种精神支撑。重视家庭、注重家教、关注家风是中国传统家文化的基本特征。《礼记·大学》曰："古之欲明德于天下者，先治其国；欲治其国者，先齐其家；欲齐其家者，先修其身。"孟子也说："射者正己而后发。发而不中，不怨胜己者，反求诸己而已矣。"[①]立德修身是中国传统所要求的做人的根本方式，而最初的道德教育则是由家庭来负责的。儿女的品德，家人在外的言语行为，作为父母的家长都负有不可推卸的责任。而家长责任的重要体现就在于反求诸己，对家人的任何事情都不能怨天尤人。由此而形成的家教、家风就在言传身教、身体力行的传统道德实践中成为主要方式。中华文明经千年延续而不衰、受千万磨难而顽强不息，其根源与"家国同构"结构下所形成的家教、家风文化有着深层的内在联系。

二、千变万化的现代社会不会遮蔽或湮灭"耕读传家"的内在价值

随着现代工业化生产方式的推行，传统农耕生产方式愈发萎缩，农耕文明下的文化理念似乎也遭遇着被遗忘的命运。传统中国的"耕读传家"家风文化好像难逃厄运。如若细思却并非如此，具体而言，"耕读传家"在本质上既包含自我修身和家教传承两个方面，又有着两者相互关联的内涵诠释。"读而废耕，饥寒交至；耕而废读，礼仪遂亡。"[②]

首先，"耕"与"读"本身包含和孕育的内涵深意让个人的修身内容更加完整。传统中国儒家众多的后来继承者之所以改变孔子"君子谋道不谋食。耕也，馁在其中矣；学也，禄在其中矣。君子忧道不

---

① 《孟子·公孙丑上》。
② [清]张履祥：《训子语》。

忧贫"①的偏颇之见，依照传统与实际不断赋予耕与读更加丰富的思想意蕴，其根源在于，一方面对"耕"所做的新的阐释，赋予"耕"更丰富的内涵，比如西汉扬雄就提出"耕道而得道，猎德而得德"②的全新认识，而东汉的袁闳则更是认为"(闳)服阕，累征聘举召，皆不应。居处逼仄，以耕学为业"③。于此，"耕"就不限于耕田种地，而有了探究、深掘的钻研意味。另一方面还在于"耕"是农业文明社会中最首要最基本的生产方式，是当时环境下每一个普通人维持生活的主要形式。如果说"因天之时，分地之利，制耒耜，教民农作"④确定了传统农耕的发源的话，那么尧授民时、大禹治水、舜耕历山等传说则为这种生产方式确立了文化渊源。故而"耕"是通过事稼穑、丰五谷、养家人，进而解决性命生存的根本问题；"读"则是通过读诗书、达礼义、修道德，实现或养性立德、或考取功名求得人生价值。"耕"和"读"结合在一起就成为传统中国社会有识之士追求个人修身立德的基本方式。有"读"之"耕"，让"耕"有了超越性，不局限于谋生活、求生存，而且有了明心见性、正心养性、安身立命的自我修炼；有"耕"之"读"，则赋予"读"在耕作之同时还要格物致知、明察事理、修身齐家的丰富意义，而不是仅为了谋取生活所需。所以，耕读相合成为中国传统文人逸士的生活方式和生活情趣，体现的是既脚踏实地又注重精神滋养的全面生活。

其次，"耕"与"读"相结合既成为主流的家教内容，又成为传家之主要风尚。"传家"体现的是代代相传的、能使家庭家族经久而不衰的生活选择方式。如果说"耕读"偏重于个人的生存方式与生活态度的话，那么"传家"注重的则是这种方式的价值拓展和历史延伸，是个人生命的最终目的和归宿。也就是说，在中国传统的家文化中，

---

① 《论语·卫灵公》。
② 《法言·学行》。
③ 《后汉书·袁闳传》。
④ 《白虎通》。

个人的生活无论怎样都需要与家庭、家族的命运统摄起来，个人的生命要在家族的代代兴旺、香火不断中得以延续，获得永生。所以，在传统中国人的精神谱系中，国家与家庭、社会与个人，是密不可分的整体，离开家庭、家族的个人生命的意义会变得渺小。中国传统家风文化的意义与价值于"耕读传家"从个人修身到家庭教育的延续中体现出来。

最后，"耕读传家"蕴含着亟须深入挖掘的中国传统优秀人文思想。明朝陈献章的《七绝·咏江门墟》："二五八日江门墟，既买锄头又买书。田可耕兮书可读，半为农者半为儒。"真实地道出了中国传统文人的生活向往，显示出耕读文化独有的人文底色。"不耕无食，无耕无衣"是中国人早已浸润骨髓的生存认识，由"耕"而产生的种田耕耘、自食其力的勤劳精神更是成为支撑中华民族长期顽强生存的内在动力，在今天仍有着不可忽视的人文价值。而"田可耕兮书可读，半为农者半为儒"的悠然自得生活方式更是传统文人逸士所向往并营建的"独善其身"的乡间图景。所以，在超越性上，"读"意味着"书香环伺"的氛围、"道德澄明"的境界、"灵魂归宿"的营建。"万卷藏书宜子弟"（宋·黄庭坚）；"一蓑春雨自农桑"（宋·方岳）相合而成的楹联，更是加深并升华着耕读文化的人文意蕴，与"天行健，君子以自强不息""地势坤，君子以厚德载物"① 一起成为国家民族生生不息、发展崛起的精神力量。

三、拓展并深化"耕读传家"的意蕴，不断赋予其新的时代内涵

《论语》有云："子张问：'十世可知也？'子曰：'殷因于夏礼，所损益，可知也；周因于殷礼，所损益，可知也。其或继周者，虽百世可知也。'"它反映出孔子对"礼"从夏到周的有"损益"又有相"因"继承历史关系的深刻认识。作为绵延两千多年而不衰的中国"耕读传家"

---

① 《易经·象传》。

文化，在当今的中国社会同样有着继承与创新转换的现实要求。

首先，自觉继承作为已融入中国人血脉中的优秀传统家风文化。中国传统理念中有"无瑕之玉可以为国器，孝弟之子可以为家瑞"的说法，看到了良好家风于一个家族福泽绵延的重要作用。对子孙后代不求金玉富贵但求智慧贤达。"陈子昂是唐代诗歌革新的先驱，他的成就与家教密切相关。其父陈敬元一生不肯入仕，他弥留之际留给儿子的家训是：居家务期简朴、教子要有义方、和平以待人、为官务守廉正、凡事当留余地、恤贫苦乡亲、敬老兼爱幼、富不淫贫不盗。"① 无论是对家人日常生活行为的扬善抑恶要求，还是做人做事的尚真抑伪，都是中国人主流家风传承的主导价值，是个人自强、家庭自强、民族自强的集合体，对现代中国人的教化修养意义深远。

其次，在"创造性转化"和"创新性发展"中激发"耕读传家"家风文化的现代价值。"推动中华优秀传统文化创造性转化、创新性发展"是党的十九大报告中提出的重要原则。文化作为人类活动的产物融汇在人的生产生活当中，既具有相对稳定性，又会随着社会生活的变迁而不断变化。任何一个文化形态的延续保存必然要在新时代赋予其新内容、新属性的过程中实现相应转化才能实现。中国传统以"耕读传家"为核心的家风文化传承的关键是要与现代社会相适应。作为一种以隐形或无形方式存在于特定家庭或家族日常生活中，以价值观念、生活作风、行为规范等为重要内容的中国家风文化，主要以社会主流或核心价值观的教育与教化形式，不仅发挥着维系家庭或家族成员关系、增强家庭内聚力的作用，而且对国家、民族、社会的团结向上和共同进步产生积极影响，也可以使主流价值观与老百姓的日常生活密切关联，增强其影响力和凝聚力。所以，让"耕"在现代社会转换为一种脚踏实地、勤勉自强的生活工作态度，让"读"不仅限于博闻广记、读书明理，更具有一种理性提升、自我提炼的精神追求意义，

---

① 郝耀华：《从家训到乡约的中国式道德传承》，《光明日报》2014年3月19日。

由二者结合而形成的良好风尚渐次成为每个家庭都心向往之的日常生活状态，这就是进行创造性转化与发展的方向。

最后，不断拓展"耕读传家"家风文化的思想内涵与价值意蕴。在中国文化传统的解释中，"家"有着自成一体且独到的意义。中国传统中许多优秀的思想和价值观念，大都需要以"家"为载体进行培育、以"家"为环境生长。中国文化传统中的"家"不仅是社会的基本单位，更是思维方式和价值观念的"原型"。但是，"家"的传统在新文化运动的冲击下衰落了，然而却并未相应地确立起"个体"的明确意涵，这成为众多价值混乱的一个思想根源。从根本上说，"耕读传家"是传统文化"修身齐家治国平天下"的实践与实现方式，与当今时代追求民族复兴、国家富强的执着理想有着历史与思想的高度契合。以农耕为基本生产方式的时代，"耕读传家"体现的勤劳耕种、刻苦读书成为传统中国文人改变个人命运、报效国家的基本途径，其中蕴含的"自强不息，担当大任"的君子品格和天下情怀，成就了中国特有的"富贵不能淫，贫贱不能移，威武不能屈"的士大夫精神。而中国近现代以来，一代又一代仁人志士抗击外侮，为争取民族独立和国家富强所进行的艰苦实践，完全可看作是耕读精神的不断升华和全新展现。新时代的中国人仍需要将"耕读传家"的精髓转化在"慎终追远"的"传家"实践中，让国民族的生生不息和美好生活固化成一种生存的底色和生命的力量。

第五章
中国传统乡规民约文化及现代转化

　　东汉王充在《论衡》中说:"知屋漏者在宇下,知政失者在草野。"中国传统的乡村社会长久以来一直存在着村规民约、风俗习惯、道德传统、民间意识形态等非正式规则,它们往往以隐性制度和非正式约束的方式对人们的思想和行为产生深远的影响。众所周知的是,传统中国基本是以皇权至上的理念,通过宗法伦理对国家、社会进行管控和治理的。但是囿于各种条件的限制和制约,传统中国其实对广大的乡村社会是以皇权不下乡的间接方式实现管控的。于此,在以乡村士绅为精英主体发挥作用的乡村治理过程中,各种成规和不成规的乡规民约就是中国古代乡村社会的基本治理手段。这些乡规民约几乎涉及乡村社会包括生产生活中的规范和互助、社会关系的调节、日常生活的救济和救助、乡风民风等各方面的内容。可以说,中国传统的乡规民约在维系国家与乡村社会的关系互动、维护古代乡村社会既有社会秩序、维持国家和社会结构的稳定方面发挥了重要的作用和不可低估的影响。

　　同时,站在理论的角度回顾和理解几千年延续的中国传统会发现,以乡规民约为代表的传统习俗制度是认识中国历史沿革持续性与文化特征的一条重要线索,也是传统融入现代基层社会治理的重要思路。

第一节　中国传统乡规民约的实质与特征

作为最古老且流传久远的传统基层社会的治理方式，乡规民约从产生形成的环境到呈现出的主要执行方式都反映出中国传统社会结构与文化的内在意蕴和重要特征，是认识和解析时必须要关注和细究的重要内容。

一、传统中国乡村社会特有的"小共同体"形态

关于"共同体"概念的理解最流行的莫过于德国20世纪初著名的社会学家斐迪南·滕尼斯的阐释："关系本身即结合，或者被理解为现实的和有机的生命——这就是共同体的本质，或者被理解为思想的和机械的形态——这就是社会的概念……一切亲密的、秘密的、单纯的共同生活，（我们这样认为）被理解为在共同体里的生活。社会是公众性的，是世界。人们在共同体里与同伙一起，从出生之时起，就休戚与共，同甘共苦。人们走进社会就如同走进他乡异国。"[1]在这里，"共同体"与"社会"是有严格区分的，二者的差别很严格。即"共同体"是一种基于血缘情感的有机生命体的联合，而"社会"则是基于外在需要的一种机械式连接。一个是天然生命体的必然相连，一个却是迫于外部环境影响的相互合作。但在传统中国，滕尼斯所区分的"共同体"与"社会"其实是融合在一起的。

传统中国乡土社会的构成基础是宗法人群，人与人之间主要是以"差序性格局"为基本特征的亲属网络关系。每个人都在这个网络中遵守并认同这一格局运行的相关礼法和习俗，保持着整个乡村运行的和谐有序。以宗法为基础的中国传统乡村，从本质来看就是一个以血缘有机生命为纽带、以农耕生产生活为基础、以封闭乡村社会为环境

---

[1]〔德〕斐迪南·滕尼斯:《共同体和社会：纯粹社会学的基本概念》，林荣远译，商务印书馆1999年版，第52—53页。

单元所构成的小型共同体。在思想理念上也可以看作是儒家建构"大同"理想的现实载体。如果粗略地概括早期中国的共同体演变历程，不妨视之为一种"小共同体→瓦解→秦大共同体→小共同体"的否定之否定演化。传统中国乡村社会是以血缘结构和地缘结构为链接自主组织而形成的，主要依赖的是内生力量。即主要以乡贤乡绅为主体，对乡村民间行使自我管理和保护的职能，从而减少国家的治理成本，避免管理上的"内卷化"。国家则借助乡规民约的自治方式对以乡村为单位的小共同体进行有限度的扶持，以保持国家社会的基本稳定。从理念渊源上，中国传统乡村的小共同体生发于儒家的社会理想。本质上，儒家的大同理想就是建立在三代以来的小共同体社会的基础上，与《大学》刻画的修齐治平的递进逻辑内在一致，目标都是在"亲亲"的血缘关系上不断向外扩展，在不断超越中最后消解血缘，形成天下一家的"大同"共同体。传统的中国乡村社会的地缘关系构成小共同体的地缘特征，而宗法关系显示的是小共同体的血缘特点，如美国汉学家史华兹的观点：儒家的正统路线认为，国家的主要目的是支持和维护道德、社会和文化的秩序，以使天下和谐太平。为了达到这个目的，首先要求统治阶级本身有德行。一方面，统治阶级的道德、礼义行为会对整个社会产生巨大的榜样作用；另一方面，通过相对节俭的实践，通过抑制外交政策中的扩张野心，以及通过全面减轻民众的负担，统治阶级有可能使民众在和谐太平的气氛中只关心自己的基本经济需要。这样，民众就能被引导（即使并不理解）去遵守行为规范的基本准则[1]。因此，儒家"德礼"思想支持下的"小共同体"伦理原则也就成为传统中国建构公共社会领域的理念资源。儒家的"小共同体"伦理原则成为个人、家族、国家社会秩序之间的中介，构成相互交融的整体。也就是说，作为中国传统乡村社会基本单元的各个村庄院落，在其长远的历史演变和生产生活的共同作用下，逐步成为一个个道德

---

[1]〔美〕本杰明·史华兹：《寻求富强：严复与西方》，叶凤美译，江苏人民出版社1996年版，第9页。

与价值具有共识性的"小共同体"。在皇权不下县的治理思维下，以温情脉脉的人际关系为纽带而结成的传统乡村"小共同体"都是靠习俗和伦理来调整的，即主要由乡规民约的秩序规范发挥作用，从而使乡村呈现高度自治的特点。如同明代《南赣乡约》所倡导的："故今特为乡约，以协和尔民。自今凡尔等同约之民，皆宜孝尔父母，敬尔兄长，教训尔子孙，和顺尔乡里。死丧相助，患难相恤，善相劝勉，恶相告戒，息讼罢争，讲信修睦。务为良善之民，共成仁厚之俗。"这种以血缘与地缘为基础，以礼法为关系处理方式的乡村共同体在传统中国同时还从事着教化教育、礼仪祭祀、社群救助、安全守卫等公共事业，既是生活共同体，亦是文化共同体，乡村成员之间也有着以"礼"为基准的义务与责任。

二、乡规民约所呈现的礼法共治特征

一般意义上，中国传统乡规民约经历了一个曲折而漫长的发展演进过程，其内容从生产生活互助扩展到乡里教化、秩序维护、生态治理、资源共享等多个方面，其表现形式也从当初口头约定、初步习俗，演化成文本化、系统化的成形规范条文，其与国家治理（皇权）共同具有"礼法共治"的特点。但两者的不同在于，作为中国传统社会权力结构中的国家治理方式代表的是"皇权"，它不可能直接延伸到乡村民间，但仍需要对广大社会发挥辐射影响作用，这就为以乡规民约为内容的基层治理方式留出了广阔的作用空间。从历代传承的乡规民约的形成以及作用方式来讲，中国传统特有的宗法社会为其提供了明确而有力的主体力量——乡绅乡贤。长久以来，在传统中国广大乡村的乡绅乡贤借助自己在家族和地域内积攒的社会资本，不仅能够协调好以血缘为核心的家族内部关系，而且能够协调好所在地域的家族外部关系。这些关系处理中所形成的成文不成文的要求、规则、规范往往就成为当地可行的"乡规民约"。因此，中国传统社会的乡规民约在本质上依然是"礼法共治"。

当年周公"制礼作乐"实现了礼的规范化、系统化,并以此构建起西周社会的礼治秩序。春秋以后诸侯并起,礼崩乐坏,礼的作用日渐式微,各诸侯国随即开始了程度不同的变法改制,其中尤以法家思想助秦国强大并实现统一天下而影响深远。但秦过于崇尚严刑酷法而倏忽灭亡,宣告了法家思想的失败与局限。自西汉武帝开始"独尊儒术"后,儒法转换就成为一个治理思想发生变化的重要信号。"由魏而唐,中国的法律发生了个急转弯,以礼入法,礼法合一,法律儒家化实际上是社会上共同体多元化的反映。宗族兴起,族权坐大,'小共同体'的兴盛,从魏晋士族一直发展到'百室合户、千丁共籍'的宗主督护制。社会精英主流也由秦汉时为皇上六亲不认的法家之吏变成了具有'小共同体'自治色彩、以'德高望重'被地方上举荐的'孝廉''贤良方正'之属,并发展为宗法色彩极浓的门阀士族。这可以说是中国历史上一个罕见的'表里皆儒'的时代。"[①] 但是震荡过后,儒法相合、外儒内法逐步成为传统中国皇权统治方式的基本选择。唐律疏议完成了礼法融合,明清则使礼法合一得到进一步的完善。由此可知,礼法融合是历代王朝的基本治国方略,礼法共治亦是历代王朝的共同选项。当然,很明确的一点就是儒家的礼治思想和法家的法治观念同是传统中国"礼法共治"的理论基础。而且"礼法共治"的理念同样渗透并浸润到传统中国政治文化、社会家族的各个方面,不仅是统治阶级的治国之道,同时也是广大基层乡村社会的秩序规范。我国历史上第一部成文的村规民约《吕氏乡约》所制定的德业相励、过失相规、礼俗相交、患难相恤等基本内容正是儒家注重德礼的直接体现。同时,传统乡规民约的一些规制,特别是涉及惩罚的内容往往是以国家之法为依据显示出"有法可依"的特点,从而实现"有规而循",反映"国有律法,民有乡规""法律维持天下,禁约严束一方"的一致性。

---

① 秦晖:《传统中国社会的再认识》,《战略与管理》1999年第6期。

三、传统乡规民约从"无形之手"到"有形之手"的演变

对于中国传统乡规民约的由来与功能,"国权不下县,县下惟宗族,宗族皆自治,自治靠伦理,伦理造乡绅"①的说法基本符合实际,也道出了"乡规民约"无论是内容要求还是作用方式所呈现的"无形之手"的特点。一方面,乡规民约的共同要求比如德业相劝就具有"无形之手"的鲜明特点。"德"本身就是个人修养的内在修炼与外在表现的统一体,主要依靠的是个人自觉;"劝"就更不具有强制性,而是说服、感化,两相结合就是以无形教化实现有形约束的功效。由此说明乡规民约不是以政治法律的"硬"手段实施,而是以伦理原则作为乡村共同体的"软"性约束发挥作用。另一方面,乡规民约其实是以国家权力"不在场"的方式贯彻体现国家的意志和要求,是国家管理基层社会的"无形之手"。在古代中国长期形成的治不下县的传统下,广大乡村就是"一个没有朝廷官员的自治的居民点",广大乡民也自然感受不到国家权力的存在。乡贤乡绅等地方精英成为连接国家与基层的中介,他们既是乡规民约的主导制定者,亦是主要实施者和监督者。皇权国家的意志要求和乡村乡民的意愿期盼都是通过这些精英上下沟通的。乡规民约其实就是这种相互通气的最具体体现,也必然是国家意志的展现。

中国传统乡规民约在明清以后演变的一个重要特点就是国家权力的介入,也即乡村社会与国家政权的相互融合。明太祖朱元璋非常推崇《吕氏乡约》,还专门颁布《圣训六谕》要求各地推行,从而为乡规民约走向官方提供了国家支持。而由王阳明主持制定的《南赣乡约》则是其成形标志,由此亦使传统乡规民约有了明确的"有形之手"的特征。与北宋《吕氏乡约》相比,明代《南赣乡约》的最大特点是其浓郁的官方色彩,即南赣乡约是一个强迫的组织,覆盖到全乡村②。此后,乡规民约与社学、社仓、保甲制度结合在一起成为一套中国传统

---

① 转引自高寿仙:《"官不下县"还是"权不下县"?——对基层治理中"皇权不下县"的一点思考》,《史学理论研究》2020年第5期。
② 牛铭实:《中国历代乡约》,中国社会出版社2005年版,第31页。

乡村社会特有的治理体系。清朝朝廷的统治深入国家社会的各个方面，乡规民约成为官府控制民间社会的主要手段。清朝顺治年间的《圣谕六条》、康熙时期的《圣谕十六条》、雍正时期的《圣谕广训》等谕令实现了清代乡规民约的内容统一化、表现形式化、首领官僚化，将曾经自治特点鲜明的乡规民约彻底变成朝廷治民的工具。

第二节 中国传统乡规民约的传承与衰微

传统中国流传几千年的乡规民约从本质上讲是一种"广教化而厚风俗"的文化形态，是以非正式制度方式而存在并实现其功能的。在内涵上，乡规民约是指"在某一特定乡村地域范围内，由一定组织、人群共同商议制定的某一共同地域组织或人群在一定时间内共同遵守的自我管理、自我服务、自我约束的共同规则"[①]。《说文解字》有解："规，有法度也。""约，缠束也。"故，"乡""民"指的是所适用的范围和主体，"规约"则是指用非国家意义上的规章制度对乡村民众行为的规范与约束。在中华民族数千年的历史中生发出的调整乡里、乡村社会"细故"的自治规约，在国家成文法规范国之"重事"之下，成为对乡村社会关系进行调整、规范的非正式制度。

一、中国传统乡规民约的产生形成与历史传承

大体上讲，北宋神宗熙宁九年（1076），由"蓝田四吕"（吕大忠、吕大钧、吕大临、吕大防）所制定和实施的《吕氏乡约》是我国历史上最早的成文乡约，是目前可以确定的最早的文本形式的乡规民约，其体例完整、内容丰富的特点也为以后各种乡规民约的制定提供了基本框架。特别是其在实际应用中所发挥的改变社会风气、维护乡村秩

---

① 卞利：《明清徽州乡（村）规民约论纲》，《中国农史》2004年第4期。

序的功能亦为乡规民约的广泛普及提供了范例，因而具有了里程碑的意义。自此以后，乡规民约不仅在广大乡村民间得到广泛传播和应用，同时也逐渐引起了国家统治者的注意和重视，受到官方的充分提倡。明太祖朱元璋颁发的"圣谕六条"就是为了大力推广乡规民约。所以，以《南赣乡约》为代表的众多有影响力、有示范效应的乡规民约就产生于明代。随后的清代统治者仍非常重视乡规民约，专门以发布谕令的方式特别要求各地制定乡规民约，从而使其得以进一步发展。清末以后直到民国时期，内忧外患加上传统文化受到严重冲击，传统的乡规民约步入了不可逆转的衰落过程。

中国传统乡规民约应该在上古时期已有萌发且与很早就形成的德礼治理理念密切相关。根据现有文献，中国传统乡规民约可以追溯至西周。《周礼·地官·族师》曰："五家为比，十家为联；五人为伍，十人为联；四闾为族，八闾为联。使之相保、相受，刑罚庆赏，相及、相共，以受邦职，以役国事，以相葬埋。"这与已形成的以"德礼"化民俗、以"刑罚"除恶惩奸的治理理念相关。在《周礼》等早期的典籍中都有一些非系统化的关于乡村互助、敬老爱民道德规范的形象描述，可以看作是中国早期乡规民约的萌芽和雏形。作为最早成文的《吕氏乡约》，在内容上是从德业相励、过失相规、礼俗相交、患难相恤等方面对人们的言语行为与关系交往提出相应的规范和要求，思想底蕴是以儒家之理念价值来维护乡村的稳定与发展，强调群体内部的互相督促、鼓励；在执行方式上，《吕氏乡约》包括"其来者亦不拒，去者亦不追"的加入自愿原则；有着"约正一人或二人，众推正直不阿者为之，专主平决赏罚当否"的众推领导人方式，"每月一聚，具食；每季一聚，具酒食"的聚会形式，以及"遇聚会，则书其善恶，行其赏罚"的赏罚公开准则；用记录在案督促众人和开除惩罚不可救药之人的惩处方式，"若约有不便之事，共议更易"的议事民主等特点，故其很快为人接受，得到广泛传播。更为突出的一点在于《吕氏乡约》是在国家正式制度之外而形成的自治方式，属民众自发的乡村组织，由乡民自愿，人数既不定也不多。

与《吕氏乡约》突出的自治特点相比，王阳明在14世纪主持制定的《南赣乡约》则具有非常鲜明的官治色彩。明代一方面大力推广《吕氏乡约》的应用，另一方面以吕坤《乡甲约》为指导，依官方意志发展出一套集乡约、保甲、社学、社仓于一体的乡村治理系统。清代在推行乡约制度上最下功夫，但丧失了曾经的乡民自治特点，变成为完全由官方主导的制度，乡民的接受程度大幅度下降。乡约制度本来是人民自有的活动，人民自治的胚胎，到了王阳明、吕新吾手里，渐渐变成吏治的工具，到了顺治康熙各帝手里，便成为御用的工具了。乡约制度由名臣出来提倡，贤主出来告谕，自然是受宠若惊，不胜荣幸之至。然而乡约制度的实质渐就剥夺，乡约制度的精神渐就消沉，结果提倡愈力，敷衍愈甚，完全成为纸上的空谈[①]，令原有乡规民约的自发、自治等特征丧失殆尽。到了晚清至民国时期，国内一些改良主义思想家发现了乡规民约在融通中西文化方面的独特价值，开始探索乡规民约与西方地方自治相结合的方式，其中以清末山西"翟城村治"、20世纪30年代梁漱溟在河北定县推行"乡村建设"实验为典型，目的都是将原来的乡规民约改造转化为新式乡规民约，重建乡村社会的自治，但终未成功。

二、中国传统乡规民约产生形成的社会文化要素

众所周知，在人类社会的发展演变中，对人们的行为及关系进行规范、调整的主要是体现国家权威意志的成文法律正式制度和基于民间自发约定俗成的非正式制度。后者涵盖了文化传统、道德伦理、价值信念、风俗习惯等众多方面。其中以风俗习惯为重点而发挥作用的习俗制度曾经在传统社会享有特别重要的地位和功能。"习俗制度"的本质在于，它是共同体成员为达到良好合作而达成的体现相互信任

---

① 杨开道：《中国乡约制度》，商务印书馆2015年版，第184页。

的共同共享的规则。它往往以社会记忆与相同认知模式的方式内化为个人的世界观或信念，既影响着共同体的代代偏好和选择，又决定着应对各种外部冲击时的措施判断。其中的一个关键在于，不同民族因其独特的生产生活方式与环境而形成独特的社会文化与心理，进而形成独特的风俗习惯，产生不同的认知和适用效果。这也正是中国传统乡规民约的独特性所在。

首先，中国传统大都崇尚"听讼，吾犹人也，必也使无讼乎"[①]的理念。在中国几千年的历史演变中，"非诉"是一个影响深远的观念，表现为民众在面对各种纠纷时"私了"往往成为可接受的最优解决方式，故而，"无讼"或"非诉"成为中国传统文化的鲜明特点。传统中国的"无讼"思维久远而绵长，其形成缘由与远古中国的生产方式、宗法社会、主流思想等密切相关。一是小农经济条件下自给自足、简单而封闭的社会关系客观上造成人与人之间发生纠纷的概率不高；二是中国传统人际关系是以血缘为纽带的宗法结构，在因此而形成的熟人社会里，纲常礼教的德化和族长邻里的调解是解决矛盾问题的基本方式，而对簿公堂的诉讼则成了道德败坏、行为刁钻的同义词；三是源远流长的"无讼"思想传统，尤以儒家文化为甚。如果说曾经的诸子百家在思想主张上存在太多差异的话，但在"无讼"问题上却表现出少有的一致。老子主张"无为而治"，"不尚贤，使民不争"[②]。他的"不争"具有明显的"无讼"取向。从法家商鞅"禁奸止过，莫若重刑"[③]和"以刑去刑，虽重刑可也"[④]的观点可看出，法家其实也是希望通过严刑峻法的方式达到既禁绝犯罪还实现"无讼"的目标。明确提出"无讼"概念的是儒家创始人孔子。"道之以政，齐之以刑，民免而无耻；道之以德，齐之以礼，有耻且格"[⑤]，反映的就是孔子主张以德礼教化

---

① 《论语·颜渊》。
② 《道德经》。
③ 《商君书·赏刑》。
④ 《商君书·画策》。
⑤ 《论语·为政》。

民众而实现没有诉讼、没有纷争的社会理想，因此，中国传统众多的乡规民约大都以"和息止讼"为其重要内容和目的。

其次，主张以美德教化作为维持民间社会秩序的主要方式。长久以来，在"以礼为主，礼法兼治"氛围浓厚的传统乡村社会，乡规民约既是一种重要的社会思想，同时也是一种社会教化的规范与方式。一般来说，中国传统主张崇尚的教化，就是通过日常生活中所形成的人生礼仪、道德伦理、节日习俗对普通人进行教导和感化，进而对人的内在精神和道德品质产生细致无声的影响，因此，教化就不限于一种理论和说教，而是包含了一系列仪式化的行为、规程、规范等综合性要求。中国传统的乡规民约以德业相劝的教化理念，通过具体的礼仪习俗对中国传统乡村的伦理价值和道德规范的形成与作用产生着深刻的影响。换言之，传统中国的乡规民约之所以能够长时间在乡村民间发挥其独特作用，不只在于其简单的说教和强制性约束，而在于其日常生活中以"慎终追远，民德归厚矣"等礼仪规范的倡导和推行来塑造乡民的行为，进而提高民众对宗族乃至社会的认同感。

最后，乡绅乡贤等乡村精英发挥引领促进效应。简要梳理从北宋吕大钧等正式制定成文的《吕氏乡约》到明代王阳明确立的《南赣乡约》的发展历程就会发现，传统中国乡规民约大都是由知名的乡贤乡绅倡导、制定而成，而且他们也起着实施与监督的作用。具体而言，乡贤乡绅大都生活在乡村自己所在的族群中间，依据熟人社会，他们凭借自身的财富、知识、阅历、威望等影响、指导乡规民约的制定、修订和实施，继而推动其社会治理功能的实现。在内在性上，乡规民约具有产生形成的自发性和共同性特征，但要切实成为规范有效的不成文制度，还需要自觉的系统化，而具备完成此项工作能力的非乡贤乡绅莫属。

三、中国传统乡规民约的内在困境与衰落命运

在几千年的社会历史发展中，乡规民约以其特有的德业相劝、美

德教化的理念与方式在传统中国的广大乡村社会运行中发挥着规范行为、调节关系、道德教化、净化民风、稳定安宁的作用。然而任何事物都有两面性，传统中国的乡规民约在规范稳定乡村社会过程中发挥过积极作用，但在明清以后，面对剧变的外部环境，加上本身的缺陷，乡规民约逐渐在诸多问题的困扰中走向衰微。

首先，乡村民约的划一要求和道德强制使其扭曲人性、压抑个性、限制社会进步等糟粕内容愈发凸显，对中国传统社会的健康进步形成钳制作用。比如传统乡规民约通常是把礼俗置于首位，其后果往往会压抑和控制每个个体的主体精神与权利意识，也很容易限制乡民个体对包括道德规范在内的各种要求的理性审视和价值追问，尤其在中国那些封闭偏远的乡间农村，传统礼教更容易束缚人的精神，压抑人的个性，有时甚至个人的人格尊严和正当诉求都无法得到保障。同时，传统乡规民约在具体实施中往往存在程度不同的不稳定性和不确定性。这主要体现在传统乡规民约的实施主体大都是乡绅乡贤等地方精英，这些人是以自己在宗族中的地位、年龄、财富以及社会声誉为支撑，将个人的看法和家法带入乡规民约的实际执行中，既具有鲜明的"人治"色彩，又存在着明显的"人亡政息"的可能，必然影响其具体实施效果的稳定性和长期性。这些现象长此以往必然会引起人们的怀疑、反感、反对，甚至反抗，成为其走向衰微的内在因素。这些现象在一些文学作品中可以生动感受到。

其次，封闭打破后开放的常态化必然对传统乡规民约的合法性和稳定性构成冲击。从渊源上说，传统的乡规民约是以血缘地域关系为纽带构建的以道德纲常、家族势力、宗法礼制等为特征的中国传统礼教制度。它是以农耕生产为根基而形成的伦理道德文化为其存续和作用的源头，这也是其存在的合法性基础。但随着近代以后中国社会开放、流动性的渐趋增强和城市吸引力的日益明显，乡村社会的成员开始睁眼看世界，开始走出去，而愈来愈多的新鲜人和事也走进来。这种情况直接导致原来的家族群体和熟人社会变得松散与脆弱，并开始走向解体，人们也开始质疑这种乡规民约存在的合理合法性。

最后，现代化的"祛魅"过程对中国传统乡村社会的必然影响。同样，"现代化是一个多层面的进程，它涉及人类思想和行为所有领域里的变革"①。中国传统乡村概莫能外。实际上，自近代国门洞开、列强在中国竞逐之时起，中国社会就开始了被迫艰难却不可逆转的现代化转型。尽管中间因政治、文化等因素出现过一些反复，但中国社会最终是走进了现代化发展的快车道。而现代化的快速推进对中国社会最深刻的冲击，就是快速消解了中国乡村社会乡土道德传统的神圣性和魅惑力。那些曾经的道德权威、传统习俗、美德典范均面临被怀疑、被抛弃的命运。特别是日益加快的人员流动更是逐步瓦解了传统的"熟人社会"。伴随城市和工业文明的备受推崇与追求，日趋多元的文化价值观的被广泛接受，曾经的"乡土逻辑"则被淡漠和轻视，广受尊敬的乡村民间权威开始受到冷遇和挑战。广大乡民对曾经的乡规民约的认同感明显下降，致使其约束力、执行力日趋减弱甚至丧失。

第三节　现代社会治理下传统乡规民约的实践改造与转化

现代中国的社会治理创新实践中，不仅包括国家法律法规的广泛实施执行，也包括乡规民约等传统的现代转化运用。传统乡规民约曾对传统中国的基层治理产生了深远的影响，对其中蕴含的治理经验与智慧技巧加以继承和转化是发挥其作用的重点所在。为此，通过乡规民约促使广大乡民一方面增进法律意识、遵守法律制度的强化约束作用，另一方面又发挥礼仪习俗、道德约束、舆论引导的柔性规范效应，

---

① 〔美〕塞缪尔·亨廷顿：《变化社会中的政治秩序》，王冠华等译，三联书店1996版，第30页。

在传统与现实之间实现乡村治理的有效推进，是实现乡村振兴的重要途径。

一、重建乡村背景下对传统乡规民约的重新认识和重视

追求古老中国实现现代化是近代以来众多仁人志士的共同志向，追求国家富强是中国近现代以后各式各样参与者的共同目标。尽管现代性是以新的生产组织方式为基础对社会结构层次进行的一场颠覆性的变革，却也无法彻底斩断与传统的所有联系，不可能与过去完全割裂，许多传统的东西也能够转变成为现代生活的一部分。具体到中国乡村社会的治理建设，许多传统社会的治理理念与方式在很多方面不仅在政治和经济上仍然产生影响，甚至还可以在相应的改进过程中发挥重要作用。

"乡村治理是包括自治权力在内的各种权力对乡村社会的治理活动；另一方面，它又不是仅仅指村庄内部的封闭式治理，乡村社会与基层政权和国家宏观政治之间的互动都是乡村治理的重要内容。"[①]而乡村"治理并不是一个现代现象，但治理理论却是一种新的理论，但这种新理论只不过是对传统乡村社会管理的一种重新的阐释而已"[②]。早在20世纪二三十年代，梁漱溟在华北等地探索的乡村建设运动应是现代社会环境下如何进行乡村治理的一次具体实践探索。尤其是改革开放以来，伴随着改革过程中市场化的推进和浸淫，中国社会广大乡村的内部组织不断瓦解，乡村的衰落与衰败成为不争的事实，也就有了探索乡村治理、实现乡村振兴迫切要求的提出。但是，作为一个大国，广袤国土上基层社会，特别是乡村的治理难度远高于传统社会，特别是因民间调解能力的日趋弱化，必然使得大量的基层纠纷涌向国家机

[①] 周朗生：《乡村治理的理论诠释——从治理到乡村治理》，《中共云南省委党校学报》2008年第3期。
[②] 蒋永甫：《乡村治理：回顾与前瞻——农村改革三十年来乡村治理的学术史研究》，《宝鸡文理学院学报》2009年第1期。

构,广大民众对权利的维护和诉求愈来愈多,故极易产生对政府的抱怨。因此,重建基层特别是乡村社会,确保乡村治理有效运行,从中国传统乡规民约等治理文化中挖掘资源便是一种选择。

中国传统的乡规民约作为非正式制度的典型在历史上的演化不用赘述,其中的重要特点如美国学者所阐释的那样,制度是由规制性要素、规范性要素与文化—认知性要素构成,这三大要素构成了一个连续体,其一端是有意识的要素,另一端是无意识的要素。这些制度要素或制度层面,以相互独立或相互强化的方式,构成一个强有力的社会框架,这种框架既能容纳又能展现这些结构性力量,是一种具有弹性的框架[1]。中国传统社会发展长期积淀下来的道德伦理、风俗习惯、宗教信仰、社会惯例等既为乡规民约的产生提供了社会和思想基础,其本身也是乡规民约的具体内容,发挥着道德引领、行为规范、教育惩戒、防患于未然的作用,属于乡村社会内生秩序而形成的治理机制。这些与现代中国乡村社会治理的方向和要求并不相悖,完全可以通过适应性改造转化焕发出新的活力。

二、传统乡规民约"礼法共治"的现代继承与扬弃

如果做更加深入的观察研究就会发现,传统中国政治文化在塑造现代中国的治理格局方面作用其实很大,而且传统政治文化在现代治理过程中依然处于延续之中。其中一个重要表现就是国家治理与地方合作所实现的有效性,而这又是以国家垄断意志被部分的让渡和打破为代价,表现出一种相互间的合作与妥协。比如当下中国的法律调解制度就主要来自准官员文化和民间精英文化的基层调解传统,加上在社会发展过程中形成的干部、行政和法庭调解,就构成一种很具中国特色的纠纷化解制度,其缘由如费孝通先生观察到的:"我们可以说这是个'无法'的社会,假如我们把法律限于以国家权力所维持的规则,

---

[1] 〔美〕理查德·斯科特:《制度与组织:思想观念与物质利益》,姚伟、王黎芳译,中国人民大学出版社2010年版,第59页。

但是'无法'并不影响这社会的秩序,因为乡土社会是'礼治'的社会。"①于此,传统的礼法共治如何与现代法治社会相衔接便凸显出来:"一方面,我们不能一味强调用法治代替礼治,因为法治的强行推行会因缺少民间土壤的滋养而不能生根开花,法治也必然会丧失其本身的社会基础和权威;另一方面,我们也不能希冀礼治传统的全面复归,拒斥国家正式法律的介入。"②"礼治"与"法治"的共同目标都是规范并形成稳定、秩序的社会,并以合理有效方式实现其功能上的优势互补。

在礼法共治的改造转化中,要把法治建设放在首位,遵循法治的根本要求,促进公共领域和私人领域的区分。作为民间法的乡规民约必须与国家的法律法规相符合,既要有内容上的合法性——乡规民约要符合国家的法律、法规,以及国家政策的相关要求,保障村民的基本权利;又要有程序的合法性,即制定乡规民约必须征求全体村民的意见,要符合法定程序的要求。现代社会的乡规民约要与法治建设的精神、目标相一致,国家对乡规民约的整合、引导和制约不可或缺。与此同时,绝不能忽略乡规民约曾有的礼仪规则的相关内容和作用。如果说国家法律法规是民众可见的、必须遵守的、应然的规范规则的话,那么中国传统许多的礼治内容与方式则是沉淀在广大乡村民众内心中的无形的、实然的"法律法规"。传统礼治可以被质疑、被遗忘,有些糟粕必须彻底抛弃,但其中的文化根脉却是无法割舍的,而且礼治合理因素若进行顺应风土人情的适时转化,则更有助于基层社会法治的推进。

三、现代乡规民约既要保持与国家法治的一致性,还要体现自身的乡土性、自生性、差异性

尽管乡规民约根本上属于民间规则,但与国家法律相一致是其不

---

① 费孝通:《乡土中国》,三联书店2013年版,第600页。
② 边芳、王露璐:《新乡土社会中礼治和法治的冲突与整合》,《理论导刊》2010年第5期。

容置疑的必然要求。将国家权威融合进乡规民约并进行合法性认定，是现代乡规民约制定需遵守的根本原则。同时，国家法律也要给乡规民约留有一定的活动空间，也是焕发其活力的重要方式。传统中国早期的乡规民约属于乡间村落的"习惯法"，其中蕴含着浓重的乡土气息和人情世故，是一种体现乡土习俗的自治规范，可看作是在长期社会生产生活浸润中得到乡民认同、贴近乡土生活实际的民间自治律条。实际上，传统乡规民约是在国家意志、乡村精英与乡村民众三种力量的互动和博弈中，得以形成和发展起来。很大程度上与乡民的意愿相符合是民众能够接受并自觉遵守的最主要原因。特别是其与乡民日常生活紧密相关的德业相劝的教化形态、礼俗相交的规范约束、过失相规的惩罚手段、患难相恤的救济互助等，都是源自乡民生产生活特点的重要内容，故而具有了乡民自愿接受、自觉遵守的自主性特点。因此，无论现代乡规民约的构建抑或在随后的世事演变中，都需要在广大村民的广泛参与下，做到因地制宜、因时而变，从而发挥国家法律法规所不及的作用，这也是乡规民约能够长期存续的重要根源。

　　中国传统众多乡规民约的治理价值往往深受特定乡土环境诸如自然地理气候、民族风情风貌、历史文化传统等方面的深刻影响而有所差别。中国社会自古就有"十里不同音，百里不同俗"的特点。乡民们世代繁衍生息在"生于斯，长于斯，死于斯"的土地上，因特定的文化道德、伦理习惯的影响甚至左右，许多习惯、规则大多是在乡民长久的生产生活中自发形成的，具有自身的社会认同基础，进而使不同地域的乡规民约往往有着非常明显的地方特质，甚至在适用性上就具有不可复制、不能通约性，成为一种"地方性知识"。这一点既可以看作是传统乡规民约的功能局限，也可视为现代乡规民约适用性改造过程中注重借用的特点或优势，因而在不同乡村地区的创新治理中体现自身的特色和价值。

四、注重现代乡规民约功能作用的共同体和公共空间建设

在以工业化为代表的现代化进程中，乡村社会以乡规民约的现代转化与乡村共同体和精神家园的重塑之间联系紧密，即现代中国乡村治理过程中传统乡规民约的重新焕发活力，应主动与新的共同体建设关联在一起，应在继承中以新形态构建乡村共同体。党的十九届四中全会提出了"建设人人有责、人人尽责、人人享有的社会治理共同体"的方向目标。在具体建设过程中，其中有一个不可忽略的重要思路，就是要充分利用乡村社会资本构建现代乡村共同体，而"社会资本就是个人拥有的、表现为社会结构资源的资本财产，它们由构成社会结构的要素组成，主要存在于人际关系和社会结构中，并为社会结构内部的个人行动提供便利"[①]。社会资本包括规范与有效惩罚、义务与期望、权威关系、信息网络、多功能社会组织及自主性社会组织等具体形式，其中所蕴含的传统价值是其现代作用实现的原动力。"历史学者在解读中国时，首先应承认，这个国家或经历挫折与荣光，其自我组织的方式却为世界提供了广泛有力的战略以及富于意义的规则。"[②] 对于中国的现代乡村而言，重新构建一种人与人之间的情感、生活、价值追求等彼此交织在一起的"有机的"伦理共同体，是传统乡规民约现代作用展现的重要基础。

还要看到，传统乡规民约的具体实施有宗祠、书院之类的具象化物质载体。遍布于中国传统乡村社会的大量家族祠堂往往是一个家族的根基，是确立家族礼制的重要场所，发挥着维系家族情感的重要功能。很多地方的家族祠堂既可以祭祀祖先，也提供了家族成员的社交场所，而且大都也是乡规民约的形成地和实施地。在历史的长河中，家族祠堂既可以惩戒违反族规的成员，还可以成为教育读书的公共场地。作为兴盛于宋代且以民办为主具有讲学、藏书和祭祀三大主要功能的传

---

① 转引自闪兰靖：《社会资本视域下民族乡村社会治理共同体的构建》，《黑龙江民族丛刊》2020年第1期。
② 余凯思：《习俗制度与中国现代性》，〔新加坡〕《联合早报》2019年12月7日。

统书院，是乡村社会的一个重要公共场所。传统的乡规民约往往成形于宗祠、书院，宗祠、书院是乡规民约发挥作用的重要公共空间。现代乡规民约建设中不仅要重视内容和形式，还要根据现代社会环境的变迁构建更具吸引力、凝聚力、整合力的促使生成社会权威的、构建社会秩序、展开日常生活的公共场域，促进形成具有现代社会内涵的出入相友、守望相助、鳏寡孤独相周恤、疾病困苦相扶持的价值理念，形成具有归属感的精神家园。最近几年在浙江省兴建的文化礼堂颇具现代乡村公共空间的意蕴。在许多文化礼堂中，村民之间的互动交流与开展形式多样的活动增进了彼此之间的情感联系和社会认同，在密切的合作团结中形成新的乡村共同体。

第六章
中国传统乡村空间居住文化及现代价值

中国传统乡间村落在其发展过程中形成了特定的结构和功能，并作为一个教化整体，规范着人的观念和行为，维系村落的生产生活秩序。实际上，有效的乡村治理要以村落价值体系为基础，充分利用乡村的空间特点、熟人社会网络和丰富的自治德治资源，提高乡村治理的有效性。2018年发布《中共中央国务院关于实施乡村振兴战略的意见》；2020年12月16日，中共中央国务院提出《关于实现巩固拓展脱贫攻坚成果同乡村振兴有效衔接的意见》，2021年3月公开发布。这两个文件都明确强调了乡村振兴与治理有效，指出要坚持自治、法治、德治相结合，才能确保乡村社会充满活力、和谐有序。这就需要看到，有效的乡村治理必须尊重乡村特点，利用乡村所具有的德治文化和自治传统，挖掘和提升传统优秀文化，把现代法治理念和精神融入乡村价值系统中，这样才能构建有效的乡村治理体系。这就需要我们懂得乡村的基本结构，了解乡村的基本特点，遵守乡村发展的基本规律。这就需要从乡村价值系统出发，围绕乡村治理与乡村空间结构、乡村社会结构、乡村文化结构等内容，探讨乡村与治理的关系，旨在保护和传承乡村治理的有效要素。

第一节　村落空间结构与乡村秩序的氛围和环境

村落在其发展过程中，始终沿着两个维度成长，一个维度是适应村落生产，另一个维度是方便村落生活。在这个过程中除了不断完善和发展生产与生活功能外，还衍生出一系列乡村所特有的功能，如民间信仰、邻里互助、丰富的民俗、时令与节日、人群关系等，客观上具备村落重要的教化价值。教化是乡村治理的重要内容，有效的治理不仅是对人行为的约束，也是对人格的塑造。为什么乡村具有教化价值，这与乡村的空间结构、社会结构和文化结构密切相关。

村落的空间结构是指对地面各种活动与现象的位置、相互关系及意义的描述[①]，是村落物化要素及其相互的联系。乡村由哪些物质要素构成，这些要素之间是一种怎样的关系，构成了什么样的结构，是一个十分复杂的问题。建筑学家关心的是建筑要素形态及其类型、影响村落空间的因素、村落形态演变机制以及特定空间的社会功能等。从乡村治理的视角审视村落结构，则重点考察村落结构要素对人的行为的影响。可以从构成乡村肌理的宅院、公共空间和公共资源三大要素来考察。

一、院落与村落舆论

院落作为村落细胞，主要包括农民居住的房屋以及房前屋后一定范围的闲散空间。其大小、组合对村落肌理起着决定性作用。农家院落有着悠久的历史，并且在村民的日常生活与生产当中占据重要地位。如果将村落比作农户的"大"生活与生产空间场所，那么院落作为农户的"小"生活与生产场域，最大特点在于它的开放和透明。因此有了熟人社会的道德评判，形成村落公共舆论。村落舆论是村民对村落

---

① 刘大可：《传统客家村落的空间结构初探——以闽西武平县北部村落为例》，《福建论坛：文史哲版》2000 年第 5 期。

某种现象的态度、信念或价值的言语表现。经过村民间的反复酝酿、讨论、矫正，可以达成相对一致的态度，或是赞扬、鼓励，或是嘲讽、鞭笞，使得村落公共舆论对人行为的约束与教化作用十分有效。乡村公共空间和公共资源的存在也是乡村教化得以实现的重要条件。乡村公共空间在促进社区认同、维系社会秩序、密切融合社会关系，以及消除分歧、缓解紧张、达成共识、互惠合作、文化整合等方面具有重要的社会功能，是村民信息交流、参与村务、人际交往、纠纷调解、休闲娱乐的场所。乡村公共资源的存在是乡村自治的基础，加之乡村丰富的德治资源，为乡村治理能力提高奠定了基础。在乡村治理实践中通过优秀家风建设带动乡风文明，通过弘扬德孝文化达成父慈子孝、兄友弟恭、夫妻和顺、家庭和睦、乡村安宁的社会和谐安定的效果。

院落在空间层面不仅是敞开的，其社会层面也是敞开的，随时欢迎来访的邻里和客人，这种开放性为村民之间的交流提供了便利。串门是村落最为普遍的现象，其目的可以是借工具或其他生活用品，是商量事情或请教问题；可以是聚在一起打牌，更多的是在一起聊天、交流感情。正是由于院落的开放和透明，才有了村间舆论的特殊功效。有人认为，舆论是指在一定社会范围内，消除个人意见差异，反映社会知觉和集合意识的、多数人的共同意见。也有的学者认为，舆论是在特定的时间和空间里，公众对特定的社会公共事务公开表达的、基本一致的意见或态度[①]。其实，在乡村，村落舆论是基于熟人社会而产生的，涉及内容十分广泛，围绕人与物的关系、人与人的关系的评价，村里的大事小情，诸如科技信息、国家政策，张家长、李家短，农户运用技术水平的高低，合理使用利用土地的能力，勤快还是懒惰，节俭还是浪费，对待老人和孩子的态度，对邻里是热情还是冷漠，借东西及时还，还是只借不还，对人的态度是真诚的还是虚伪的，在家里是讲卫生的还是邋遢的，对家人是包容的还是苛刻的，是善良的还是

---

① 李良荣：《新闻学概论》，复旦大学出版社 2001 年版，第 49 页。

邪恶的，等等，不一而足。人们都会按照一定的价值标准表现出某种态度。尽管这个标准是不成文的，也没有定量的指标，常常带有浓厚的个人情感色彩。但是村落舆论在形成过程中具有群体行为特征：第一，村落舆论具有广泛的参与性。我们调查发现，参与村落舆论传播的人涉及男女老幼，而且传播效率非常高。一个舆论的形成到扩散到60%的农户只需要3～5天。人们不仅按照自己的愿望和理解接受信息，还根据个人价值取向和期望加工、传播舆论，在这个过程中，培养了参与者对是非善恶的辨别能力、与群体保持一致行为与态度的自觉意识，客观上形成了较为一致的价值观念和态度，如对不肖子孙的谴责，村民们就有非常高的共识度。第二，村落舆论具有群体压力。尽管村落舆论是自发的、约定俗成的，但具有很强的约束、引导，甚至控制人们行为方向的力量，使人们的行为按照乡村大多数所期望的方向去发展。所谓人言可畏，反映的就是村落舆论的巨大压力对于规范村庄秩序、调节人们的行为规范所具有的作用。其作用机制除了广泛参与和群体压力外，乡村还普遍存在着认同与疏离压力。一个有品行的人，具有较高威望，邻里喜欢亲近他，愿意与他合作共事。相反，一个品行不好的人，人们除了舆论谴责，在行为上还会疏远他、孤立他。人天生就对社会孤立有一种恐惧感，与群体行为保持一致是人的一种生存方式，这是群体对它所属的成员具有影响力的重要原因。当然，这样的教化效果是基于农家院落特点而存在的。

二、村落公共空间与精神家园

乡村舆论之所以能够发挥作用，除了开放的农户庄院作为条件外，乡村公共空间和公共资源的存在也是重要因素。哈贝马斯在一篇题为"公共领域"的文章中对公共领域做过详尽的阐释，认为"公共领域"作为人们社会生活的一个领域，能够形成类似公共意见这样的事物。公共领域向所有公民开放，无论什么人来到这个"公共领域"就成了公众，并参与一个群体的活动。他们可以自由地集合和组合，可以自由地表达和公开他们的意见，最后形成一致的态度进行传播①。这里可以把哈贝马斯对"公共领域"的解释移植到乡村公共空间。传统村落会自然形成一些重要的交往节点或信息交流场所，它们可能是十字街头、大槐树下、戏台前、水井旁，也可能是廊桥下以及茶馆、酒馆、理发店、磨坊等，这些都可以成为乡村的公共空间。今天乡村的公共空间可能变成了学校门口、杂货店前、健身广场、村委会，甚至田间地头等。乡村公共空间在促进社区认同、维系社会秩序、密切融合社会关系，以及消除分歧、缓解紧张、达成共识、互惠合作、文化整合等方面具有重要的社会功能，是村民信息交流、参与村务、人际交往、纠纷调解、休闲娱乐的精神场域。在这里，村落信息持续不断地被制造和传播，形成村落舆论和集体记忆。有人把村落公共空间划分为信仰性公共空间、生活性公共空间、娱乐性公共空间、生产性公共空间以及政治性公共空间等②。祖先崇拜是在先人和后人之间建立关联，以祠堂为空间载体，涉及孝文化、传宗接代等伦理要求，对规范代际关系、凝聚宗族力量、维系社会秩序、调解纠纷、救济贫困、维护社会治安、促进生产互助等方面发挥着重要作用，被认为是维持伦理的有效教化方法，正所谓"慎终追远，民德归厚矣"。生活性公共空间，是农民聊天、打牌、参加民俗活动、人情往来等日常生活所依赖的场所，如树荫下、池塘旁、商店门口、庭院等场所。聊天作为乡村公共交往的一种重要形式，其不仅是传播信息、交流思想的途径，也是形成村落舆论、社会规范的重要方式。乡村生产性公共空间主要是方便村民进行乡村的多种多样的生产活动而形成的，诸如粮食晾晒场、打谷场、碾坊与磨坊、乡村作坊等。乡村娱乐性公共空间指农民参与公共文化活动的公共场域，如戏台、影院、文化大院以及种类繁多的文化组织和活动。娱乐性公共空间为满足村民精神文化需要提供了空间条件。

---

① 汪晖、陈燕谷主编：《文化与公共性》，三联书店1998年版，第125页。
② 张良：《乡村公共空间的衰败与重建——兼论乡村社会整合》，《学习与实践》2013年第10期。

此外还有乡村事务空间，是农民在参与村庄公共事务过程中形成的社会关联及其空间形式，如村民议事场所、会堂、村务公开栏等。村落公共空间建设要考虑村民聚集的方便，有些乡村把公共空间建在了村落的边缘，甚至远离村庄，自然无益于乡村治理。从2012年以来，浙江省各地乡村兴起的文化礼堂就是构建村落公共空间的有益探索。在文化礼堂里，有村史廊、民风廊、励志廊、成就廊和艺术廊，农民在文化礼堂不仅可以举办文艺活动、娱乐活动、学习活动，还可以举办村民大会、报告会、表彰会，举行婚礼、入学礼、成年礼、春节祈福礼、清明感恩礼、重阳尊老礼等。在这里，文化礼堂改进了人们礼尚往来、情感交流、节庆礼仪等活动的空间，有望成为新乡村的精神家园。

三、村落公共资源与自治传统

与公共空间相关联的另一个概念是村落的公共资源，如村落里的山、水、林、田、路，村落公共建筑——祠堂、教堂、广场、会馆、书院、庙宇、学校、工厂，等等。有些村落公共资源与公共空间相重合。公共资源是村民参与村务和村民自治得以展开的基础。由于公共资源与村落每个人的利益息息相关，要有效合理地使用和保护公共资源，就需要每户村民充分参与决策和发表意见，形成保护资源、利用资源的行为规范。浙江桐庐县深奥村的供排水系统由溪流、暗渠、明沟、坎井和水塘五个层面立体交叉构成，各自独立，又相互联通，充分调控地面和地下水资源，将饮用水、生活水和污水分开处理，并使水始终处于流动状态。要做到这一点，就需要上下游全体村民齐心协力，形成大家共同遵守的用水制度和行为规范。该村在利用公共水资源的过程中形成的用水习惯内化为每个人的自觉行动，近百年来之所以从未发生因用水而产生的纠纷和矛盾，就是得益于因共同资源而衍生的自治传统。村落公共资源是村民参与和形成合作的重要基础，缺乏公共资源是村落治理困境的重要原因之一。进入新时代后，如何形成新的村落资源，不是通过重新发包土地来增加所谓的集体收入，也不是简单地重建祠堂或修建文化广场，而是要探索村落为农民提供服务的新内容和新途径，通过服务农民、组织农民，创新共同资源形式，形成新的利益共同体，为有效的乡村治理创造条件。

无论是院落，还是公共空间或公共资源，村落空间结构对乡村治理有效性的影响是十分显著的。其中除了村落空间结构的教化价值，还在于特定的村落空间特点维系了熟人社会，形成了熟人社会的人情文化。熟人社会具有维持共同体成员团结互助、规范社会秩序及促进村落成员相互信任等社会功能。只有充分尊重和利用人情这一乡村社会资源，才有助于实现乡村的有效治理。因此，乡村建设要讲究乡村的空间结构，注意村落的形态和规模。近些年来，人们提倡乡村治理单元的细化和下沉，从行政村下沉到村民组，其优势就在于充分尊重村落的空间特点，易于利用熟人社会的特点达成集体行动，形成一致态度，在组织农民、维护公共利益、化解村民矛盾、提供有针对性的公共服务和创建村落公共生活等方面具有重要作用。

第二节　村落社会结构与乡村秩序的形成和作用

村落的社会结构是指村落社会成员的组成方式及其关系格局，包括人口结构、家庭结构、社会组织结构、就业结构、收入分配结构、消费结构、社会阶层分化等内容。这里仅就家庭、邻里、家族对乡村社会秩序的影响展开论述。

一、家庭与家风

乡村家庭相对城市家庭而言，具有三个显著特点：第一，家庭是集生产、生活和社会交往于一体的初级组织。村民的基本生活以自给自足为特征，决定了家庭生产的多样性。农业生产的特点和家庭特点的高度吻合，是以家庭为单位的农户经营形式长期存在的根本原因。

由于农业生产的季节性特点，需要较多劳动力才能得以进行，以亲友互助为重要内容的家庭网络因而得到发展，这是乡村互助传统的主要源泉。第二，家庭的抚育和赡养功能。自古以来，养育子女、赡养老人就是家庭重要职责。今天，家庭的这一功能仍然不可替代。正因如此，乡村家庭才可以成为实施教化的最有效、最基本的场所。家庭成员互动过程中不仅可以体会彼此之间的感情，传承尊老爱幼的传统，还有助于后代掌握基本生活技能和领悟为人处世的道理。第三，大家庭聚族而居。所谓大家庭，一般指三代及以上有亲缘关系的人共同组成的家庭。大家庭结构一方面适应农业生产的需要，农作物的耕种、收获都要赶节气，时间紧、劳动繁重，需要较多人力配合，家庭成员自然越多越好；另一方面，大家庭有助于实现家庭内部合理分工，做到人尽其用，而做到不误农时和增加收成。现在的乡村家庭常常是分户不分家，户籍分开了，表面上是"核心"家庭，实际上家庭成员在生产、生活、交往等方面依然保持着整体观念和形态。

一个家庭，在世世代代的生产生活中会形成一定的传统，被称为家风。家风是家庭成员为人处世的态度、行为准则、精神风貌、道德品质、审美格调和价值观念等的综合体现。家风渗透在家庭成员处理日常生产生活和各种关系的态度与行为当中。一个家族的家风往往体现为有德望的祖先定下的家训、家规，这些家训、家规其实就是人们常说的家教。无形的家风必须依赖有形的家教而得以流传并发扬光大。湖北竹溪县的"家规家训进万家"活动就是抓住乡村家庭这个社会细胞，挖掘、收集、整理一批优秀家规家训，开展评德立范、家训牌匾馈赠活动，用身边家规家训故事教育身边群众。通过树标立范，传扬良好家风，以慈孝为道德原点，按照"人立言、家立规、族立训、村立约"的要求，大力在全县开展"家规家训进万家"活动，取得了很好的乡村治理效果。

二、邻里与互助

邻里是空间上相邻并存在互动关系的初级群体，邻里在日常生活互动可形成相互之间团结、互助、友爱的关系，具有自然性和易获性，故自古有"远亲不如近邻"的说法，形容的就是乡村邻里的特殊关系。邻里互助现象从村落诞生的那一刻就产生了，首先是生产需要，小农生产面临各种灾害，稍有意外就会陷入困境。因此维系邻里间的密切关系，必要时获得人力、物力和财力的帮助十分重要。其次是生活的需要，邻里之间从彼此照料老人和儿童，到生活用具的借用，再到婚丧嫁娶时的帮助与支持，邻里关系都起着十分重要的作用。再次是情感需要，串门、聊天、打牌、下棋是最常见的邻里交往活动和娱乐方式。在娱乐活动中，人们交流信息、互诉苦衷，长期相处，频繁互动，为邻里之间结下了深厚的感情。

针对当下乡村邻里互动减少，邻里关系趋于冷漠疏远等现象，特别是由邻里交往模式、交往内容和情感变化等原因导致的"信任"关系的解构，乡村治理应着力于改善乡村邻里关系，古为今用，用传统文化教育引导村民的价值观念和对乡村的认同。有学者提出，要把"宣扬仁爱"作为睦邻友好的核心思想；将"帮扶弱者"作为睦邻友好的优先方向；以"自治"与"乡约"作为睦邻友好的法治措施；以"礼"与"让"作为睦邻友好的德治手段[①]。但要从根本上改变这种现状，需要综合措施。首先，不能随意改变乡村结构，尽可能维系村落邻里的空间形态。中国乡村的邻里关系是基于固定的院落空间关系和生活范围而形成的，由于这种固定性，结成了稳定的邻里关系。在传统的村落，构成邻里的各个家庭在空间上彼此靠近，甚至屋檐相连。邻里之间抬头不见低头见，茶余饭后，大家自然而然地聚在一起谈天说地，孩子们玩成一片，邻里之间形成守望相助、疾病相扶的社会关系。需要指出的是，由于对传统村落空间结构社会意义的忽视，在改造乡村过程中，传统住房结构发生了变化，由相互交错的单门独户转变成封闭的

[①] 高磊：《中国传统文化视域下的邻里关系重建》，《南通大学学报》（社会科学版）2013年第4期。

单元楼，乡村邻里整体走向彼此隔绝①。在改变住宅结构的同时也改变了乡村的社会结构和文化结构，增加了乡村治理的难度。因此，乡村建设要特别注意传统村落肌理的重要意义，为邻里关系创造适当的空间条件。其次，注意发挥民间组织的作用，建立在"熟人社会"基础上的群众组织，如婚丧嫁娶组织、红白理事会、民间调解组织、互助组织等有助于维持乡村邻里的密切关系。在乡村建设过程中要特别注意体现村民的主体作用，让农民自己建设自己的家园，而不是通过工程招标等措施把村民变成乡村工程的旁观者，更不能为了所谓"现代"农业而排斥农民。当然，农民合作社的不断发展和完善，被认为是密切村民关系，在新时代形成村民互助的新的组织形式。

三、家族与社区认同

有学者对村落社区认同与农民行为逻辑进行了研究，认为因为村落居民互动而产生村落社区认同，村落社区认同会促进社区内社会资本的生产和再生产，社区社会资本越高，村落认同也就越强。村落认同感不仅影响社区成员为社区尽义务和责任的意愿，也影响社区公共舆论及其对村落成员行为的规制能力②。村落认同感越高，对社区成员的行为预期越明确，人们越能够理解自己行为的意义，从而形成一致的态度和行为。正因如此，提高村落认同感就成为乡村社会治理的重要手段。

家族被认为是维系和提高社区认同的有效组织形式与重要载体。家族作为一种根深蒂固的乡村社会存在，对其社会功能及其发展变迁的研究已经很多。就乡村社会治理而言，家族的作用集中体现在对家族成员行为的规范与教化。家族成员在长期的生产生活中所形成的守望相扶的互助传统，使家族成员之间保持着密切的联系和情感依恋，

---

① 王丽娟：《从一场纠纷透视农村邻里关系的变迁》，《中国青年研究》2012年第8期。
② 吴理财：《农村社区认同与农民行为逻辑——对新农村建设的一些思考》，《经济社会体制比较》2011年第3期。

通过一系列的家族活动，如修谱祭祖、修建祠堂、婚丧嫁娶等，可以唤起家族成员的认同感和归属感。家族要达到尊祖睦族的目的，往往要借助于祠堂祭祀活动和祭祀仪式。通过宗族活动可以融洽宗盟、收拢人心、增强宗族内部凝聚力，进而实现尊祖敬宗、合族收族、团结族人的目的。传统社会宗族内的教化功能是十分显著的，通过族规、祖训规范家族成员行为。当宗族内部发生诉讼纠纷时，往往由族长、族老等在祠堂内进行调解，进行"公道品论"，将族内纠纷及时加以解决[1]。尽管传统家族的控制功能在减弱，但当代乡村家族行为的新变化使其在新的历史时期可以发挥新的作用。如修谱祭祀，从神圣标记向"新文化意义"转变[2]。一些农村的修谱活动，打破了传统家族的陈规，媳妇和出嫁女性名字等也被收入族谱，传统的家族观念正在被现代平等思想所取代，隆重而热烈的祭祀活动，尽管失去往日的功效，但在很大程度上依然是人们认祖归宗和文化认同的重要表现形式，而家族成员的精神支持和行为参与更多的是体现对历史情感与文化价值的高度认同。平等、竞争、契约、法律、理性等新的价值因子也渗入家族的内核之中。家族成员能合理地接受家族规范和礼俗制度，维持村庄的公共秩序，某种程度上比行政管理更有效，有些情况下甚至起到了法律所不能起到的作用，从而为乡村社会提供安全的价值取向和稳定的社会秩序。

乡村中家族成员的频繁互动，不仅使成员具有较高的参与意识，也意味着成员对家族、社区愿意投入更多的情感，为之付出，尽更多的义务和责任。利用家族这一特点，可以强化族内团结和扩大族群认同意识，增强家族内部的凝聚力。新乡贤文化的兴起也是源于家族意识，从而为家族的共同行动和集体行为奠定基础。

---

[1] 参见陈瑞：《明清时期徽州宗族祠堂的控制功能》，《中国社会经济史研究》2007年第1期。
[2] 疏仁华：《当代乡村家族的流变与现代走向》，《南通大学学报》（社会科学版）2016年第4期。

四、村落共同体与社会整合

自滕尼斯提出共同体概念之后，人们对共同体的作用、境遇、问题与趋势做了大量深入的探讨和研究。社会学意义上的共同体，主要指自然的、地域性的、小型的、成员彼此熟悉、日常互动频繁、相互依赖、相互帮助、以感情为纽带、具有某种共同生活方式的群体。这种群体的典型形态就是村落，或者说村落是典型的且真实存在的共同体。村民自治、民主协商、道德教化、村规民约等只有在村落共同体环境下才有实际意义。缺乏共同体的基础和道义的支撑，在中国乡村，无论哪一类治理，都难以有效地运行，也难以达到可持续性。"村落共同体"对于维系村民之间的认同意识，增强村落的凝聚力、向心力和内聚性，保持村落的可持续发展均具有无法替代的作用。在城市化、市场化冲击下，"村落共同体"日渐式微，如何发挥村落共同体在乡村社会经济发展、文化建设中的作用，在新的社会环境下重塑"村落共同体"，是乡村有效治理需要关注的重要环节。

村落共同体重建需要从村落内外两个方面入手：在村落内部，首先，需强化村落共同体的经济规制。维系家庭经营制度是农业生产的特点所决定的，也是村落共同体得以存在的基础。村落共同体的现代组织趋势是以村落为单位的综合合作社，不仅可以满足村民经济上的互助互补，也体现感情上的手足之情。其次，需建设新的乡村公共空间。前面提到的浙江乡村文化礼堂建设是村落共同体重塑的有益尝试。再次，需体现村民的主体作用。村民主体性的弱化是村落共同体衰落的重要原因，恢复乡村主体性是村落共同体得以重建的重要途径。乡村基础设施建设应改对外招标为村民自主建设，这样可以增强农民的主人翁意识；成立乡村红白事理事会，既规范民俗行为，又密切村民关系。复次，利用新乡贤力量复兴村落共同体也是重要经验[1]。乡绅制度根植

---

[1] 朱启臻、胡方萌：《柔性扶贫：一个依靠乡村自身力量脱贫的案例》，《中国农业大学学报》（社会科学版）2017年第5期。

于乡土社会，乡绅作为体现儒家道德规范，实施知识教化的有威望群体，通过维护伦理、劝课农桑、纠纷调解、扶贫济困、协调村落公共事务等，保障乡村有序运行。在新的时代背景下，吸引有知识、有道德、有情怀、能影响农村政治经济社会生态并愿意为之做出贡献的新乡贤返乡，有助于凝聚乡邻，以道义整合利益，发展出在新时代下适应乡村发展的共享价值规范体系。此外，培育公共文化、发展乡村公益事业、壮大集体经济等也是重建村落共同体的有效措施。

在村落外部，首先，应着眼于制度创新，注重村落共同体的作用，但也不是要固守传统，而是要打破村落边界，实现更大范围的联合，将村落共同体发展成为现代社会结合体的一部分。如允许合作社联合社的设立，就是这样一种既可以链接村落共同体又可以与外部社会衔接的组织制度。其次，重建村落共同体还需要现代技术手段做支撑。特别是互联网的发展，为村落共同体的重塑提供了可能，以村落为单位的微信群、QQ群等把相对分散的村落成员重新聚合在一个相同的网络空间内，实现了村落成员信息共享。村落成员参与讨论共同的话题而密切彼此关系，不仅增进成员之间的互动，还有效增强了成员对村落的认同感。基层政府可以通过网络空间发布各类政策、地方生产与生活信息，让村民了解基层政府政策和工作动态，通过互联网收集民意，倾听村民的心声，实现村民对村落公共事务的参与，进而塑造村落新秩序，实现村落的有效治理[①]。

第三节　村落文化结构与乡村秩序的理念和功能

村落文化是村民在长期农业生产与生活实践中逐步形成并发展起来的精神产品。村落文化具有乡土性和地域性特点，所包含的内容十

[①] 朱启彬：《"互联网+"背景下的村落共同体重塑》，《人民论坛·学术前沿》2017年第21期。

分丰富，涵盖了乡村生产生活的方方面面，村落文化不仅塑造着人们的道德情感、社会心理、风俗习惯，也规定着是非标准、行为方式和理想追求。在村落里以言传身教、潜移默化的方式影响人们，反映着村民的处事原则、人生理想以及对社会的认知模式。村落文化不仅是乡村秩序的重要内容，也是形成有效乡村秩序的重要途径。从今天来看，实现有效的现代乡村治理过程同时也是乡村文化建设的过程。在此可以从村民的生产、生活、娱乐等三个方面考察村落文化构成及其与乡村秩序文化的关系与作用。

一、农业文化与乡村精神信念

农业文化是与村落生产相关的文化，包括农业科技、农业思想、农业模式、农业制度、农业生产的地方知识以及当地农事节日等内容。农业文化在三个方面对乡村治理发挥作用：一是协调人与自然的关系。农业文化渗透着"天人合一"理念，体现尊重自然和利用自然的智慧，许多农业信仰维系了人与自然的和谐共生，成为保护环境和生态建设的重要精神财富。循环农业理念成为现代可持续农业的模板，也是影响和规范人们养成珍惜资源、合理使用资源习惯的重要因素。二是塑造人的良好品格。农业文化是附着在农事活动之中的，其教育与熏陶作用越来越受到人们的重视。从事农事活动本身可以学习农业生产知识和经验，体验劳动的艰辛，养成珍惜劳动成果的品质；农业劳动可以锻炼耐力与忍耐品质；农业文化培养勤劳、节俭、循环利用的理念；农业信仰有助于形成诚实守信的品格，合作互助的精神和感恩、祈福的情操。三是增强凝聚力。无论是传统的小农生产还是未来的规模化经营，互帮互助、合作协力、生产经验与技术交流、生产示范模仿都不会消失，而且还会得到不断强化。这个过程可以密切村民彼此的关系，不断增加对社区的认同感和凝聚力。因此，农业文化也是现代合作文化的基础。

除了农业生产文化，乡村手工业文化及其教化价值也得到了广泛重视。乡村手工艺所包含的思想、道德、信仰、愿望等内涵，使手工艺的价值超出其使用价值而成为教化载体。传统手工艺教化价值不仅体现在手工艺品所凝结的村民们敬畏自然、崇尚祖先的淳朴的精神信仰与心理诉求，承载着乡村悠久的历史文化和民间习俗及精神诉求。同时，也是工匠精神传承的重要载体。乡村手艺人对自己的手工产品精雕细琢，精益求精，对产品投入巨大感情就是人们所说的工匠精神。

二、生活习俗与乡村行为规范

生活习俗是村落生活中的文化现象，包括生老病死、衣食住行、婚丧嫁娶，以及宗教信仰、巫术禁忌等广泛内容。一些习俗仪式给予人们心理安慰，让人内心平静、寄托希望，对未来生活充满向往。村落习俗对人们的价值观、为人处世的原则和行为发生着重要影响，因此，是乡村治理最丰富的内容和重要途径。

传统生活习俗是一个地区自然生态环境、经济环境、社会环境、历史传统共同决定的，具有明显的地域性，故有"三里不同风，十里不同俗"的说法。习俗是村民对自己作为本村成员身份的心理确认。这种祖祖辈辈流传下来的心理认同，能从人的深层意识唤起对村落利益的关心。民俗文化的突出作用是教化，无论是红白喜事，还是节日时令，各种仪式礼仪都饱含协调人与自然、人与社会、人与人关系的内容，引导和强化人们不断形成敬畏天地、尊重祖宗、尊老爱幼、诚实守信、邻里互助等品质，其本质是倡导人与自然、人与人的和谐。村落生活习俗具有无形的凝聚力、感召力和行为影响力，人们常说的"入乡随俗"，就是指这种影响力的作用。它不是强制的，但是对个体来说却是不可抗拒的。村落习俗的存在和延续需要某种形式的强制力作后盾，这种强制力不像法律那样通过剥夺人的自由或尊严来强制实现，而是通过因果报应的心理暗示和舆论、乡规民约、家规家训等来实现的。如人们违反生产习俗，会受到自然界的惩罚；违反丧事和祭礼习俗，将面临神灵惩罚的危险；违反人们交往的习惯，将会被众人所排斥，这样一来人们就形成了遵守习俗的心理习惯。要融入村落群体，不被孤立，就必须遵循村落的行为规则和信仰。生活习俗一旦形成就不会再轻易改变，习俗的代际传承是以老带小和村落环境反复强化的结果，人们自小耳闻目睹大人所做的一切，不断被要求去遵守、模仿某些习俗规范，通过群体行为矫正不合乎规范的行为。这些社会行为规范经过反复强化逐渐成为个人习惯，久而久之就自然内化为自身的信仰，进而影响后代和其他人，维系了村落社会的有序性和规范性。

　　乡村治理离不开法律，但法律规定体现更多的是义务。相对而言，习惯却是日常生产生活必不可少的调整和规则，每当做某个事情时，人们头脑中第一反应是以往这种事情是怎么做的，这种潜移默化和日积月累的习惯比国家法律的使用程度更高、更贴近日常实际，对人的行为约束和人际关系的调节作用更大且无处不在。但是，也必须看到村落习俗文化作为乡村治理的制度资源，需要一定的载体。文化载体可以是宗庙、祠堂、神台、石刻、纸钱、族谱、村规民约、歌圩舞台等实物，也可以是诸如婚丧嫁娶、节日时令等各种各样的仪式。过去很多人不理解村落文化价值，不清楚文化与载体的关系，采用不恰当措施消灭了传统优秀文化载体，错误的干预导致村落传统习俗习惯的破坏，使村落居民对自己的传统产生怀疑与否定，引起乡村秩序混乱。因此，有效的乡村治理，必须研究村落生活文化在乡村治理中运作的机制，在强化法律定纷止争作用的同时维护习俗在乡村治理中的作用，这是乡村治理的努力方向[①]。

三、村落娱乐与乡村教化

　　繁重的农业劳动、琐碎的家务所形成的压力，需要通过娱乐来缓解、释放，从而获得精神上的放松、愉悦，于是发展出丰富多样的村落文化，诸如串门聊天、庙会、花会、地方戏、杂耍、游戏、舞蹈、民族体育、

[①] 卢明威：《民俗习惯在乡村治理中的秩序维护功能分析》，《广西民族大学学报》（哲学社会科学版）2016年第2期。

故事、传说、民歌、乡土文学等。贴对联、贴窗花、供财神、迎喜神、放鞭炮等民俗活动和节日庆典也是乡村娱乐文化的重要组成部分。我们常用"喜闻乐见"形容村落文化形式，反映的是村落娱乐文化的乡土性和群体参与性等特点。乡土性不仅指文化内容是乡土的，因为它直接来源于老百姓的生活；同时也指娱乐文化形式是乡土的，最接近老百姓的劳动和生活习惯，像唢呐、快板、评书、相声、小品、对歌、地方戏等，很多娱乐形式都是来源于生活。所谓群体性，是指村落娱乐文化具有广泛参与和互动特点，就像聚在一起打牌聊天一样，每个人都是平等的参与主体，秧歌、花会、庙会都是以大众参与为特征的。即使是看戏，在村落里抱着孩子围着戏台看戏与城市人坐在剧院看戏也具有不同的性质，前者具有群体参与性质和互动，后者则完全是属于个体性的。

村落娱乐文化除了娱乐功能，同时也具备教化与宣传功能，即所谓"寓教于乐"。"寓教于乐"通过三个渠道对村民的精神文明、道德情操发生影响，即感化、榜样和鞭笞。通过表演一系列弘扬传统优秀品德的文化节目可以感染人，特别是村落里自编自演的节目，其内容大多是以熟悉的生活和村里发生的事情为题材创作的，或歌颂称赞好人好事，或鞭笞丑事恶俗，都会给台下的农民留下深刻印象。节目或故事对人的教导、感化，都会延续到村民的日常生活当中并潜移默化地影响着他们的为人处世方式。娱乐文化之所以能够发挥教化作用，是因为在一种文化环境中成长起来的村民有很深的认同感，他们的价值观具有一致性和稳定性。通过文化活动弘扬敬老、诚信、互助等传统美德，总能得到大家的认可，故传统美德逐渐成为村落文化的主旋律。不仅如此，村落娱乐文化可以破解如何将党和国家的方针政策有效传递到农村的难题。将政府的惠农政策、法律知识、国家大事等以村民喜闻乐见的文艺形式表现出来，村民在娱乐的同时接受和理解了党和政府的相关政策，比纯粹的说教有效得多。此外，村落娱乐文化在增强农民的凝聚力，重现乡村生机，进一步实现乡村整合的过程中也具有显著作用。在共同参与的文化活动中增强了农民的集体荣誉感，加深了村民对村落的认同感和归属感，有助于恢复乡村的活力。村落文化娱乐在促进信息交流、密切感情、消除隔阂、化解矛盾等方面，都有其独特的发挥作用的空间。

综上所述，我们认为乡村治理不是要另起炉灶建设一套新文化，也不是把外来的治理文化机械地移植到乡村，而是要在遵循村落价值体系的基础上，沿着村落文化谱系，实现传统自治、德治与现代法治的融合。村落在漫长的发展过程中形成了特定的空间结构，进而衍生出特定的社会关系和村落文化。村落形态、邻里关系、农事活动、熟人交往、节日庆典、民俗习惯、地方经验、民间传统、村落舆论、村规民约、示范与模仿等，都是维系村落价值取向和有序运行的重要因素，是乡村治理丰富的自治与德治资源。村落作为一个天然的教化有机体，具有共同信仰和行为规范以及"德业相劝，过失相规，礼俗相交，患难相恤"的文化传统，承担着对村民行为的引导、规训与教育功能，让人们在日常生活中自然地达事明理，明辨是非善恶，以潜移默化的形式不断强化人们的行为规范，并内化为行为准则。因此，有效的乡村治理要从村落整体入手，既了解村落空间对村民生产、生活、社会关系以及村落文化关系的影响，又掌握村落价值发挥作用的特点和规律，努力将村落丰富的自治和德治资源在新的社会环境下发扬光大，进而有效地推动乡村治理的现代化。

第七章

中国传统乡村社会乡贤文化与现代转化

《尚书·尧典》记载"明明扬侧陋",指的是帝尧对虞舜的提拔是起用地位低微之人。《礼记·礼运》记载孔子所论"大同"之世为"大道之行也,天下为公,选贤与能"。故而崇贤尚能既是传统政治文化的重要内核,亦是中国传统政治的一大特色。更值得关注的是,这种崇贤尚能的政治理念不仅适用于国家层面的政治治理,而且也延伸到非正式的基层社会治理,"乡贤"就是在久远悠长的中国乡村社会治理过程中发挥着独特而有效作用的一种典型。当下的中国农村尽管受着现代化发展的极大浸润,但其农耕文化蕴育的乡村特色以及承载中华文化世代流传的重要功能,都使乡村振兴必然包含对传统合理治理方式的继承与发扬。由此也就有了对中国贤能文化影响下传统乡贤的深入解析和实践转化的研究深意。

第一节 由尚贤而乡贤的内在文化逻辑与自身功能

尚贤应该是中国最悠久的政治文化传统之一。早在先秦之前,传统中国的尚贤理念已开始萌发。传说中的上古部落推贤制,而后的由尧到舜"禅让制",再到夏、商、周时期的"敬德保民",可谓是早期尚贤的萌发与初步产生。到春秋战国时期,群雄争霸的情势客观上为贤能政治的兴盛创造了机会和条件，诸如孔、墨、孟、荀等人有关尚贤思想的论述不仅成为传统中国政治文化的重要内容，同时也成为中国几千年社会治理的一个重要理念。

一、作为乡贤思想基础的尚贤与德治文化

在思想渊源上，传统中国乡贤的出现和功能与中国悠久且被提倡的尚贤与德治的文化传统密不可分。历代儒家对尧舜禹三代"禅让"传说的推崇，可谓尚贤政治追求的一个生动例子。至殷商时期，尚有举贤授能的遗风，如汤举伊尹、武丁举傅说、文王举姜尚等。春秋时开始天下大乱、群雄并起、礼崩乐坏，应运而生的思想百家无不在为天下大治而殚精竭虑。尚德政、"举贤才"是孔子矢志谋求的政治理想。后来的儒家继承者基本上都以尚贤作为政治追求的一个重要内容，把甄选并提拔德才兼备的人才作为实现良好政治目标的重要保证。这样的政治理想客观上为基层社会乡贤的产生营造了适应的氛围与环境。

乡贤之所以能够兴起并在传统中国长久的乡村社会治理中有着独特而重要的作用，是与道德思维形成的注重德治分不开的。可以说自西周"敬德保民""德主刑辅"的政治思想占主导地位后，就逐步形成了儒家所倡导的从个人的立德修身到国家的"为政以德"的传统和正统，如梁启超所言："就风俗道德方面言之，我国孔孟所教，诚可称道德之正鹄（此却非我虚矫自大之言，吾新有所见，行将专著书发明之）。"[①]故而，儒家的道德修养要求就成为个人成长乃至社会秩序稳定的基础。"生乎由是、死乎由是，夫是之谓德操。德操然后能定，能定然后能应，能定能应，夫是之谓成人。"[②]如太史公强调的"太上修德，其次修政，其次修救，其次修禳，正下无之"[③]。故而尚贤与德治在本质上是内在一致的。"德"为"贤"之里，"贤"为"德"之用，传统的乡贤一

---

① 梁启超：《饮冰室合集·专集三十二》，中华书局1989年版，第19页。
② 《荀子·劝学》。
③ 《史记·天官书》。

定是集德与贤于一身的乡间有名望甚或有能力之人。

  尤为重要的是,"中国政治文化历来是一种'文化中轴的政治文化',它异于西方'制度中轴的政治文化'。所谓'文化中轴的政治文化',指的是政治文化本身与家庭生活、社会生活、道德生活和伦理生活有着千丝万缕的联系,政治文化弥散在更宏大的社会文化之中"①。因此,这种政治上尚贤与能的导向不仅成为国家治理实施的一个原则,而且也因家国同构的传统特质而延展至基层社会、乡村社会之中,为乡贤的兴起与作用提供了理念和实践前提。换句话说,孔子主张的"政者,正也,子帅以正,孰敢不正"②的从政者标准,在乡村社会就转化为乡贤教化。

二、治不下县与由士绅到乡贤的兴起、形成和独特地位

  在中国,"乡"的历史悠久。"五州为乡"是《周礼·大司徒》的记载。秦汉时期则以十里为一亭,十亭为一乡。传统中国的行政系统并不直接参与乡村治理,乡村与国家在一定程度上是相互独立的,是一种官方秩序与民间秩序并存的局面,在大部分时间内维护了基层社会的稳定,其中"乡贤"就起了重要作用。有学者将商代村邑群中的宗族长看作是中国乡贤的最原始形态③。这个说法给人们提供的重要信息就是在中国社会的历史变迁中,作为最高、最大权力的国家在很早的时期对于基层社会也不是直接管理的,社会自治似乎从一开始就是基层治理的常态。后来中国历史演进中乡贤的兴起与两个重要时代变化有关:一个是从西周的分封社会到春秋时的士大夫社会的变迁。即此时的周王朝已是风雨飘摇,各地群雄并起、诸侯林立。为了称霸天下,各国竞相招揽人才,争相"尚贤",各国对士这样的人才都迫

---

① 王沪宁:《转变中的中国政治文化结构》,《复旦学报》(社会科学版)1988年第3期。
② 《论语·颜渊》。
③ 兰台:《重读乡贤之一:殷商靠什么组织数万大军征战四方》,凤凰网·历史2015年10月27日。

切需要；再一个是秦以降皇权专制统治占据主导而形成的"皇权止于县政"治理方式。美国家族史专家古德就认为："在中华帝国统治下，行政机构的管理还没有渗透到乡村一级，而宗族特有的势力却一直维护着乡村社会的安定和秩序。"①

传统中国自唐代以后科举制已经非常普遍化，但因录取率较低使得参加科举考试的人特别是具有低级功名的人只能留在乡村。加上宋以后中央集权加强，权力上移，各郡县变得"空虚"，从而为"地方精英"留下了活动空间。同时一些退休高官选择"落叶归根"，回到家乡后因为办学校、兴义庄等成为地方贤达。这么多的"精英"留在乡村，成为地方士绅，也促成了乡村社会乡绅阶层的逐渐形成。而士绅则是"乡贤"的主体力量。关于"士绅"或"乡绅"，费孝通先生的定义涵盖了退任的官僚、官僚的亲属、受过教育的地主等等，指的是占有一定地位、发挥一定功能的一个特殊人群。

然而，乡贤与乡绅却不能画等号。在传统主流理念中乡贤之"贤"的首要是道德，物质力量强大但德性不够者可以是乡绅但不是乡贤；而道德高尚但经济窘迫者可以是乡贤但不是乡绅。在儒家伦理纲常主导的环境下，高尚德行一定是乡贤的标配。其实，早在西周时就有各种"耆"之说："耆老"（德高望重者）、"耆硕"（年高有德望的人）、"耆宿"（有名望有学问的老年人）、"乡耆"（乡里年高德劭的人）。这些都是对地方贤人的称谓。《汉书》云："举民年五十以上，有修行，能帅众为善，置以为三老，乡一人。"范晔《后汉书》载曰："孔融为北海相，郡人甄士然、临孝存知名早卒，融恨不及之，乃命配食县社。"唐刘知几《史通》曰："郡书者矜其乡贤，美其邦族。"乡贤能够"敦孝弟以重人伦，笃宗族以昭雍睦，和乡党以息争讼，重农桑以足衣食，尚节俭以惜财用，隆学校以端士习，黜异端以崇正学，讲法律以儆愚顽，明礼让以厚风俗，务本业以定民志，训子弟以禁非为，息诬告以全良善，

---

① 〔美〕W. 古德：《家庭》，魏章玲译，社会科学文献出版社1986年版，第166页。

诫窝逃以免株连，完钱粮以省催科，联保甲以弭盗贼，解仇愤以重身命"①。

实际上，传统中国的乡贤自西汉以后因民间风行和历代王朝的大力提倡，渐成为乡村社会的主流。《汉书·循吏传》记载："文翁终于蜀，吏民为立祠堂，岁时祭祀不绝，至今巴蜀好文雅，文翁之化也。"即西汉初期的文翁在朝廷政令之外倡导儒家文化，不仅促使当地人对儒家文化进行了解与学习，而且也让偏僻的蜀地成为儒学文化的影响地区。隋代就明确诏令天下："自古以来，贤人君子有能树声立德，佐世匡时，博利殊功，有益于人者，并宜营立祠宇，以时致祭，坟垄之处，不得侵践。"②"明太祖洪武四年，诏天下学校各建先贤祠，左祀贤牧守令，右祀乡贤。"③即在学校旁都要设先贤祠——左奉祀"贤牧"，右奉祀"乡贤"，后来又将前者更名为"名宦"代表惠政，而后者则主要突出个人德行。明沈德符《野获编》"中丞殁后，其地公举乡贤"。清汪森《粤西文载》"乡先生殁则祭之于社，皆乡贤也"。这就使乡贤作为文化的象征符号，完全可与名宦并垺共祀。弘治中，国家再次发诏："令天下郡邑各建名宦乡贤祠以为世劝。"④这就让庙学乡贤祠成为地方教化的重要平台。到了正德、嘉靖时期，随着重整庙学，最终确立了乡贤祠规制，与尊经阁一起构成"尊经尚贤"的儒家文化教化模式。

传统中国的乡贤是在尊奉儒家文化的氛围中以文化的权威与家族力量相结合，以中间调解、举办公益、开办教育、道德表率的方式影响乡民，维护秩序。概言之，乡贤有着"身为一乡之望，而为百姓所宜矜式，所赖保护者"⑤的地位；有着高于普通乡民的文化知识、精神涵养以及非比寻常的人生阅历和广阔视野，加上可将下情上达于官府

---

① ［清］《圣谕广训·圣谕十六条》。
② 《北史·隋本纪》。
③ 《山东通志·学校志》。
④ 蒋冕：《湘皋集·全州名宦乡贤祠记》。
⑤ 《申报·绅衿论》，同治壬申五月一日。

以及将官意上情下达到民间的能力，故而如清代县令王凤生所言："士为齐民之首，朝廷法纪尽喻于民，唯士与民亲，易于取信。"①

三、隐国家治理于无形的乡贤治理

在传统中国，乡贤必然是国家主流文化秩序的象征性代表，其影响方式和范围因其身份和能力而存在差异。既可以在一村一乡立德、立言、立功，亦可在一县一府立德、立言、立功，更有可能在一省一国立德、立言、立功，进而成为当地或广大百姓怀念、奉祀的乡贤。这说明乡贤能够在横纵两个空间上依其范围呈现分散的影响分布，既可进家谱入祠堂，也可入方志登国史。由此而言，乡贤的活动空间可能主要在乡间，但未必就不能风行天下，影响到国家高层。

其实，在根本意义上，传统中国的皇权国家意志不可能就止于郡县，只不过是变换为隐形的推行方式。它是以乡贤的非组织化形式和更加生活化、生动化的特点，融汇在乡村生产生活方方面面的治理中。表面看起来，高度自治是传统中国乡村治理的明显特征，其实这是由皇权、乡绅、乡贤之间共同合作而构成的复杂权力关系网络。乡贤士绅的作用不仅维系着乡村社会秩序的长期稳定，而且又使国家大一统的局面得以长期维持，为世所罕见。具体来说，作为乡贤的主体力量的士绅，因其掌握大量的经济、政治和文化等资源，便成为国家与社会之间的连接力量，发挥沟通上下的作用，成为皇权力量的现实表征。也就是说，在传统中国的广大乡村民间，皇权只是以象征性的在场方式幻化为隐蔽性的力量，而士绅作为国家与社会的中间环节，以其特有的方式进行着实质性的治理。这种方式当然可以称为自治，但却是以皇权国家的权威为前提。换句话说，传统的皇权国家意志并不是直接传达至乡村民间，不是直接跟乡民百姓打交道，而是以士绅作为中间媒介，经过士绅的有效过滤和特殊传达，让皇权国家意志为百姓听得懂、能接

---

① 《牧令书》卷一六。

受、顺要求，进而达到稳定地方社会的国家治理目标。这就说明，作为地方精英的士绅在传统中国的乡村治理中并不是可有可无的，而是皇权国家意志与乡民百姓之间上情下达、下情上知的必要环节和力量，而乡贤更以其德高望重的民间威望成为国家特别倚重的群体。易言之，正是由于乡村社会的皇权只是隐蔽性地到场和象征性地管理，故而乡贤就是官方与民间都认可的文化秩序的代表，体现为自发的力量，也是乡村社会的权威力量，在地方担负起诉讼调解、道德教化、扶危济困、公益事业建设、推行伦理规范等责任。这种功效无形中不仅有利于国家与社会各种资源的合理配置，而且亦使主流的儒家思想文化在地方传承发扬。"东汉以后学术文化，其重心不在政治中心之首都，而分散于各地之名都大邑，是以地方大族盛门为学术文化之所寄托。中原经五胡之乱，而学术文化尚能保持不坠者，固由地方大族之力，而汉族之学术文化变为地方化及家门化矣。故论学术，只有家学之可言，而学术文化与大族盛门常不可分离也。"①

第二节 传统中国乡贤的近现代衰微与现代审视

自19世纪40年代始，伴随着专制皇权在西方坚船利炮打击下逐步走向衰落直至灭亡，传统中国的乡村同样遭遇了巨大破坏而变得衰败，乡贤也因之而走向衰微。时至今日，面对新时期乡村振兴而重提乡贤话题，比较深入的思考和审视是题中之意。

一、近代以来中国乡村衰败与乡贤衰落的互动效应

可以说，自鸦片战争中国国门被打开以后，列强的欺凌与国内的战乱叠加在一起构成为传统乡村全方位日渐凋敝的重要原因。"从

---

① 陈寅恪：《金明馆丛稿初编·崔浩与寇谦之》，上海古籍出版社1980年版，第131页。

1840年到1949年这一百多年的时间里，帝国主义列强的经济、文化掠夺从未间断过，广大国土上此伏彼起的兵燹战火又何尝停止过！乡村中千百年来积聚起来的有形文化财富被抢、被偷、被烧、被毁，损失之惨重世所罕见。"①

对于传统中国社会而言，乡村与乡贤是不可分割的。认识近代以来乡村衰败、乡贤衰微的发生根源需要特别关注两点：

一是面对西方列强强取豪夺而风雨飘摇的晚清朝廷废除科举，是对乡村乡贤的致命一击。可以这样说，废除科举制让中国乡村中的读书人或士子以中举题名方式进入上层社会的渠道彻底被阻断。而且自元代将"四书五经"列入科举考试题库以后，传统学子以读"四书五经"为主，但西方船坚炮利和明显的进步已使西学成为此时国家社会的学习热门。那些只知圣贤而不知新学的乡间读书人在科举不再的情形下，不仅失去了进阶的机会，也失去了生存的能力。曾几何时，作为士子的读书人是社会的榜样和道德的楷模，却在时势之巨变之下成为又穷又没有前途的人群，如何令其体面地做大家的榜样而发挥影响呢？同时，在这样一个因苛捐杂税、战乱频繁而使乡村社会急剧凋敝，社会贤达急剧流失的环境下，"所有的隐匿豪杰、不法商人、匪盗之徒以及诸如此类人物都从地下冒了出来，填补因前统治阶级的倒台所产生的真空"②，这无疑使正在破败的中国乡村雪上加霜。

二是现代化趋向下城市社会日渐强大的吸引力使乡村人才快速流失。鸦片战争以后伴随着一系列不平等条约的签订，许多沿海口岸被迫成为通商口岸，越来越多的沿海城市开始进入工商业的快速发展时期。特别是工业化的发展，使城市经营实业远比乡村种地更为有利可图。越来越多的乡间有实力的能人迁入城市，城市日益成为经济生活的轴心。在消费上，大量的洋货不断充斥于上海、广州、天津等城市的消

---

① 王钧林：《近代乡村文化的衰落》，《学术月刊》1995年第10期。
② 〔美〕巴林顿·摩尔：《民主与专制的社会起源》，拓夫等译，华夏出版社1987年版，第176页。

费品市场。居民的消费也由乡村转向城市，乡土的传统手工业因此而失去了存在的市场空间。再加上城市日益突出的文化功能和现代生活方式，让城市显示出巨大的吸引力。由此一来，大量的无论是乡间为前途而计的读书人还是有一定物质实力的有钱人，无不以逃出乡村迎来新生活为希望所在，所谓的乡贤基础人群也就在这种纷纷出走中流失殆尽。

二、传统封闭环境下的乡贤与开放流动的现代是否相融

传统中国的乡贤具备两个条件：一是"生于其地"的籍贯限定；二是"德业、学行著于世"的外在特征。须知传统中国是个典型的农业社会，无数大量的乡村是国家构成的基本单元。概括起来有三个重要特点：第一，传统人生活在一个相当狭小而又孤立的环境中，主要以家庭和村落为中心，生产方式以农耕为主，以饲养家畜、手工业为辅，村落和村落之间除了姻亲和市集交易外，很少有其他的联系，基本上过着自给自足的生活；第二，传统人生活在没有陌生人的小世界，由于大多农民安土重迁，世世代代都住在同一块土地上，因此村民和村民之间，对对方的脾气、好恶、生活状况，甚至连其祖宗三代，都是一清二楚，个人的行为会引起别人怎样的反应，大抵能够预知；第三，传统人所生活的社会，大抵具有一个共同的文化，即具有共同的价值观念、宗教信仰及行为模式。由于文化的同质性极高，因此，人们不仅对外表的生活彼此熟悉，在情感及认知方面也很容易沟通，于是产生了几乎"全人格的关系"[①]。因此，绝大多数的传统乡民世世代代安居在大大小小的村落里，乡邻之间建立并维持着一种"出入相友，守望相助，疾病相扶"的和睦亲善关系。每一家都需要有良好的家风与人相处，祖宗三代人都要以良好的品德安身立命，否则，若因持身不正、治家无方而遭受众人冷眼的话，就极易陷入孤立的境地。这种封闭延

---

① 韦政通：《韦政通文集·传统与现代之间》，中华书局2011年版，第213页。

续的环境氛围,是士绅和乡贤作用发挥的客观必备条件。

根据梁漱溟的观点,传统中国是一个"伦理本位"的社会。何谓伦理?伦即伦偶之意,就是说,人与人都在相关联中。人一生下来就有与他相关联的人(父母兄弟等),人生将始终在与人相关联中而生活(不能离社会)。而且伦理关系即是情谊关系,也即表示相互间的一种义务关系①。所以,伦理本位在实际生活中以家庭、家族为基本表现形态。处于这种生活环境的人需要学会按照家庭伦理规范去处理人与人之间的各种关系。传统中国的乡贤士绅在实际中往往集"一家(族)之长"和"一乡之望"于一身,以其道德行为、学问学识、身份地位,在诉讼调解、开办学堂、教化民风、连接上下的活动中维系着一方的社会秩序。

但是,伴随着国门打开,现代化的生产生活渐次上升为社会大潮流,传统中国的乡村也就开始遭到来自战乱苛捐与人员流失的双重打击。再加上西学盛行对传统文化的挤压以及要求变革声浪的掀起,都使旧时的乡贤几乎失去了赖以存在的各种主客观条件。曾经自给自足的封闭环境,守望相助的熟人社会,纲常伦理的绝对权威也渐渐被打破、打乱、打倒。那些具有乡贤特征和能力的人要么因自身的生存陷入危机,要么出于变革社会的热情而投身革命,要么因对现实不满而不断出走,都使乡贤这个人群四散凋零。1949年新中国建立之后(包括革命时期),由于阶级划分和土地革命,原有的乡村士绅阶层基本被彻底拔除,国家将权力体制延伸至乡村基层以强化管理,防止国家与社会可能发生的各种危机,乡贤也在新环境下难以存在而走向消亡。由此便不得不提出一个问题,即在一个以开放流动为主要特征的现代社会中,乡村凋敝几乎是无法挽回的宿命,多数人离开乡村也是必然的选择。同时,乡村的社会关系也必然在出出进进的人员流动和社会变迁中发生改变,曾经约束力极强的儒家伦理规范在各种新型价值理念的冲击下不断瓦

---

① 梁漱溟:《乡村建设理论》,上海人民出版社2011年版,第26页。

解乃大势所趋，于是，在旧时乡贤生存的土壤已经更换、条件剧变的情形下，其新的立足地还能建构起来吗？其还能与新的现代乡村环境相适应并产生新作用吗？

三、以儒家文化为内核的乡贤定位是否存在文化上的偏颇

自汉以后，能够在传统中国广大乡村社会渐成主流的乡贤基本是以儒家思想文化为其精神内核的。到了明代，乡贤之"贤"更是被强调为"儒家之贤"。即"所祀乡贤不管是以德业还是学行著闻都必须以'崇儒学'为信仰。而明代庙学乡贤祠对宋代理学先贤祠的继承以及明初国家以程朱理学为正统的意识形态强化，使崇祀理学乡贤成为明代庙学乡贤祠祀的一个典型特征"①。

从传承至今的无数乡贤的自我追求和评价内容来看，立德、立功、立言的"三不朽"是衡量的基本标准。"立德"指的是做人，"立功"指的是做事，"立言"指的是做学问。而"德""功""言"的内容实质皆是以儒家圣人圣典为根本。嘉靖《太仓府志》就专门说过："惟先圣仲尼，修明尧舜禹汤文武周公之道以诏后之学者，后之学者讲明其道体之身心。以之尊主庇民则为名宦，以之正风表俗则为乡贤，两者相须而成，其道一而已矣。天下郡县学立祠设祀使诸大夫国人皆有所矜式。以其能讲明仲尼之道而为圣人之徒也，出处叛道者弗与焉。"实际上，乡贤以其言教和身教向当地乡民展示和确立共同遵守的规范是由作为主流文化的儒家思想所规定的，而乡贤即是这种文化的人格化表现，被视作儒家道统的承载者。根据《礼记》之"门内之治，门外之治"的要求，"修身齐家"自然体现的是门内之治，而门外的"治国平天下"放到不同的人身上当然是有差异的。朝堂之上的出将入相和乡间田野的教化帮困，本质上都是儒家立德修身安天下的现实实践，所以，"知教之不可不豫也，则立书院，建祠宇，广乡约，以浚其源；

---

① 张会会：《明代乡贤祭祀与儒学正统》，《学习与探索》2015年第4期。

知弊之不可不革也，则举清量，明户役，以正其始。其他赈贷周族，睦邻施义，缮道桥，广陂堰，又若恫瘝在身，不容但已，恐去害之不速"[1]。

据上所述，长久以来，传统中国乡贤在文化上的儒家取向与儒学遵循都使其始终保持着一种内在精神气质的稳定性和传承性，自然也就有了对其他思想文化的排斥和贬抑。人们谈及的乡贤，一定都是孔孟家学深厚、立德修身完美的典范。儒家之外的其他思想在乡贤那里要么明确被予以拒斥，要么以隐晦的方式存在于其思想深处不会流露。这种限制和做法，一方面让儒家正统能够不受干扰地长期占据主导地位，另一方面同样也使得乡贤的思维和思想走向狭窄化、教条化。如此一来，无论近现代中国被裹挟而加入之现代化大势，还是所谓先进西学的传播与影响，都使以传统儒学为内核之乡贤失去灵魂而无所凭靠，同样也使乡贤文化在时代环境剧变之下能否具有包容性、多样性的问题凸显出来。

第三节　现代中国乡村振兴中乡贤的发现与再造

近代以后，古老中国在积贫积弱与不断抗争中缓慢而义无反顾地走上现代化发展之路。中国共产党1949年建立新中国之时就以社会主义现代化为追求目标。到了20世纪70年代末，改革开放大幕的掀起则让中国社会几乎是以加速度的方式实现了现代化的极大推进。尤其是城市化的加快，更是在改变中国的同时也深刻改变着古老中国的乡村。其中最令人忧心的是农村空心化与世风日下而导致的乡村衰落。2016年广东金融学院财经传媒系黄灯教授《大地上的亲人：一个农村儿媳眼中的乡村图景》一文描述的一幅当下中国农村的现实场景令人触目惊心：城乡差距拉大，乡村在各方面加深了对城市的依赖；乡村

---

[1] 罗洪先：《念庵文集·明故南京国子监祭酒致仕东廓邹公墓志铭》，上海古籍出版社1993年版。

风俗摇摇欲坠，缺乏自身恒定的价值观，而被城市的消费主义和功利主义攻陷，新旧价值观交替之际风气败坏，带来精神上的绝望与无奈；农村组织溃败，缺乏有效监督使农村成为假冒伪劣商品的集散地；完整家庭结构的瓦解，造成老无所养和留守儿童，亲情、责任感和爱的缺失在代际传递；债务、赌博和买码等造成的人伦悲剧与利益纠纷，进一步破坏了熟人社会的关系；资本侵蚀盯上了农村最后的资源——土地，年轻一代虽有农民身份，却没有了土地，既不会务农也不愿务农；随着乡村教育资源的凋零和教育在促进社会流动时功能的下降，农村家庭无力改变自身命运的结构性困境。这些情形虽不是所有乡村的面貌，但也不同程度表征着我国众多农村的现实。所以，建设乡村、发展乡村、振兴乡村就成为中国整体进步的一项任务和目标，也成为需要从各方面加以研究和解决的重大课题，其中尤以探索、形成符合基层乡村社会实际的治理思维与方式最为关键。

习近平同志指出："中国的今天是从中国的昨天和前天发展而来的。要治理好今天的中国，需要对我国历史和传统文化有深入了解，也需要对我国古代治国理政的探索和智慧进行积极总结。"[①] 中华文化能够历几千年延续至今而不衰、历千万磨难而不改的一个重要原因在于其文化基因根植于广大的民间乡村。而近两千年传统中国乡村社会治理的主导力量就是乡贤，他们集道德典范、价值引导、行为规范和约束于一身，成为维系乡村社会稳定和发展的基础。当下迫切需要从悠久的历史文化中撷取智慧，建构体现新时代社会治理之道的乡贤文化，为拓展新的基层社会治理之路提供思路。

一、"回不去"的乡村田野与磨不灭的乡愁记忆

近代中国社会的历史充分说明，当城市和乡村的循环机制被打破，中国农村在大量乡村人口没有回流只有输出的影响下只能是不断走向

---

① 习近平总书记 2014 年 10 月 13 日在十八届中共中央政治局第十八次集体学习时的重要讲话。

衰败。"以前保留在地方上的人才被吸走了；原来应当回到地方上去发生领导作用的人，离乡背井，不回来了。一期又一期的损蚀冲洗，发生了那些渣滓，腐化了中国社会的基层乡土。"[1] 近代以后城市现代化的快速进步吸引着大量的乡村人才远离故土。这种状况不仅打破了传统中国"落叶归根的社会有机循环"，也产生出越来越多的既"不愿"也"不能"的"回不了家的乡村子弟"。新中国 70 多年的沧桑巨变尤其是 40 多年的加速度现代化，让中国城市乡村的经济社会发生着翻天覆地的变化，然而这种变化却是以许多农村的衰落与衰败为代价的。

中华几千年的文明传承本质是农耕文明的充分发展与生生不息。农耕文明是以渔樵耕读为特征的，是几千年来中华民族生产生活的实践结晶。农耕文明浓缩并传承的是华夏儿女特有的一种文化形态，泱泱华夏正是在农耕文明的滋养下而历挫弥坚、历久弥新，正如费孝通先生所言："人和地在乡土社会中有着感情的联系，一种桑梓情谊，落叶归根的有机循环中所培养出来的精神。"[2] 广袤中华大地上的芸芸众生生于斯、长于斯，任凭无数的朝代更迭替换，他们所能依赖的只是脚下的土地，永远都是四季轮作、繁衍生息、故土难离。在根本的意义上，中华文化灿烂多姿的哲学思想、诗词歌赋、书法绘画、音律弹唱、雕梁画栋、园林构造、华服美食等无不是农耕文明底蕴的聚集凝练与灵动韵律，淋漓尽致地展示着中国人的精神气质和生活品格。这些是无法抹去的乡愁记忆，是九死也无法舍弃的精神家园。所以，无论古今，乡村社会是不能够湮灭和消失的，当代中国需要在现代化的进程中以继承和创新的认知情怀重建并振兴中国的乡村。于此，曾经功能强大的乡贤文化与当下的基层社会治理自然就形成了不容小觑的衔接相关，也成为保持乡愁记忆的现代形态。

---

[1] 费孝通：《乡土中国 生育制度 乡土重建》，商务印书馆 2017 年版，第 404 页。
[2] 费孝通：《乡土中国 生育制度 乡土重建》，商务印书馆 2017 年版，第 401 页。

二、现代社会治理新环境下的乡贤再认识

社会治理现代化是国家治理现代化的重要内容和表现。推进并改善现代中国广大乡村社会的治理水平尤其是增强其自治能力，既是一个紧迫课题，也是一个需要认真研究并推陈出新的难题。其中一个引人瞩目的问题就是如何让乡贤焕发新的活力。其中的重点有两个：一个是正视现代社会从大环境到小环境深刻变化所引发的新观念；第二个是环境条件变迁之后对现代新乡贤的识别和定位。

在论及现代中国以乡村为代表的基层社会状况时，不能忽视四十多年改革开放从物质到精神对广大农村的深刻影响。特别是市场经济的发展不仅激发了人们创造物质财富的巨大潜能，而且促进了越来越多普通乡民的平等、民主、文化共同体等思想理念的增强。具体而言，当下的人们（不论城市或乡村）有着愈发明确的权利意识、迫切的民主参与诉求、强烈的发展愿望，故依旧以传统视角看待乡绅乡贤的乡村治理理念与方式就显得落伍和不合时宜了。

在回答谁是乡贤这个问题时，需要从乡贤个体的民间认同（贤）和支配能力（能）两个维度去考察。作为新时代的乡贤，"美其邦郡"、涵养文明乡风是其稳定明确的价值标识，崇德尚善、示范引领是其感染力与影响力的基础所在，是中国乡村的"安全阀""润滑剂""助推器"。从特征上来讲，若与传统乡贤相较，现代乡贤已不可能再如传统乡贤那般囿于儒家纲常和简单的公益等事务了，但仍然有与传统相一致或类似的品行能力要求。首先就是以乐于奉献的品德与胸怀所赢得的个人威望，即个人声望的获得并不完全依靠个人的经济地位大小，还与其对集体的奉献有关，而且由于集团越小，就越能激励个人为集体做贡献的动机[①]。其次，浓郁而不能割舍的故乡情感或家乡眷恋。这是一种自呱呱落地时由乡土亲情所培育而成的地缘认同感和归属感。

---

① 〔德〕曼瑟尔·奥尔森：《集体行动的逻辑》，陈郁等译，上海人民出版社2014年版，第51页。

现代乡贤以再造血缘和乡土意识的纯朴理念维护着本地本村的整体利益，与乡民达成最大的集体认同。最后，现代乡贤有能力与地方政府形成有效的啮合关系。简单地说，现代乡贤应具有在乡民与政府之间连接沟通的能力，既能在民间享有威信又能与基层政府构建良好的互动关系。

再从活动范围看，"现代社会存在两种乡贤，一种是'在场'的乡贤，另一种是'不在场'的乡贤。有的乡贤扎根本土，把现代价值观传递给村民。还有一种乡贤出去奋斗，有了成就再回馈乡里；他们可能人不在当地，但由于通信和交通便利，可以通过各种方式关心和支持家乡发展，他们的思想观念、知识和财富都能影响家乡"[①]。这就意味着想要重新发现并发挥乡贤的作用，就必然要正视新的客观实际和人群变化，要从对比转化中形成对现代乡贤的新认识。所谓的"在场"乡贤，就是成长成才于本土、有着发展繁荣家乡的情怀，能够赢得乡民认可、引领乡民发展的本土乡贤；所谓的"不在场"乡贤就是外出奋斗并有了一定成就，又心系家乡、回馈乡里、支持家乡发展的不在本地的乡贤。由此，过去那种拘泥于本村本土的乡里能人的乡贤范围因现代社会的流动性和开放性而必然有极大的拓展。

三、现代社会新型城乡关系下乡贤文化的重构

当代中国乡村基层社会的治理是以现代政治经济的理念与方式为背景的，有着突出的现代社会文化的鲜明特征。同时，悠久而厚重的传统文化和习惯的印记仍然顽强存在于人们的观念与思维中。由此一来，不光需要有对乡贤意蕴内涵的深刻认识，更需要根据现代环境特点构建符合现代语境的乡贤文化。

首先，对乡贤的构成群体持开放和多元的态度，塑造"新乡贤"理念。说到乡贤这个概念，一定是指有道德、有情操、有情怀，愿意为乡村

---

① 张颐武：《重视现代乡贤》，《人民日报》2015年9月30日第7版。

付出的能人，这是乡贤之"贤"的确定内涵，无论古今均如此。如果说道德高尚、热心公益是乡贤最稳定而不变的底蕴的话，那么能力的界定就不能单一或狭隘。传统乡贤大都来自乡绅，或是告老还乡的朝官或是未曾入仕的落第秀才，而现代新乡贤的涵盖面则扩大了许多。根据上述关于乡贤的特征与范围的分析可以看出，现代乡贤应该是本地精英与在外典范的复合型群体。凡愿意为家乡文明进步尽心出力者，都可以视为乡贤。所以，无论本土的文化、经济、政治等方面的能人精英，还是在外的专家、学者、商人，甚至官员，如果愿以自己的学识、专长、技艺、眼界等反哺家乡，引领道德价值风尚，皆可以乡贤视之。所以，"新乡贤"的概念需要跳出传统乡贤拘泥于儒家这种同质性文化和身份的界定，以介入乡村、反哺乡里的公益活动，在民间提高威望，形成影响力，改善乡村社会人际关系为主体，进而推进乡村社会治理的良性循环。

其次，立足本地重塑乡土精英，注重挖掘培育民间人才。近代、现代中国发展的历史表明，如果城乡之间只有乡村人才的单向输出，只会导致乡村不断走向衰败。乡贤理念的再度兴起反映出人们对发展和振兴乡村的深切期望，也是修复城乡良性循环机制的实践探索。而关注本地精英、培养现代新乡贤是为了更好地激发乡村社会的内生力量。一方面，"传统社会的架构没有完全坍塌，乡村社会中错综的人际交往方式，以血缘维系的家族和邻里关系依然广泛存在于乡村之中"①。另一方面，尚贤是中国悠久的政治文化传统和国家治理原则，是培育新乡贤的深厚思想资源。从现实性讲，本地的成功人士或发展精英能够成为激励乡民努力奋斗，促进乡村社会发展的最生动、最直观的示范。因此，要善于形成一套因势利导的促进本土乡贤脱颖而出、价值引领、道德示范、发展繁荣、威望可信的产生和作用机制；要顺应时代变化，创新重构弘扬宣传乡贤文化的良好社会环境，有效吸引

---

① 《用乡贤文化滋养主流价值观——访北京大学教授张颐武》，《光明日报》2014年8月15日第2版。

本土各类职业群体乐于成为现代新乡贤，积极参与现代乡村治理，为乡村振兴贡献智慧。

最后，现代乡贤的功能和地位要以现代民主政治理念作界定。构建新时代的乡贤文化、发挥新乡贤在基层乡村社会治理过程中的作用，必须体现现代民主法治政治的原则与要求，限于民主法治的框架范围。换句话说，现代乡贤的功能一定是现代社会自治的重要表现形式。现代社会治理强调的是多元化主体的参与，公民参与已是社区治理的方式和目标。而作为我国乡村社区精英阶层的乡贤参与应既是基层政治民主化的探索，又是现代社会政治民主与法治的承载和实现。乡贤群体不仅是民主法治的自觉遵守者，也是现代法律和契约精神的内涵阐释者。乡贤要在传统伦理道德和现代法治规范之间寻找到合理的平衡点，要在实践中探索出一种既传承优秀传统精神又展现现代社会治理精髓，将乡土性与现代性巧妙结合起来的新型乡村治理模式。同时，现代乡贤应该接受来自村民、法律、政府的各种监督，形成对乡贤的约束机制。

结　语

"空心化的村落最热闹、人最多的时间，总是在春节、清明这类传统节日时段。春节祭祖、元宵赛会、清明扫墓这些传统节日中的公众性活动，至今在乡村社会中仍有强大的生命力。修庙祭祖仍然是乡村中最有号召力的头等大事，婚丧嫁娶仍然是构建与确认社会关系的主要方式。传统文化担负着凝聚人心、组织人群的功能，正是在传统的召唤下，人们愿意离开提供优渥物质环境的城市回到农村，即使这种'团聚'与'组织'是临时性的，但节日中那种其乐融融、亲密无间的氛围却在人们心中埋下了'乡愁'的种子，使得人们始终对乡村有感情，愿意在条件允许的情况下回到乡村进行建设。"[①]

从几千年悠长而又深厚的中国传统浩瀚典籍、思想体系和文化传承中，穷尽每一个与中国传统社会秩序都有紧密关联的文化形态几乎是不可能的。但厚重的中国历史传统无论之于精彩的过去还是美好的未来，都是无法割断的情感血脉和文化基因。故而，作为传统已经深深沉淀下来的中国传统文化，是今天中国推进乡村振兴、实现民族伟大复兴目标不可或缺的历史资源，需要用心地仔细检索、条分缕析和阐析对比，方能在深刻理解其原意的同时，又能根据时代的特点与需求加以改造和转化，从而焕发其时代价值。

---

① 鞠熙：《传统文化与乡村振兴》，《社会治理》2019年第4期。

附录

巩固脱贫攻坚成果与乡村振兴有效衔接的河北隆化启示

在现代社会，衡量一个国家发展状况的应该是物质、精神、制度等方面组成的综合性指标体系。其中，解决贫困问题、提升百姓物质生活水平处于基础地位，是创新社会治理的基础保证。在现代中国社会，无论是经济发展，还是追求和谐社会、公平正义，抑或从伦理与道义的层面上，"以人民为中心的发展"都必须保证全体社会成员一个都不能少地同步进入小康社会。这也是实现共同富裕、体现社会主义本质之所在。中国的脱贫攻坚是一项前无古人的伟大事业，是中国共产党和政府与人民巨大智慧和心血的付出和行动。中国确定的2020年为确保现行标准下农村贫困人口实现脱贫、贫困县全部摘帽、解决区域性整体贫困问题的目标现已实现。紧接着的问题是脱贫攻坚完成后如何顺利实现与乡村振兴的衔接？回望中国的脱贫攻坚历程，实际上已在社会组织动员、构建体制机制、产业人才发展培育等方面都积累了丰富经验，已经形成中国特有的脱贫攻坚文化。这些都为下一步的乡村振兴提供了强大资源和经验支持。

现在，关注的重点就是尽快合理、顺利地实现从脱贫攻坚到乡村振兴的转型。这就需要充分利用脱贫攻坚过程中已然形成的文化优势，把注重收入增加转向提高生活质量，满足人民对美好生活向往。具体而言，就是要顺势而为，把全国各地脱贫攻坚行动中形成的组织和人才优势转化为助力乡村社会全方位发展的一个途径。尤其要在充分认识乡村特点和发展规律的基础上，把提高村民综合素质放在首位，围绕乡村生产、生态、生活的文化形态，发挥其教化功能，促进乡村全面振兴，把我国的广大乡村建设成美丽幸福的家园。这里，我们主要以河北省隆化县脱贫攻坚的做法和所积累的经验为实例，就脱贫攻坚向乡村振兴的转型、加快促进基层社会治理层次提升等问题做出分析和论述，进而为课题研究的延伸提供方向和进一步的思考。

一、河北省隆化县实施扶贫项目的基本做法

隆化小母牛脱贫项目是县政府与小母牛公益机构合作的产业扶贫开发项目，2018年启动实施，短短两年多时间，不仅在产业发展上形成了适合当地资源优势的特色产业类型，也在激活农民内生动力、凝聚村庄向心力方面凸显成绩，特别是在通过项目提升乡村组织化程度方面创造了很好的经验。以社区为单位的合作社建设初见成效，农民自发组建的"乡村道德促进会""妇女之家""文明互助学习小组"等组织在和谐乡村建设中正在发挥作用。该项目的模式为如何从乡村脱贫攻坚向全面振兴乡村转型提供了可借鉴的实践经验。

河北省隆化县位于北京东北方向，县境总面积5497.30平方千米，山多地少，为北方林业大县，有"八山一水一分田"之称。全县平均海拔750米，年平均降水量564毫米，总人口44万人，其中58%为少数民族人口。县辖10个镇、7个乡、8个民族乡、362个行政村。2018年，隆化县共有贫困村120个，贫困人口33495户68479人，其中深度贫困村23个，贫困户3243户8527人。近70%的深度贫困村集中在隆化西北部山区。隆化脱贫项目实施地选择在山湾乡进行试点。山湾乡距县城53千米，辖11个行政村，3245户10818人。全乡总面积187平方公里，耕地面积2.8万亩，林地面积18.5万亩，其中成林面积9万亩，人均占有耕地约2.5亩，林地约17亩。全乡有7个贫困村，贫困人口1719户3967人。

山湾乡村民的主要收入来源以养牛和玉米种植为主，由于居住深山，与外界交流较少，信息不畅通，思想守旧，维系着落后的生产方式，"庄稼无收年年种，凑钱买牛山上丢"。常年散养放牧危害山区生态环境。走进深山区到处可见到一奇特的现象，农户家的耕地都用铁丝网围着，

不让牛损坏庄稼，散养放牧对生态危害可见一斑。加之养殖户受制于经销商高昂的饲料价格而不愿意多喂饲料，在销售过程中又常常受制于牛贩压价，而很难卖得上好价格。养牛户多数养殖本地黄牛，自然交配，近亲繁殖，牛群质量杂乱、劣质，养殖效益很低。项目实施前，当地的养牛农户比例为23%，70%的贫困户外出打工，占总收入的40%，养殖业收入占比为34%。养一头牛两年销售，平均每年所获纯利润为1482元。以大田玉米、谷子为主的种植业收入占19%，每亩实际收入只能维持在200元上下，养殖、种植效益低下，人均纯收入只有4432元，其中53%的家庭人均纯收入低于4000元的脱贫标准。

借鉴小母牛机构的"礼品金传递""传递爱心"理念，"传递脱贫火种"是项目中最为重要的参与式设计，伴随项目的全过程。每户发放8000元"礼品金"，用于购买2头50～100公斤犊牛或1头怀孕母牛，当农户获得收益后，把"礼品金"再传递给下一批农户，三年后，实现全乡农户的全覆盖。项目结束后，全部"礼品金"留给农民合作社作为发展基金。

这种"礼品金传递"的实施具体包括五个步骤：

第一，精准选择项目资助的初始农户，选择的标准不是以最为贫困为标准，而是要综合考虑发展意愿、劳动能力和一定的经济实力。因为农户购牛仅仅靠"礼品金"是不够的，还需要农户配套资金，以此调动农民发展产业的积极性和内在需求。

第二，项目组与扶贫对象基于共同价值观，根据"礼品金"的实际性质制定出合理的规划及传递时间表；为保证"礼品金"按计划传递，该项目从三个方面辅助农户完成自我发展。首先，帮助农户认真选好种牛，经过项目执行人的验收后才发放"礼品金"，其次，指导农户饲养好牛。项目组聘请专家对农户进行培训，项目执行组人员定期与不定期地到农户家检查指导，查看牛的生长情况，解决技术问题。再次，强化互动交流、经验分享在社区中的作用。这样，以养牛为载体，就在项目指导人员与项目农户之间建立了密切的互动关系。

第三，结合当地特色自然资源与项目目标，确定开发项目。隆化脱贫项目不仅发展养殖业，还根据当地资源聘请专家选择适合地方的特色产业类型，在山湾乡，除了发展养牛，还重点培育青储玉米和谷子、豆子等地方杂粮，发展有机农业，以实现当地资源的综合利用。

第四，通过"实践—总结—再实践"的项目工作方法，提高村民计划能力。每季度组织农户进行一次参与式总结计划会，总结本阶段活动的活动内容，特别注意提出存在的问题，讨论解决问题的办法，交流解决问题的经验，并制订出下一阶段工作计划。

第五，农户通过"礼品金传递"机制，将"礼品金"、相关知识和技术传递给结对的下一个农户，帮助其他农户发展，并作为新一轮社区综合发展工作的开始。通过滚动发展，实现项目的全覆盖，以此带动全体村民综合素质的提升。

2018年6月，"传递脱贫火种"项目在山湾乡发展了第一批536户农户。2019年3月，又发展了第二批农户。到2019年12月25日，第一批农户在"礼品金"使用一年半后进行了首次"礼品金传递"，除两户去世等意外情况之外，其余534户都实现了按计划传递。

隆化扶贫项目经过2019年的第一轮传递，初始户年均收入提高了2500～3500元。2020年9月，项目组进行第二批"礼品金传递"活动。两轮传递结束后，项目村实现直接带动贫困户1100余户、受益人口3300余人的目标。项目结束后，1100万元的产业礼品传递资金将全部传递到小母牛所扶持发展起来的当地11家合作社，作为合作社日后的发展基金。

"礼品金传递"是隆化项目实现可持续发展重要而独特的发展策略。接受帮助的农户通过向其他需要帮助的家庭传递自己接受"礼品金"之后的发展经验，完成了从受助者到助人者的转变，他们既收获了自尊，增强了责任感，也使得接受者充满感激。"礼品金传递"所引发的是与他人共同发展、摆脱贫困的连锁效应，将社区团结在一起的同时，也让整个社区社会资本进行了有效整合。"礼品金传递"的过程让最初的项目投入能够发挥连锁作用，为贫困村民提供可持续的扶贫渠道，让资源、知识和技能在特定社区中实现了倍增传播，达到了公益资金效益的最大化。"礼品金传递"在传递资金、知识、经验、技能的同时，也传递了互助的精神，带动了贫困户建立自我可持续发展的生计模式，构建起贫困户"薪火相传"的良好氛围。每个项目农户家庭成员都可以在项目的实施过程中获得充分表达意见、展示自己的机会，提升了整个村庄村民的参与能力和自信心。

二、隆化脱贫攻坚项目成功实施的基本经验

隆化脱贫项目之所以取得较好的效果，在于把"礼品金传递"作为载体，以人为中心，以文化为手段，提高农村社会物质文明和精神文明的程度，通过引导和促进农民行为的改变，提高贫困人口的综合素质，从而促进农村发展。

（一）提高农民的组织化程度

农民组织程度低，是制约农民增收和维护自身利益的重要因素，隆化的牛羊养殖虽然是当地的传统生产项目，当地农户也有一定的养殖经验和基础，但一直没有取得应有的经济效益。养殖户在实际养殖过程中，一方面因饲料价格昂贵而习惯于直接散养，导致山场载畜量超标，生态环境遭到严重破坏。另一方面在销售的过程中又常常受到牛贩的打压，很难卖得上好价格，致使养殖户经常出现弃养情况。在这种情况下，养殖户有组织起来的需求与愿望，以高养殖技术，解决饲料购买以及联合销售等难题。但是苦于缺乏带头人，不知道如何组织。此外，农民在生产过程中容易墨守成规，接受新生事物很慢。有些新技术、新理念靠单个农民的单独推进十分困难。用合作组织的办法推进技术进步和改变农民行为是十分有效的措施。

但是通过什么样的方式实现提高农民组织程度的目的，农民合作社是最理想的选择，但是选择一个怎样的合作社却是争论的集中点。最终，隆化的脱贫项目在总结了各类合作社利弊的基础上，提出了组

建适合当地情况的合作社模式，主要有以下四个鲜明特点：

第一，一村一社。合作社以村为单位，有助于发挥熟人社会的互助传统，形成合力，避免一村多社的恶性竞争。合作社向全体村民开放，农户自愿参加，遵从"入社自愿，退社自由"原则，用当地的话说，"举手进入，用脚退出"，体现了合作社开放和自愿性特点。山湾村的和波湾合作社于2018年7月1－5日开始发动，举行合作社组建路演，介绍为什么加入合作社，如何加入，加入合作社的好处，利益的分配办法等，农民表现出极大热情，一周内153户农户报名入社。目前，山湾乡11个村已经成立11个以村为单位的合作社。

第二，生产在家，合作在社。为了体现农民主体地位，合作社实行"生产在家，合作在社"的制度设计。合作社不直接进行生产环节的活动，不是去流转农户土地，而是充分尊重农户的生产经营主体地位，充分调动农户生产积极性，保持农户经营体制的优越性。合作社做农户不能做或做不好的事情。如聘请专家，专注于解决养牛技术、疾病防治、品种改良、饲料配比等问题，为社员提供服务。比如通过提供市场信息和销售服务，达到帮助农户增加收入的目的。

第三，村支部的领导与监督作用。合作社要体现党组织的领导，不是党组织包办一切。山湾村的和波湾合作社将充分尊重农民主体地位和强化党的领导作用有机结合起来，合作社社员自由推荐了9名候选理事，村支部书记当选为合作社监事长，发挥村支两委的监督作用，给各村的合作社理事与监事的组成做出了示范。

第四，合理的分配制度。合作社作为经济实体，利益的分配决定了合作社成员的积极性和合作社发展动力。山湾乡的合作社章程都制定了详细的利益分配方案，10%的公积金，10%的公益金，60%按交易额返还，20%按股分红。为了防止大户控制，合作社还规定了入股的上限。如山湾村和波湾合作社成立当天，现场就有人出15万元入股，合作社经过讨论、表决，最后规定了农户入股每股200元，每户入股上限是10股，并且规定了合作社账目公开、公示和监督办法，农民感到这样的合作社公平、公正，大家心明眼亮。

山湾乡合作组织的建立极大激发了农民的合作意愿，也调动了合作社理事长的积极性，合作社带头人发挥了奉献精神、榜样作用、家乡情怀和社会责任感。有的合作社带头人自己出钱为合作社添置家具、装修会议室；有的放弃外面的工作，专心带领合作社社员致富。

隆化项目的合作社由简单到复杂、由内向外开展了如下工作：

首先是开展技术培训，提高农民生产能力。按照"粮食就地转化、秸秆过腹还田、生态有机种养、农牧协调发展、旅游康养致富"的目标，以生计发展、产业扶贫为重点，聘请具有丰富实践经验的技术专家和顾问深入农户，针对农户养殖过程中遇到的实际问题开展培训和现场指导。重点进行了品种改良、饲养方式改良、圈舍改造、饲养技术改造和强化防疫措施等新技术推广，有效提高了养殖效率、品质，显著增加了养牛户效益，三年两犊变成一年一犊，两年出栏变成4～6月出栏，一头牛年经济效益增加3000元。

其次，为农户提供供销服务。由于当地山区农业的空间分散以及受交通条件限制，区域内农业投入品购买和农产品销售都很容易出现垄断力量。合作社的组建有效地改变了当地长期存在的销售商垄断价格现象，合作社通过统一购买生产资料，为社员提供产、供、销全程化服务，降低了农户生产要素的投入成本，保障了社员在市场进入、交易谈判、收益返还、附加值获得等方面的利益。通过合作实现规模经济效益，与企业直接对接，农户摆脱了中间环节的盘剥。合作社的这种盈余分配方式有效地防止了农业利润的外溢，有助于把农业产业链各个环节所形成的利润保留在农业产业内部，增强农业产业自身积累和发展潜力。

最后，以村为单位的合作社为政府农业项目落地提供了载体。过去，因缺乏代表村民整体利益的合作组织而影响政府农业项目落地，村社合一的合作社建设，解决了政府惠农项目落地难的问题，有助于政府识别农业新型经营主体，增强惠农政策支持的精准性，也为政府推进乡村其他工作提供了组织支撑。

（二）注重"启人心智"

"授人以鱼"不如"授人以渔"是众所周知的道理。在脱贫攻坚过程中，增强贫困户脱贫的信心、培养其脱贫的能力，已是实现脱贫的根本出路。也就是人们通常说的"扶志"和"扶智"相结合。有些地方的社会成员，由于长期受贫困生活的深层次影响，已经丧失了脱贫的希望，不能甚至不愿主动努力地实现脱贫，再加上封闭的环境和技能的匮乏，对于来自外部的帮扶支持要么冷漠对待，要么干脆拒绝，致使很多地方出现一些极不正常的现象。比如一些非贫困户和贫困户攀比，认为自己没有评上贫困户感到吃亏，出现争当贫困户的现象；还有一些农户则通过与老人分家的方式，让父母住在破屋子里充当贫困户享受扶贫政策，致使一些老人失去了应有的照料。非贫困村与贫困村攀比，如贫困村村民不交水费，非贫困村也攀比而不交，把精力放在打市长电话、上访，而不是思考如何依靠自己力量实现增收。其实，中国传统文化历来就有"人穷志不穷"的内涵，所以要加强扶志的宣传教育，促使贫困农民树立改变贫困的信心、勇气和决心，增强脱贫的主动性和进取心；同时还要通过切实有效的"扶智"努力，使更多的贫困农民掌握一技之长，增强创造美好生活的能力，形成靠自己建设美好生活的思维意识和精神面貌。

"扶志"与"扶智"说起来容易办起来难，很多地方的扶贫往往因找不到有效的"扶志"与"扶智"实施途径而停留在口号上。隆化县脱贫项目通过三个措施探索了"扶志"和"扶智"的途径。

第一，传递爱心。"礼品金"传递不仅传递的是资金，更为重要的是传递爱心，唤起人们内心的感恩和回报意识。起初，人们怀疑"礼品金传递"的可行性，因为有诸多的前车之鉴，如具有同样理念的"周转牛"项目，也是要求贫困户发展后传递给下一户，但最后不了了之，谁拿到钱或领到周转牛，都不愿意再传递给别人，或经营不善把牛养死，无力传递。而隆化脱贫项目之所以实现了百分之百传递，主要原因在于，项目人员精准的服务和周到的关怀，不仅及时解决生产中的问题，也关心老百姓的生活，在这个过程中反复给老百姓解释"礼品金传递"的意义，讲解"人人为我，我为人人"的道理，晓之以理，动之以情，使老百姓的行为发生了多方面的变化。很多农户表示，克服困难也要把脱贫项目的"礼品金"按时传递，人家对我们这么关心，我们也一定会遵守承诺。有的农户有了收益后，提前传递礼品金。"礼品金传递"过程中参与者体验了感恩美德，从受援者变成了授援者，自豪感和成就感油然而生。这种"礼品金传递"的扶贫模式产生了多方面的积极效应，不仅增进了本地村民的自信心和发展精神，还使人们的信誉和爱心得到了充分的激发，也让贫困群众之间构建起了全新的人际关系。

第二，树立榜样。中国农民有勤劳致富的光荣传统，树立自强自立、勤劳致富的榜样是扶志的有效途径。值得称道的是，隆化县山湾乡的党委政府主动开展的具体活动取得了非常好的效果。他们依托脱贫项目，把道德评议、孝善敬老、"创建幸福文明家庭"等活动大力举办起来，特别是对其中涌现出的被大家认可的文明家庭、好媳妇等由政府进行表彰，把久藏于人心的良知善行"唤醒"起来，促使贫困户主动自觉地投身脱贫行动。特别还将自立榜样的作用充分发挥了出来。山湾村一个叫马显磊的村民，出车祸失去了一条腿，家里有一个生病的老母亲，还有三个孩子，生活突然陷入困境。但是马显磊身残志坚，和妻子一起以超乎常人的毅力撑起了这个家。妻子每天早出晚归，给人家种菜、工地上做小工；马显磊不能外出打工了，参加扶贫项目的学习，在家带孩子养牛。他勤奋好学，养了10多头牛，而且把牛管理得很好，受到邻里们的尊敬。78岁的马玉文、胡文花夫妇，养着一个哑巴弟弟，有人建议他们分家，哑巴弟弟就可以享受贫困户、五保户待遇。马玉文夫妇坚决不同意，表示不会为了得到政府补贴而放弃照顾了几十年的亲弟弟，那样有悖于伦理亲情。村里不少这样自强自立的典型被挖掘出来，被评为"十佳"榜样，教育和感动了村民。

第三，引入传统文化思想教育，"唤醒"人们的良知善行。"耕读传家"的古训被不少家族奉为家规家训,辛勤劳动可以培养自立自强、勤劳务实、吃苦耐劳、脚踏实地的品质;读圣贤书,学做人的道理,不仅可以立志,更能修身、立德,养成良好的行为习惯和高尚情操,耕与读是开发智力,传承和培养谦恭礼让、诚实守信、尊老爱幼等优秀品德,构建和谐社会的有效途径。山湾乡把国学教育引入项目中来,通过一系列活动,改良家风、村风。项目组引入了"文明十二家"模式,结合山湾乡情况,以各个自然营子为单位,组织成立7~15户规模不等的"文明十二家"学习互助组,选择有威信的人当组长,年轻人做辅导员,指导每个组建立微信群,开展网上学习。学习内容十分丰富,包括习近平总书记关于优秀家风建设的讲话,新时代公民道德建设实施纲要和《文明十二家建设手册》,每天组织收听收看专家解读《弟子规》,每周在群里推送中央电视台的大型纪录片《记住乡愁》,举办"优良家风讲座"。结合国学学习,宣讲社会主义核心价值观,帮助群众树立集体主义精神、互帮合作精神,及时发现问题、化解矛盾,把不和谐因素消灭在萌芽状态。人们发现,在帮助人们的人和事不断增加、热心公益活动的队伍不断扩大、乡村农民心情更加舒畅的同时,曾经高发的上访告状、不赡养老人、夫妻争吵等现象在急剧减少。通过把传统文化的教育融入扶贫项目,使每一位项目成员收获自尊、自信与自爱,村民们认识到天道酬勤的道理,启迪自己自立、自强,主动靠自己的辛勤劳动创造美好生活。村民积极参加道德文化促进会的义工活动,关爱老人和儿童,主动为灾区捐款,自觉打扫公共卫生,村容村貌及村民的精神面貌焕然一新。

(三)陪伴成长

陪伴成长是隆化脱贫项目的重要理念之一,晓之以理、动之以情、导之以行,是激活村民内部动力的三个环节。行动的落实不仅要让村民知道"做什么",还要知道"如何做"。陪伴可以在两个方面发挥作用:一是示范,二是指导。先树立一个示范典型,做出来让大家看,再带着大家一起干。如合作组织的陪伴,除了进行合作社的培训,让村民清楚合作社的理念、规则和带来的好处，还要带领大家做出一个示范，帮助合作社解决一些问题，如聘请技术人员普及农业新技术、为社员采购农资、组织农产品的宣传和销售等，农民就知道了合作社是这样为社员服务的，于是就纷纷效仿。小杨树沟村合作社的理事长范会双是位女性，是个热心肠的人，项目启动时就当了互助组组长，合作社成立后被大家选为理事长。她说，开始不知道合作社是什么，也不知道应该干什么，从哪里下手干，糊里糊涂就当了理事长。在项目专家的辅导下，边干边学，不断请教，现在头绪有了，知道该怎样干了，而且还学会了与政府、企业和社会组织打交道，感觉自己一下子成熟了很多。

"礼品金传递"体现了完整的陪伴过程，项目动员、初始农户确定、陪伴购买种牛、牛舍建造、牛饲料改良、解决养牛过程疾病防治、获得收益后的爱心传递等，无不是在项目人员的陪伴下完成的。正是这种"扶上马送一程"的陪伴，有效提高了村民的综合素质，村民脱贫致富的信心更坚定。如今的养殖户对养牛技术说得头头是道，一些常见病的防治也可以自己解决，更重要的是，在这个过程中，他们不仅收获了自信，还获得了互助的成就感。隆化脱贫项目的陪伴活动体现在以下几个活动中。

1. 陪伴"农村服务中心"建设

针对农民生产与生活服务需要，山湾村组建农村服务中心，项目组专家帮助农村服务中心完善章程，寻找新项目，陪伴开展服务工作；聘请专家解决农户生产过程中的具体技术问题；聘请专业人员研发和配置谷物播种机等小型农机具，为村民生产服务；联系相关企业进村介绍农资产品，利用村里闲置的房子做展厅，展示村里的有机杂粮和其他特色农产品，助推乡村产品品牌形成；帮助和指导村民发展电商等。在生活服务方面，针对老年人缺乏照料的问题，协助村民争取政府资助为老年人建设"幸福院"，举办老年餐厅，帮助服务中心购置村民生活日用品，举办小超市等。

2. 陪伴妇女之家成长

乡村妇女在乡村家庭教育、家庭关系、邻里关系和传承优秀传统文化方面起着特殊重要的作用。为发挥妇女的作用，山湾乡很多村成立了妇女之家，项目人员陪伴妇女之家成长，协助制定了以"有知识、有文化、有道德、有素养、有礼让、有形象""六有"目标为组织章程，帮助完善妇女之家的管理制度，推进妇女之家工作的制度化和规范化。开办了妇女课堂，学习法律、礼仪、文化、妇女保健、优良家风家训，组织丰富多彩、形式多样的文化活动，倡导勤俭节约、科学、低碳、互助、合作、文明、和谐的健康生活方式。"平安家庭""学习型家庭"的创建活动开始有活力地开展起来。妇女之家利用三八妇女节、端午节、中秋节、重阳节、春节等节日，围绕权益保护、孝老爱亲、文化娱乐等方面开展村民喜闻乐见的活动，在为村民业余生活增加乐趣的同时，也让妇女感受到家的温馨，获得了自信和自豪感。

3. 陪伴道德文化促进会建设

在扶贫过程中，基层干部发现，给钱给物的扶贫措施，容易滋长依赖心理，而且水涨船高，很难满足，更难满意。一些农户为了获得政府危房改造资金，不惜与父母分家，把年迈的父母赶到破旧、危险的房屋居住，而自己和儿女住新房，把老人当成获得危房改造资金的砝码。鉴于优秀传统文化缺失、婆媳不和、子女不赡养老人、邻里关系紧张等现象，隆化脱贫项目组整合相关力量，组建山湾村道德文化促进会，项目人员指导村民采用参与式方法，讨论道德文化促进会的宗旨、任务和管理办法，协助村民起草和制定了山湾村道德文化促进会章程，确定了促进会的业务范围：传承优秀传统文化，发展乡土文化；开办道德文化讲堂；开展中华传统礼仪文化活动；开展婚前教育；总结"故老"生平，举行缅怀告别仪式；家史、村史的整理和记录以及编写出版工作；开展家庭矛盾调解和疏导工作；协助政府做好"幸福文明家庭"创建、考核、评选、表彰等工作；编辑印发山湾村道德文化促进会刊物；建立相关微信群和网络公众平台；开展道德文化交流、展示、研讨活动。先后开办中华优秀传统文化公益讲座、幸福人生讲座、诚信教育讲座，形成尊老爱幼、讲谦让、重诚信的社会氛围，用身边的好人好事教育身边的人。道德文化促进会成为化解村民矛盾，融洽家庭、邻里和干群关系的重要社会力量。

4. 陪伴爱心超市积分换物品换服务活动

山湾村爱心超市积分换物品换服务活动，是隆化脱贫项目向社会爱心人士募捐20余万元建立起来的，把小母牛机构"助人自助、自助助人"的价值理念植入其中，旨在通过弘扬"我助人人，人人助我"的互助精神，提升农户发展能力并实现社区和谐，增强农户幸福感和获得感。该活动面向所有家庭开放，内容涵盖生产、生活、生态、文化、社会的方方面面，设置了30个评分项目，由爱心超市执行小组定期考核打分，达到规定分值的农户可到爱心超市换取生活用品或生产资料。如在生产活动方面，尽其所能种好家庭粮食、蔬菜自给，积极参与力所能及的公益劳动等可以赢得积分；在生活方面，穿戴卫生整洁；室内保持整洁，物品摆放有序，室内通风空气新鲜，消灭蚊子、苍蝇、老鼠、蟑螂，不乱扔垃圾；院落农用器具、柴草堆放整齐，不乱丢、乱放，统一归置在墙角或偏房等处；禽舍等设置合理，粪便及时清理并送到指定地点进行堆肥无害化处理，对圈舍及时进行消毒，无禽畜粪便味道可赢得积分；参加社区组织的各项公益活动；积极参加社区健康向上的文化活动等，旨在唤起人们的爱心。结果表明，人们的爱心一旦被唤醒且形成氛围，互助互爱就逐渐成为自觉行动。

三、隆化脱贫项目对乡村振兴的几点启示

隆化县脱贫项目给我们的启示在于，无论是脱贫攻坚任务的完成还是进一步的乡村振兴，都要将对广大农民的思想意识和认知水平的转变与提高作为基础性的重要工作，根据现代环境的特点，不失时机地把好的传统理念和做法与现代社会注重的想法结合起来，充分发挥文化建设的特殊功能与作用。在注重增加农民经济收入的同时，以一

种精准教化的思维，把激发农民的内生自我发展动力作为重点努力方向。

（一）文化建设催生内生动力

正如"内因是变化的根据，外因是变化的条件"的简单道理一样，任何地方乃至个人如果缺少了来自内部的自觉自愿，任何脱贫做法的实施都是很困难甚至是无效的。在脱贫行动中，外力的推动当然很重要，也是必要的，贫困往往因为某些发展要素缺乏而导致，外部的支持可以弥补发展要素的不足。外部帮助也可以激发、刺激和诱导内生动力产生。一般认为，外在帮扶可以在短期内缓解贫困，但并不能使贫困人口最终跳出贫困陷阱，若仅依靠外力会强化贫困人口的依赖性，弱化其能动性[1]。应该看到，由家庭环境、个体素质，以及扶贫方式等导致的等、靠、要思想普遍存在。"等"就是等政策、等项目、安于现状，不思进取；"靠"就是靠政府扶持、靠对口帮扶单位支援、靠扶贫人员救济；"要"就是要钱、要物、要条件，坐享其成。等、靠、要思想反映在行动上，表现为缺少艰苦奋斗、自力更生的动力，以至于出现扶贫干部为贫困人口安排了扶贫项目或就业岗位时，贫困人口以累、难、远等为借口而放弃通过自主劳动脱贫的机会，仍然回归"坐在门口晒太阳"的反常现象。"干部干，群众看"，"剃头挑子一头热"是对行动主体错位和依赖现象的形象写照。如对道路、饮水等基础设施的建设和脱贫产业的引进，一些贫困人口既不能出资也不愿投劳，只想坐享其成。如果贫困人口内生动力不足，就无法实现从"扶贫"到"振兴"的根本转变。当外界帮扶力量消失后，很容易出现返贫现象。因此，扶贫必须着眼于贫困人口内生动力的培育。2015年《中共中央国务院关于打赢脱贫攻坚战的决定》将"坚持群众主体，激发内生动力"作为打赢脱贫攻坚战的基本原则之一。2017年，习近平总书记在深度地区脱贫攻坚座谈会上强调，深度贫困地区要加大内生动力培育力度，

---

[1] 曲海燕：《激发贫困人口内生动力的现实困境与实现路径》，《农林经济管理学报》2019年第2期。

坚持扶贫同扶智、扶志相结合。2018年国务院扶贫办等多个部门联合发布了《关于开展扶贫扶志行动的意见》，进一步强调"加强扶贫扶志，激发贫困群众内生动力，是中国特色扶贫开发的显著特征，是打赢脱贫攻坚战的重要举措"。但是，贫困人口内生动力的激发和培育是一项极具挑战性的工作，需要怎样的途径和措施呢？

1. 从培养爱心入手，唤起人们的荣誉感

隆化扶贫项目"礼品金"传递，其意义远远超出了"礼品金"的范畴，变成了爱心传递。把"礼品金"传递过程作为教育村民的过程，不仅重视陪伴过程的以情感人，也十分重视传递仪式。在传递仪式上，宣布授援户和受援户名单，表彰优秀项目成员，号召大家向他们学习；有领导讲话，给予村民鼓励和支持；有授援户代表发言，介绍自己的感受和取得的成绩，表示要把爱心传递给更多的人；有受援户代表发言，感谢爱心人士的资助和项目组的信任，表示要把项目做好，做出成绩，以实际行动回报社会。

传递过程和传递仪式，对唤醒人们的三个意识具有积极意义：一是唤醒自立意识，村民感受到了靠自己努力致富的光荣感，把"礼品金"传递给他人的成就感和受尊重感。二是培育了诚信意识，每个初始农户和传递户都要与项目组签订传递协议，承诺"礼品金传递"，把传统的诚信文化发扬光大的同时也逐渐强化了现代契约意识。当人们遵守契约，兑现了承诺，就会产生自豪感。三是形成互助意识。乡村本来具有互助传统，由于忽视传统文化教育，互助意识淡化，互助传统逐渐丧失。只要有互助的空间和氛围，人们的互助意识就会被唤醒。"礼品金传递"体现的正是"助人自助、自助助人"的互助意识。村民们传递"礼品金"的同时，也自觉传递着生产技术，自然形成了交流和互助的氛围。"礼品金传递"也是一种感恩教育，社会帮助了我们，我们也要回馈社会和帮助他人。接受他人援助在特定环境下就成为感恩教育和追求善良美德的契机，这也是山湾乡村民公益活动得以发展的重要基础。

2. 从家风建设开始，培养人们的责任感

家庭是个人成长的起点，家庭成员的亲密关系、生活方式、处世态度从出生开始就潜移默化地对个人的价值观、人生观及世界观产生巨大影响并伴随一生。家庭也是社会的细胞，家风影响村风和社会风气，一个邪气占上风的环境，由于担心得到负面评价，人们干好事、善事的行为就会被抑制。同样，一个正能量占主导地位的环境，消极行为、破坏行为就没有存在的空间。隆化脱贫项目充分重视家庭的作用，突破了传统扶贫项目就收入论收入的理念，把优秀家风教育纳入扶贫过程，通过学《弟子规》，宣讲优秀家风、家训，协助政府开展文明家庭评选活动，通过家风带民风，实现促进乡村社会和谐发展的目的。家风从德孝文化入手，培养人们的家庭责任感，无论是劳动致富，还是上慈下孝、家庭和睦，都需要有家庭责任感。家庭责任感是一种内生动力，可以扩大为社区责任。有了家庭责任感，就会孕育出对社会、对后人、对环境的责任，激发出对家乡的热爱和建设美好家园的热情。

3. 从文化建设入手培养人们的幸福感

文化建设无论对产业发展还是对社会和谐都是十分重要的因素，但也是最容易被忽视的因素。因为人们往往不知道文化建设从哪里入手，不理解文化与经济社会的关系。隆化脱贫项目的文化建设包括相互联系的四个方面：一是组织文化，从合作社到道德促进会，从妇女之家到文明十二家，所践行的都是把农民组织起来。组织增加人们的互动，增进人们的感情，是幸福感的重要源泉。二是弘扬农业文化，如指导农户学习现代堆肥技术，实现有机循环，发展有机农业，生产有机农产品，除了满足自身需要，还可以分享给亲朋好友。三是弘扬优秀传统文化，包括诚信文化、互助文化、德孝文化等，传统文化所蕴含的和谐理念，是构建和谐社会的文化基础，是人们幸福感的重要源泉。四是建设娱乐文化，包括读书与学习活动、娱乐活动，特别是动员组织乡村妇女扭秧歌、跳广场舞，其作用不仅在于娱乐生活，更重要的是为人们提供了释放和交流感情的空间。村民心情舒畅了，社

会和谐了，矛盾自然就减少。文化建设的成果反过来增加团结互助，促进生产发展与社会的和谐。

4. 从传授技术入手，培养致富自信心

理论研究证明，内生动力的缺乏由多种因素导致，从个体的角度看，主要是知识匮乏，受小农经济状态影响，把满足基本的生存需求作为目标，这个目标实现了，就满足了。既缺少开阔视野和对更高生活目标的追求，也缺乏横向比较，村民最常说的话是"大家都如此"，因此也得过且过、满足于现状。即使看到外部世界的发展变化，也会认为自己"学不来"。而隆化脱贫项目正是从满足人们最基本的需求出发，不断刺激和培养出新的需求，同时进行技术培训和产业扶持，当人们掌握了生产技术，并通过自己的努力解决了技术问题，获得了较高收入时，所激发的不仅是自豪感和成就感，还培养了自信心。这种自信激活新的目标，激励人们对美好生活产生更多的向往。

隆化脱贫项目的实践证明，在脱贫攻坚过程中，把扶志、扶智和扶能集合起来是增进脱贫效果的有效途径，其中的一个重点就是采用群众乐于接受的方式，比如有意识增加传统文化的教育内容，适时评选身边的示范典型，自觉营造文化浓郁的环境氛围，把提高贫困地区人口的综合素质作为主要目标，真正使脱贫攻坚行动落到实处、结出实果。

（二）坚持农民主体地位

农民主体地位的重要意义无须赘述，任何想当然地为民做主的项目都不可避免地会失败。无论是过去的脱贫攻坚还是未来的乡村振兴，都必须始终把坚持农民主体地位放在首位。体现和尊重农民主体地位，需要做好以下三个方面的事情：

1. 将尊重农民需要摆在首位

从脱贫攻坚到乡村振兴，都是帮助农民建设美丽幸福的家园，因此，建设乡村必须了解农民需要。农民最了解自己的需要。农民要获得收入，就要从事农业生产，发展乡村手工业，如编织、酿造、印染、特色食品制作等，发展生产需要特定的乡村空间条件，农民知道把房子建在哪里，建设成什么样子，才最适合生产需要。一些地方由于缺乏对乡村特点的认识和对农民需要的了解，凭着想象为民做主，或让农民远离自己的耕地，或强制农民上楼，致使农业生产难以为继，乡村手工业失去了存在的空间。本来是为了改善农民生活，结果使农民失去了生计来源。事实上，由于农业生产需要而产生乡村，乡村在不断适应生产的过程中形成了一系列的空间特质。乡村还是循环农业的重要节点，保障农业资源的充分有效利用，是农业生产可持续发展的重要条件。如果消灭了乡村，农业生产就会受到极大的削弱，农民的生计就会陷入困境。我们看到一些搬迁上楼的农户在室内养猪、楼顶养鸡；也看到，一个靠庭院养鸡和种菜富裕起来的农民，随着失去村落和院落变成了贫困户；还看到，拆掉农民的几所房子而荒掉一片土地的现象。这就需要我们了解乡村与乡村生产的密切关系，特别是了解乡村与农业生产的关系，只有了解了这些关系，才不会把农民的宅基地当成纯粹的建设用地，而忽视它同时是农民低投入、高产出的生产空间这一事实；也就不会通过让农民上楼的手段搞什么增减挂钩或占补平衡，因为，这除了偷换概念外不是任何意义的平衡。习近平总书记曾满怀深情地告诫人们："不要以土地改革、城乡一体化之名，行增加城镇建设用地之实，这种挂着羊头卖狗肉的事不能干。"[①]

除了生产需要，乡村建设还体现为尊重农民生活方式。农民生活方式是指衣食住行的方式，以及乡村交往和娱乐方式、节日时令、乡村习俗等。乡村生活方式不仅体现着人与自然的和谐，如天人合一理念，就地取材、循环利用的生存智慧，勤俭节约的优秀品质等，还体现在人与人的和谐，如家族关系、邻里关系、亲友关系和谐等。要研究乡村生活方式的文化载体意义，清楚乡村生活方式对人和社会所产生的影响，不要想当然地改变农民的生活方式，或把自己的愿望强加给农民。

[①] 中共中央党史和文献研究院编：《习近平关于"三农"工作论述摘编》，中央文献出版社2019年版，第49页。

当然，农民的需求还包括对生态环境、社会交往、习俗、娱乐等的需求，尊重农民需求是尊重农民主体地位的最基本要求。

2. 培育新型经营主体

强调农民主体，人们讲得最多的是知情权、参与权、决策权、监督权等。实际上，农民主体地位体现在农民当家做主的权利，这种权利的获得在根本上需要通过有效的农民组织来实现。分散农户的弱点常常成为排斥农民主体地位的理由，诸如把农民变成"既拿地租，又挣工资"的农业工人；让农民成为等着年底分红的"股东"；收回农民的承包地重新发包给工商资本以收取"地租"，美其名增加集体收入；用所谓的"资质"要求排除农民，进而把包括种树造林在内的属于乡村基础设施建设等工作交给所谓的企业。以上几种做法在根本上排斥了农民的主体地位，把农民变成了乡村建设的旁观者。有些地方甚至根本认识不到这种做法的危害，反倒作为创新经验进行大肆宣传，为此付出惨重代价的案例比比皆是。

要维护好农民建设乡村的主体地位，重点和难点是要把农民有效地组织起来。习近平总书记非常重视农民主体地位的重要性，多次强调要尊重农民的主体地位。2018 年 9 月 21 日在参加中央政治局第八次集体学习时，强调"要突出抓好农民合作社和家庭农场两类农业经营主体发展，赋予双层经营体制新的内涵，不断提高农业经营效率"[①]。

建设适度规模的家庭农场可有效激活乡村发展的微观动力。家庭农场就是以家庭劳动力为主要劳动力的农业生产经营单位。一般认为，家庭农场具备三个特点：一是以家庭劳动力为主要劳动力，与农户经营一样，自己给自己劳动是家庭农场的首要特征，以此区别于雇工农场。二是要有一定规模，家庭农场作为扩大版的农户，是实现适度规模的理想模板。有了家庭农场，农民就有了稳定的就业空间，农民可以在自己的农场实现充分就业，新型职业农民才有存在和发育的可能，

---

① 中共中央党史和文献研究院编：《习近平关于"三农"工作论述摘编》，中央文献出版社 2019 年版，第 64 页。

稳定的农业后继者队伍才能得以形成。三是农户收入主要来源于农场经营,而且有较高的收入,能够满足自己的消费需要,不用出去打工,以此区别于兼业农民。家庭农场有很多好处,自己为自己劳动,是其效率最高、风险最低、成本最小的劳动组织形式,也是劳动者自主性、积极性、主动性和创造性得以发挥的基本条件;家庭农场实现了农民就近、就地充分就业,并且有较高和稳定的收入;可以吸引致力于农业的人才返乡创业,有效遏制乡村的衰败;同时,由于适度规模的形成,有效激活了农民对科技的需求,从新品种、新设备、新技术的使用,到新的经营理念,农场主相比小农户表现出了空前的积极性和主动性。家庭农场充分体现农民的主体地位,可以有效克服农业生产过程中农民主体地位弱化的问题,激发农民农业生产的内生动力,充分发挥农民生产的积极性、主动性和创造性。实施乡村建设行动要求努力优化适度规模家庭农场形成的政策和制度环境,培育充满活力的家庭农场是现代农业得以实现的微观基础,也是推进乡村振兴的基础性工作。

家庭农场与农户一样也会遇到各种农产品的生产与销售问题,农民利益的实现与保护问题,这要通过更高层次的组织形式来解决,这就是农民合作社。合作社被证明是最适合农业和农民特点的组织形式。与其他组织相比,合作社的特殊性在于突出了农民主体性和农民当家做主的地位。合作社作为民办、民管、民受益的经济组织,农民是经营主体,也是受益主体,合作社的经营利润按照与农户的交易额返还给农户,因此,合作社既能体现农户的生产独立性,发挥其主动性和积极性,又为农户实现经营目标创造条件。

从现代农村发展的方向上看,增强广大农民的自我组织能力和水平是其中一项不可缺少的重要工作,也对加快实现乡村振兴意义深远。河北隆化成立脱贫项目合作社的过程有一个重要经验,就是认识到乡村单元下家庭农场对合作社建立发展所具有的基础作用。这一点可以从传统中国乡村文化的特点和现代行政管理的制度要求中窥见,也就是说,中国促进农村发展所构建的各类合作社要与乡村的文化传统相契合，要因势利导促进互助合作机制的形成；同时应主动设法使合作社与当地农村社区融合起来，有效克服乡村社区管理中经常存在的两张皮现象。另外，还要根据形势发展不断扩大合作社的使用范围、提高合作社的层次，从而避免或减少交易成本过高、农民利益易受损害等问题。

3. 自组织帮助村民成长

习近平总书记指出："人们对美好生活的向往就是我们的奋斗目标。"而构成人们幸福生活内容的绝不仅是收入提高、物质丰裕，而且包括了精神追求在内的很多主观体验。正如幸福感绝不只有一项单一指标，而是包含了被认可、被接受以及精神愉悦等诸多方面。对中国的广大农村来说，完成了脱贫攻坚目标，接下来就要把满足农民追求幸福生活作为主要方向，进而为乡村振兴注入不竭力量，也就是将激发村民幸福感作为进一步发展的内生动力。隆化脱贫项目从两个方面激活人们对幸福感的追求：一是组织文化活动，农民充分参与，展现自己，愉悦身心，集体文艺活动减少了个人烦恼，也密切了村民关系。二是道德促进，优良家风建设，互帮互助，让村民体会到家庭的温暖与邻里的和睦。开展道德评议活动，培育先进典型，开展"文明家庭""星级脱贫户"等评选活动，举办"善行义举榜""家风家规家训"等主题活动，推选脱贫典型、优秀项目农户。挖掘脱贫致富先进事迹，树立自立自强邻里互助楷模，营造良好舆论氛围，有效增强村民归属感、认同感和自豪感。

村民自组织需求的激发，有效提高了村民的组织意识和组织能力。在组织环境下，人们有明确的目标，为实现目标的行为就会被他人接受。在隆化县山湾乡，很多人反映，过去也想帮助那些生活有困难的人，就是担心别人会说"显旗儿"，即出风头的意思，而不敢去做。如今有了妇女之家，有人带头做好事，大家再去帮助他人就不担心别人非议了。扎扒沟村的妇女之家开始有七八个人义务去照顾孤寡老人，给他们打扫卫生、洗衣服，后来跟着去当志愿者的达到15人，不去做志愿者的人反而感觉不好意思。山湾乡道德促进会会长说，过去大家是各扫门前雪，如果你给别人家门口扫雪会受到冷嘲热讽，自从成立了道德促进会，人们向善向上的热情就被激发出来。2020年12月16日，山湾乡下了一场大雪，积雪达6～9厘米，给人们的出行带来了不便，出现了老人摔伤的现象，村干部和道德促进会的成员带头扫雪，村民纷纷走向街头，形成了浩浩荡荡的义务扫雪队伍，山湾乡老老少少60多人参与，清扫大街小巷积雪4千米。义务扫雪的消息在微信上发布后，引发了共振效应，其他村纷纷效仿。在2020年冬天下雪期间，山湾乡的广大村民都把扫雪当作自己的义不容辞的责任，其中有11个村的村民参加义务扫雪十多次。扫雪过程中洋溢于村民脸上的发自内心的笑容，让人们深切感受到了相互帮助带来的真正快乐。

  隆化脱贫项目启示人们，提高社会治理能力，政府的责任就是要抓好乡村的组织建设，这种组织不仅包括村支两委组织，还包括了以农民为主体的合作社组织，和乡村的非正式组织。隆化脱贫项目通过四个方面激活了村民的自组织需求：首先家庭农场的扶持，激发了农民的组织愿望，小农户对组织需求不迫切是因为参加组织与否对其利益获得影响并不显著，而家庭农场因为适度规模的实现，组织可以带来更多利益，因此，扶持家庭农场是刺激组织需求的有效措施。其次，合作社的组建是提高村民组织能力的有效途径，合作社的性质决定了合作社成员的充分参与，也促使合作社理事和理事长们想方设法地开展业务，扩大社会资源。再次，在全乡开展"文明十二家"活动，把它作为具体落实党的方针政策的抓手，解决了政策落实最后一公里问题。最后，成立道德促进会和妇女之家，组织者和参与者在这个过程中不断得到锻炼，获得成长，培养了组织能力。特别是每一个组织都建立了微信群，利用微信群发通知、传播信息、交流经验、组织学习，成为自组织的新形式。通过各类组织建设，村民切实参与乡村建设，发挥农民的主体地位和主人翁责任感，将脱贫和发展当成自己的事情，在组织过程中学习、锻炼和成长，有效提高自我发展能力。

(三）从脱贫到振兴要始终遵守乡村规律

中共中央 2021 年的一号文件明确要求：为了切实有效地巩固脱贫攻坚的成果而设立 5 年的过渡期。其中的一项重点工作就是把巩固拓展脱贫攻坚成果同乡村振兴有效衔接起来，体现推动我国乡村现代化发展的连续性。对退出的贫困县、贫困村、贫困人口，要保持现有帮扶政策总体稳定，扶上马送一程。"送一程"不仅需要制度的持续保障，如各地要在"摘帽不摘责任、摘帽不摘政策、摘帽不摘帮扶、摘帽不摘监管"上下功夫，还要保持脱贫攻坚过程中形成的组织优势和人才优势，为乡村振兴服务。脱贫攻坚所形成的资源优势、取得的丰富经验以及对乡村发展规律的认识，为推动乡村全面振兴奠定了十分重要的基础。

1. 乡村振兴要充分利用脱贫攻坚资源优势

中国前所未有的脱贫攻坚战，动员全社会力量，采用精确识别、建档立卡、责任到人的方法，凭借国家制度体系的政治和行政优势，精准施策，对口支援，通过产业脱贫、搬迁脱贫、生态补偿脱贫、教育支持脱贫、社会保障兜底脱贫等多种手段，实现了同步小康的伟大目标。特别是把贫困治理纳入国家治理的战略目标，在国家财政转移支付、动员社会力量、干部下乡、精准施策、人民主体等方面积累了中国经验，为中国国家治理现代化奠定了重要基础。中国把贫困治理看作政府的责任和国家治理的内容，也把贫困治理的成效视为政府和官员绩效考核的标尺，这应该是对发展型国家理论的重要推进。[①] 中国对贫困治理的认识和实践在很大程度上丰富了人类反贫困的理论，为人类命运共同体建设提供了中国经验。同时，脱贫攻坚也为贫困地区乡村全面振兴积累了丰富资源，奠定了坚实基础。

在政策资源上，脱贫攻坚形成的政策帮扶和直接财政转移支付政策，以及形成的农林产业扶贫、旅游扶贫、电商扶贫、科技扶贫等产

---

① 燕继荣：《反贫困与国家治理——中国"脱贫攻坚"的创新意义》，《管理世界》2020年第 4 期。

业扶贫工程；转移就业脱贫行动；搬得出、稳得住、能脱贫的易地搬迁脱贫模式；通过教育彻底斩断贫困代际传递的扶贫行动；从公共卫生、医疗保障、疾病防控等方面提出的健康扶贫工程；从生态保护修复、生态保护补偿机制等方面提出的生态扶贫工程和生态补偿政策；从社会救助、基本养老保障、农村"三留守"人员和残疾人等方面，提出了社会保障兜底措施。一系列的倾斜政策，迅速改变了贫困地区的基础设施、住房条件，完善了公共服务，与非贫困地区的差距缩小，甚至硬件建设水平超过了非贫困村。这些政策在增加贫困人口收入、提高人口素质、改善公共服务状况和保障特殊困难群体脱贫等方面发挥了重要作用。中央强调，贫困人口、贫困村、贫困县退出后，在一定时期内国家原有扶贫政策保持不变，支持力度不减，留出缓冲期，为巩固脱贫攻坚成果并稳步向乡村全面振兴过渡提供了丰富的政策资源基础。

在组织资源上，贫困地区以基层党建为核心的组织建设得到了空前加强。扶贫攻坚行动推动了基层党组织能力建设，以党建扶贫为基础平台，形成了反映农民需求，落实惠民政策，促进村庄合作，构筑乡村治理的政治、社会、精神基础；以党建促农村基层组织建设，形成了以农村基层组织建设促减贫发展等历史经验，成为人类命运共同体在反贫困征程中凸显出的独特精神财富[1]。特别是把优秀干部资源投放到脱贫攻坚主战场，选派大批年轻干部赴驻村帮扶第一线，帮助乡村干部提高对乡村的认识，培养政策理解能力和执行能力，增强了乡村干部的组织动员能力，激发了乡村干部工作的积极性和创造性。随着产业扶贫、科技扶贫的深入，人才下乡渐成趋势。许多学历较高、年富力强的年轻人返乡创业或走向乡村基层组织的领导岗位，成为乡村振兴的重要力量。与此同时，贫困地区的社会组织也得到了快速发展，我国贫困治理能力的现代化变革的一个重要标志，就是多元主体共同

---

[1] 孙兆霞等：《贵州省党建扶贫的源起演进与历史贡献》，《贵州社会科学》2016年第2期。

参与贫困治理工作。当前社会组织在脱贫攻坚工作中表现出合作化与制度化的态势,即政府和社会组织在贫困治理过程中合作解决问题,并且将这种良性合作形成常态,逐步将其制度化[①]。乡村组织程度提高和社会组织的发育,正是乡村全面振兴的必要条件。

在人才与教育资源方面,形成了人才扶贫的良好态势。国家在《中国农村扶贫开发纲要(2011—2020年)》中指出,组织教育、科技、文化、卫生等行业人员和志愿者到贫困地区服务。脱贫攻坚中培养一个"领头羊"、精准选择一个好产业、精心组建一个科技服务团,是很多地区人才脱贫攻坚的经验。通过干部下派挂职、任第一书记、包村干部、大学生村官等途径,为贫困村输入了新鲜血液,许多专业人才凭着自己的专业知识和独到视角,发现和培育特色产业,发展融合产业,实现了农民的可持续增收。在这个过程中,志愿者队伍也得以发展壮大,并在脱贫攻坚过程中找到了自己的位置,他们在了解农民的需求、调查乡村资源、帮扶弱势群体、照料老年人、教育留守儿童等方面发挥越来越重要的作用。在教育扶贫、健康扶贫、技术扶贫等领域逐渐形成了稳定的扶贫运作机制[②]。特别是在由物质扶贫向智力扶贫转型,由"输血式"扶贫向"造血式"扶贫转变过程中,志愿者可以发挥其特殊优势。为贫困地区培养实用人才是脱贫攻坚的有效途径之一,特别是电商人才、乡村旅游人才、农家乐经营人才、新型经营主体的培训与教育,不仅帮助农民掌握了实用技术,而且更新了观念,解放了思想,提高了农民的就业率和创业成功率,为乡村振兴提供了人才培育经验。

此外,东西部扶贫协作、定点帮扶、企业帮扶、军队帮扶、社会组织帮扶、对口支援等,为贫困地区的发展注入了源源不断的动力,为补齐贫困地区基础设施和公共服务领域短板做出了巨大的贡献,使得大多数贫困地区的基础设施和公共服务得到明显改善。特别是贫困

---

① 高崇、郝振杰:《社会组织参与攻坚脱贫的优化策略分析》,《智库时代》2020年第12期。
② 张祖平:《脱贫攻坚志愿服务的成效、特点与发展思路》,《中国社会工作》2018年第7期。

地区与对口帮扶单位建立了密切的联系，成为乡村振兴的重要社会资源。通过消费扶贫等途径有效解决贫困地区特色农产品销售问题，创造了贫困地区稳定增收的有效模式。

贫困地区在脱贫攻坚过程中形成的政策、组织、人才、社会资源优势，不仅保障了脱贫的稳定性和可持续性，巩固脱贫攻坚成果，也为有效推进贫困地区脱贫后实现乡村全面振兴创造了条件。乡村振兴不仅要充分利用脱贫攻坚业已形成的政策、组织、人才等优势，趁势而为，在此基础上培养出推进乡村全面发展的各类新型人才。

2. 自觉将脱贫攻坚的经验转化到乡村振兴中

脱贫攻坚伟大胜利凝聚了无数人的智慧与心血，形成了丰富的乡村建设经验，如精准识别、精准施策、特色产业发展、乡风文明建设、社会动员、组织建设、人才培养等方面，这些经验是乡村全面振兴的重要财富。在现代中国的农村建设中，脱贫攻坚和乡村振兴可视为两个阶段。按照一般的要求和说法，脱贫攻坚的主要任务以复合型方式解决贫困地区和贫困人口"两不愁三保障"的基本生活问题。乡村振兴则是在脱贫攻坚的基础上，从经济、生态、生活、文化以及社会治理等各方面加快推进我国广大乡村的现代化。所以，乡村振兴就是在脱贫攻坚的基础上，把已经形成的大量成功经验，比如"五个坚持"（坚持绝对忠诚的政治品格、坚持高度自觉的大局意识、坚持极端负责的工作作风、坚持无怨无悔的奉献精神、坚持廉洁自律的道德操守），"六个精准"〔扶贫对象精准、措施到户精准、项目安排精准、资金使用精准、因村派人（第一书记）精准、脱贫成效精准〕，"五个一批"（发展生产一批、易地搬迁一批、生态补偿一批、发展教育一批、社会保障兜底一批）等转化到乡村振兴实施行动中。在这方面，河北隆化县应该是做了有益的探索，因为隆化的脱贫攻坚项目的实施过程和取得的成效就涵盖了产业、生态、文化、人才、组织等诸多方面的乡村振兴内容：

在产业发展方面，他们聘请专家考察地方资源禀赋，选择适合当地条件的特色产业，项目资助扶持养牛产业、生态杂粮种植业，与政府支持的主导产业相一致，创建了"粮食就地转化，秸秆过腹还田，生态有机种养，农牧协调发展"的新业态，发展种养结合的多样化现代农业，不仅有助于综合利用当地资源，也有利于乡村产业的融合发展，为产业振兴奠定了坚实基础。

在人才培育方面，一方面通过培训，提高农民生产技能和综合素质，激活农民的内生动力，这是培育乡村振兴主体的基础；另一方面，通过产业发展吸引高素质的年轻人返乡创业，这是解决未来谁种地问题的关键；第三个方面通过合作社吸引能人下乡或返乡承担合作社领导者。人才的培育与产业发展互为因果，有了产业，就为人才下乡和人才成长搭建了平台，有了人才，产业兴旺才有可能。

在生态保护方面，隆化脱贫项目始终遵循生态保护与可持续发展理念，如改良牛的品种，变放养为舍饲，为政府推行禁牧工作创造了条件；普及牛粪发酵制作有机肥技术，避免了养殖业污染环境，又实现种植业与养殖业的循环；倡导有机种植，减少化肥农药使用；不仅重视生态农业发展，同时普及垃圾分类知识，开展垃圾换礼品活动，对村容整洁做出了贡献。

在文化建设方面，隆化项目做了诸多尝试，不仅有传统的组织农民妇女唱歌跳舞，活跃文化氛围的文化活动，还引入了国学教育，通过家风建设促进民风的转变。应该说，把国学教育纳入项目体系，通过国学教育启迪心智，激活爱心，凝聚人心，密切村民关系，是该项目的一个亮点。从传统文化入手的文化建设，最容易为农民所接受，也最容易普及和发挥示范作用，特别是与政府主导的文明家庭、好媳妇等评选活动结合，具有事半功倍的效果。

在组织振兴方面，隆化项目取得的成绩尤为突出。以合作社组织建设为主体，提高农民的组织化程度，激活农民的组织活力，正式组织与非正式组织彼此融合、相互促进，有助于产业的发展，也为乡村和谐社会建设做出了贡献。

这五个方面紧密融合在一起，围绕村民生活幸福这一根本目标，以产业发展为主线，通过文化、人才与组织建设，保障产业的可持续发展。产业发展了，又进一步促进乡村生态、乡村文化建设和人才综合素质的提升。这是一个相互联系、彼此促进的过程。至少有三个转变是脱贫攻坚转向乡村振兴时需要做的：一是以发展乡村特色产业转变为专门针对贫困户的产业扶贫。也就是说，结合本地特点培育既具有相当技术含量又符合已经形成的当地脱贫攻坚实际的特色产业。二是尽快实现从衣食满足的基本生活保证向提高生活质量的转变。其原因在于随着生活质量的提高，人们的精神文化需求会不断增加，影响到人们的生活态度和精神追求，从而为乡村振兴注入持续发展动力。三是继续增加扶志扶智精神意识的教育，不断增大贫困户自我脱贫的意识和能力。这就需要物质帮扶与精神支持相互结合，不但可以增加物质脱贫的效果，还能够保证乡村振兴动力的坚持不懈。

3. 从脱贫到振兴要始终尊重乡村价值特点

相当一段时间，许多地方在脱贫行动中存在一些认识和行为上的偏差。最为典型的表现有：无视乡村本身的价值和自身规律，以城市建设思维改造乡村原有格局，甚至无视农民的主体地位；有些地方只强调土地流转而不顾农民意愿，把土地转换给企业后基本不顾农民的想法和感受；有些地方不是以调动农民积极性、主动性为目的，只关注农民在股份中的分红，从而把农民变成了企业的"附庸"；如此等等。这些做法其实恰恰违背了乡村几千年来形成的内在特征与规律，形成了农村发展的出路就是消灭农村的错误认识。这是乡村振兴战略实施中要特别注意克服的。

前一段时间，我们长期调查并深入研究了我国乡村的特点与发展规律，并基于此提出了"基于乡村价值的柔性扶贫理念"和"基于乡村价值的乡村振兴理论"①。我们的基本观点是，中国的乡村在其千年

---

① 朱启臻：《把根留住：基于乡村价值的乡村振兴》，中国农业大学出版社 2019 年版，第 3–5 页。

的演化发展中早已产生了属于自己的生产生活方式，也形成了效果显著且已固化的诸如和谐融洽的人与自然关系、循环利用各种资源、存续传统文化、寓教化于日常生活方方面面的乡村特有功能。这些表现相互关联并形成了乡村有机体，也促进着乡村的和谐与安宁。而贫困的发生其实是多方面因素作用的结果。其中重要的一点就是构成乡村有机体的某些要素发生了变化，抑或是要素相互连接的方式发生了改变，从而导致乡村正常运行的中断。所以，研究并推动乡村振兴，就一定要遵循乡村规律和价值，并以此重组和丰富发展乡村的要素。把补短板放在创新乡村要素的连接方式上，提升乡村的内在价值。重点要从四个方面入手：

第一，重视乡村生产价值的现代实现。在我国幅员辽阔的土地上，农业生产的基本特点和方式基本一致。但在不同的地方，因自然气候、地理面貌、土地状况、河流分布、物种差异，乡村和乡村之间在种植养殖、生产生活、住房格局甚至器物生产各个方面都存在差异，由此形成了不同地域的农户庭院经济、不同风格的乡村手工业，其中尤以农村一家一户的院落布局为重点。也就是说分布于不同点位的各家各户农家院落既展示了一个乡村的村落形态，同时也是乡村产业选择和发展的基本条件。而一些脱离实际的农村布局的改变（比如让农民上楼），不仅让农民家庭生产的开展极不方便，也基本舍弃了农民原有居住下便利而独特的生产内容，比如以院落为基础的编织、印染、酿造等加工业。这些做法不仅不利于乡村的发展与振兴，甚至会走向反面，会消灭乡村。这是乡村振兴中要注意克服的。

第二，重视发挥乡村的生态价值。实际上，中国的传统乡村中包含并体现着丰富而浓厚的生态文明成分和内容。它反映在乡村从建造居住院落到器物制作再到种植养殖等各个环节中。首先，乡村农民的生产生活、种植养殖过程本身就是一种有机循环。在这个过程中既实现了新陈代谢的能量交换，又实现了乡村资源的综合利用，还达到了保持乡村环境整洁的目的，是先民农业智慧的充分展现。其次，几千年所形成的乡村生产生活智慧不仅成为人们生产生活良性循环的知识和技能，也内化为广大农村农民的生态信仰。比如广大南方地区的稻鱼共作、南北方皆有的梯田生态等系统，以及一些地方特有的旱作农业等，都是其典型表现。最后，长期以来我国农村早已固化的自给自足、循环利用、崇尚节俭等乡村生活态度，不仅是我国农民生活智慧和生存品格的生动体现，而且也是一种具有可持续发展特征的生存发展理念。今天的绿水青山就是金山银山的理念其实是我们先民智慧的现代创新。所以，乡村振兴的实施不能撇开乡村的价值和先民的智慧，而是要在合理的传承中不断创新。

第三，重视展示乡村的文化价值。乡村是中国传统文化生成、传承的土壤，也是塑造中国人文化性格的主要场域。推进乡村振兴，要彻底解决贫困问题，乡村的文化建设就是其中的灵魂与内在动力。无论是贫困人口的"扶志""扶智"，还是营造良好的乡风家风，还是有效的社会治理，都与广大乡村的文化建设形成内在而紧密的关联。所以，中共中央在2018年的关于"三农"问题的一号文件中就特别指出，要"深入挖掘农耕文化蕴含的优秀思想观念、人文精神、道德规范，充分发挥其在凝聚人心、教化群众、淳化民风中的重要作用"。只有这样，才能真正为乡村振兴注入精神力量，增强人们的道德意识和道德自觉。

第四，重视展现乡村的教化价值。在前面的关于农耕文明特别是关于乡村空间的功能价值论述中，我们已经对乡村各种空间环境的构成与作用做了比较详细的阐释。实际上，中国传统乡村作为熟人社会的典型，在社会治理上就是以其特有的道德舆论、祠堂或私塾的教化、乡规民约等方式对人们的行为进行规范和约束，而院落作为农户的微观生活与生产场域，最大特点在于它的开放和透明特征[①]。这也是乡村公共舆论发挥影响力的重要客观条件。也就是说，正是因为有了包括个人生活空间的开放与透明，也就有了对每个人言语行为随时可以指

---

① 朱启臻：《村落价值与乡村治理关系的探讨》，《国家行政学院学报》2018年第3期。

点评判的可能性和可行性，也就容易在村民中间形成一种公共舆论，直接对每个人的言行进行或誉或贬的评论，进而达到管束的目的。同时，这种乡村特有的舆论氛围，还可以利用乡村内部的可用空间进行议事讨论，发挥调解矛盾、和睦邻居、褒扬佳绩、休闲娱乐、增进认同的功能。这也正是乡村教化作用实现的重要途径和方式，也是发挥乡村自治的重要因素。因此，要善于充分利用乡村的丰富资源，不断加强乡村文化建设，不断培养和塑造一大批现代中国的新型农民，把传统的优秀成分融入现代社会治理创新的具体实践中，为实现乡村振兴奠定更坚实的基础。

参考文献

（一）图书类

1. 《马克思恩格斯文集》第1、2卷，人民出版社2009年版。
2. 〔德〕黑格尔：《历史哲学》，王造时译，三联书店1956年版。
3. 〔德〕马克斯·韦伯：《经济与社会》上卷，林荣远译，商务印书馆1997年版。
4. 〔德〕马克斯·韦伯：《儒教与道教》，王容芬译，商务印书馆1995年版。
5. 〔德〕斐迪南·滕尼斯：《共同体和社会：纯粹社会学的基本概念》，林荣远译，商务印书馆1999年版。
6. 〔美〕詹姆斯·N.罗西瑙：《没有政府的治理》，张胜军、刘小林等译，江西人民出版社2001年版。
7. 〔美〕罗伯特·芮德菲尔德：《农民社会与文化》，王莹译，中国社会科学出版社2013年版。
8. 〔美〕李丹：《理解农民中国：社会科学哲学的案例研究》，张天虹、张洪云、张胜波译，江苏人民出版社2009年版。
9. 〔美〕费正清、刘广京：《剑桥中国晚清史》（下卷），中国社会科学出版社1985年版。
10. 〔美〕杜赞奇：《文化、权力与国家——1900—1942年的华北农村》，王福明译，江苏人民出版社1995年版。

11.〔美〕W.古德：《家庭》，魏章玲译，社会科学文献出版社1986年版。

12.〔美〕本杰明·史华兹：《寻求富强：严复与西方》，叶凤美译，江苏人民出版社1996年版。

13.〔美〕爱德华·希尔斯：《论传统》，傅铿、吕乐译，上海人民出版社2014年版。

14.〔美〕A.麦金太尔：《追寻美德——伦理理论研究》，宋继杰译，译林出版社2003年版。

15.〔加〕贝淡宁：《贤能政治——为什么尚贤制比选举民主制更适合中国》，吴万伟译，中信出版社2016年版。

16. 王国维：《观堂集林》，中华书局1959年版。

17. 梁启超：《饮冰室合集》，中华书局1989年版。

18. 梁漱溟：《东西文化及其哲学》，商务印书馆1999年版。

19. 梁漱溟：《乡村建设理论》，商务印书馆2015年版。

20. 梁漱溟：《中国文化要义》，学林出版社1987年版。

21. 钱穆：《国史大纲》（上、下），商务印书馆2010年版。

22. 费孝通：《乡土中国 生育制度 乡土重建》，商务印书馆2017年版。

23. 侯外庐：《中国思想通史》第一卷，人民出版社1957年版。

24. 赵清、郑城编：《吴虞集》，四川人民出版社1985年版。

25. 俞可平：《治理与善治》，社会科学文献出版社2000年版。

26. 俞可平：《地方政府创新与善治：案例研究》，社会科学文献出版社2003年版。

27. 俞可平：《中国治理变迁30年（1978—2008）》，社会科学文献出版社2008年版。

28. 吴志成：《治理创新——欧洲治理的历史、理论与实践》，天津人民出版社2003年版。

29. 毛寿龙、李梅、陈幽泓：《西方政府的治道变革》，中国人民大学出版社 1998 年版。

30. 辛秋水：《中国村民自治》，黄山书社 1999 年版。

31. 朱启臻、赵晨鸣、龚春明：《留住美丽乡村——乡村存在的价值》，北京大学出版社 2015 年版。

32.〔新加坡〕赖蕴慧：《剑桥中国哲学导论》，刘梁剑译，世界图书北京出版公司 2013 年版。

33. 萧公权：《中国政治思想史》，中国人民大学出版社 2014 年版。

34. 韦政通：《韦政通文集》，中华书局 2011 年版。

35. 林毓生：《中国传统的创造性转化》，三联书店 1988 年版。

36. 姚新中：《道德活动论》，中国人民大学出版社 1990 年版。

37. 陈弱水：《公共意识与中国文化》，新星出版社 2006 年版。

38. 牛铭实：《中国历代乡约》，中国社会出版社 2005 年版。

39. 周桂钿：《中国传统政治哲学》，河北人民出版社 2007 年版。

40. 张厚安、徐勇、项继权：《中国农村村级治理——22 个村的调查与比较》，华中师范大学出版社 2000 年版。

41. 孙国东主编：《文化提升国家质量：中国发展的使命》，复旦大学出版社 2017 年版。

42. 陈来：《传统与现代：人文主义的视界》，三联书店 2009 年版。

43. 陈来：《陈来讲谈录》，九州出版社 2014 年版。

（二）期刊类

1. 范如国：《复杂网络结构范型下的社会治理协同创新》，《中国社会科学》2014 年第 4 期。

2. 萧功秦：《强政府和弱社会》，《中国企业家》2012 年第 18 期。

3. 王名、蔡志鸿、王春婷：《社会共治：多元主体共同治理的实践探索与制度创新》，《中国行政管理》2014 年第 12 期。

4. 郁建新、任泽涛：《当代中国社会建设中的协同治理——一个分析框架》，《学术月刊》2012年第8期。

5. 徐勇：《论城市社区建设中的社区居民自治》，《华中师范大学学报》（人文社会科学版）2001年第3期。

6. 徐秀丽：《民国时期的乡村建设运动》，《安徽史学》2006年第4期。

7. 徐勇、徐增阳：《中国农村和农民问题研究的百年回顾》，《华中师范大学学报》（人文社会科学版）1999年第6期。

8. 杨建华：《传统基层社会治理文化的现代转型》，《中国特色社会主义研究》2015年第5期。

9. 王露璐：《伦理视角下中国乡村社会变迁中的"礼"与"法"》，《中国社会科学》2015年第7期。

10. 万俊人：《这是乡村伦理中的中国》，《博览群书》2017年第5期。

(三) 中央文件

1. 中共中央党史和文献研究院编：《习近平关于"三农"工作论述摘编》，中央文献出版社2019年版。

2. 《中共中央关于制定国民经济和社会发展第十四个五年规划和二〇三五年远景目标的建议辅导读本》，人民出版社2020年版。

后　记

　　《中国传统乡村治理文化与现代转化》是国家社会科学基金西部项目"中国传统社会治理文化与现代实践转换研究"（17XSH017）的结项成果。出于无论是传统中国的社会治理文化的产生、形成还是主要发挥作用的场域都集中于乡村社会的考虑，在决定出版时最终将书名确定为《中国传统乡村治理文化与现代转化》。实际上，中国传统文化中的治理内容浩若烟海，本研究重点关注的只是中国传统文化沧海中的一粟，也只是想借几个具有典型性且影响深远的方面和内容，对几千年来沉淀于中国传统农耕社会的治理文化从其形成特征、历史演变、时代处境以及现实价值与转化等方面做一定程度的思考与分析，以期为中华优秀传统文化的现代创造性转化特别是乡村振兴事业的推进做一些力所能及的工作。

　　作为一个国家社科基金项目，本研究的完成主要是以作者本人的思考调研为主；同时，中国农业大学朱启臻教授作为项目参与者，在实地调研和思考研究中亦做了许多有益的重要工作，贡献了自己的智慧和成果，并主动将此作为本书的内容，比如关于中国传统农耕文明的乡村文化、传统乡村居住文化，都是深刻的思考和深入的研究，这些对本书中相关内容的叙述和研究都有非常大的启示与帮助。尤其是他主动将《巩固脱贫攻坚成果与乡村振兴有效衔接的河北隆化启示》作为本书的附录，用实证案例进一步论证和说明，中国传统乡村社会的治理文化在今天中国农村的现代化发展过程中依然有广阔的空间和时代价值，无论是已有的脱贫攻坚成果的巩固拓展，还是与乡村振兴的有效衔接，优秀的传统治理理念与做法仍然可以发挥其独特的作用，依然具有重要的现代价值。对此，我对朱启臻教授表达最深的谢意！

总之，我国几千年的传统思想文化根源于中国社会生活本身，是人们思想观念、风俗习惯、生活方式、情感样式的集中表达。而古代思想文化对今天的国人仍然有着深刻的影响。中国传统社会的治理文化是古代先民哲人解决社会矛盾、进行社会治理的智慧集成，既包含中国人治理思维和治理形式的丰富内容，又体现了中国人的治理理解和治理选择。产生并作用于传统农耕社会的传统乡村治理，在长期适用中既塑造了中国人的文化性格，又沉淀为丰厚的治理文化资源。充分关注并系统梳理中国传统社会治理文化的种种表现和运作方式，尽可能地挖掘本土文化资源，对中国传统乡村社会的治理文化进行创造性转化，使之成为构筑现代中国乡村社会治理体系的内在要素和有力支撑，这对于今天中国创造性地传承赓续中华文脉，增强其生命活力都是至关重要的。